KB049071

타이가의 시간여행
시베리아 횡단열차를 타다

모스크바에서 바이칼을 거쳐 블라디보스토크까지
타이가의 시간여행, 시베리아 횡단열차를 타다

ⓒ여행자 K, 2019

초판 1쇄 2019년 10월 28일 발행

지은이 여행자 K
펴낸이 김성실
책임편집 박성훈
교정교열 김태현
표지 디자인 이창욱
본문 디자인 채은아 · 책봄
제작처 한영문화사

펴낸곳 시대의창 **등록** 제10－1756호(1999. 5. 11)
주소 03985 서울시 마포구 연희로 19－1
전화 02)335－6121 **팩스** 02)325－5607
전자우편 sidaebooks@daum.net
페이스북 www.facebook.com/sidaebooks
트위터 @sidaebooks

ISBN 978－89－5940－719－4 (03920)

잘못된 책은 구입하신 곳에서 바꾸어드립니다.

이 도서의 국립중앙도서관 출판시도서목록(CIP)은
서지정보유통지원시스템 홈페이지(http://seoji.nl.go.kr)와
국가자료공동목록시스템(http://www.nl.go.kr/kolisnet)에서 이용하실 수 있습니다.
(CIP제어번호: CIP2019039572)

타이가의 시간여행

시베리아 횡단열차를 타다

여행자 K 지음

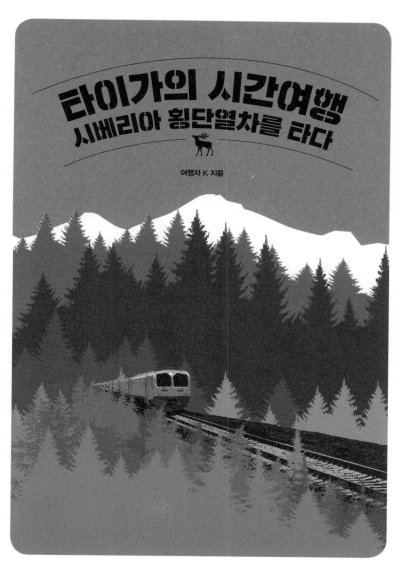

시대의창

성을 쌓는 자는 망할 것이고
길을 내는 자는 흥할 것이다.

_돌궐 장수 돈유쿠크의 비문

머리말

고춧가루의 비밀을 찾아 떠난 여행

러시아와의 첫 만남은 이상하게 찾아왔다. 러시아라는 나라가 내 머릿속에 확실하게 각인된 것은 열네댓 살 무렵 추풍령 언저리 시골 중학교 교실에서였다. 당시에는 '소련'이란 나라였다. 어느 날 선생님이 수업하다 말고 뜬금없이 물었다. "너희 공부하기 지루하지?" 학생들이 의아해하며 반응을 보이지 않자 선생님은 학생들 눈치를 보며 솔깃한 미끼를 던졌다. "내가 재미난 얘기 하나 들려줄게." 그 선생님의 '재미난 얘기' 속에 소련이 있었다.

"너희 나중에 커서 소련 여자 만나면 조심해야 한다. 소련 여자들은 항상 고춧가루를 들고 다니니까.”

정말 자다가 봉창 두드리는 소리였다. 중학교 수업 시간에 소련 여자 그리고 고춧가루가 왜 갑자기 튀어나오는가. 더구나 역사나 지리 과목도 아니어서 수업과 러시아는 아무 관련이 없었다. 평소 이상한 이야기를 자주 해서 시골 촌뜨기들을 깜짝 놀라게 하던 분이었지만, 이날 소련 이야기는 황당하기가 하늘을 찔렀다. 서울은커녕 도시 한번 구경해본 적 없는 1970년대 촌뜨기들에게 소련은 언감생심 꿈도 못 꾸는 나라였다. 공산국가의 큰형님이던 소련은 함부로 방문할 수 있는 나라도 아니었고, 시골에서 고등학교만 졸업하고 조상 대대로 지켜온 고향 땅에서 농사짓고 사는 것을 운명으로 여겼기에 선생님 이야기는 한 귀로 듣고 논두렁으로 흘려버렸다. 내가 소련에 갈 일은 달나라에 가서 토끼와 방아 찧을 확률보다 낮았으니까.

학생들 반응이 신통치 않자 선생님은 “야, 그만하고 다시 책들 펴지”라며 진도를 나갔다. 수업은 끝났지만, 논두렁에 흘려버렸던 선생님의 이야기가 내 귓바퀴로 돌아와 왱왱거리며 묘한 호기심을 자극했다. ‘소련 여자들은 고춧가루로 핵무기를 만드나?’ ‘시베리아에는 호랑이와 곰, 늑대가 많다더니 호신용으로 고춧가루를 들고 다니나?’ ‘추운 시베리아에서는 미숫가루처럼 고춧가

루를 타 마시나?'

어쩌다 나는 시골에서 농사지을 운명을 거슬러 서울에 있는 대학으로 진학했다. 1980년대 대학가는 딴판이었다. 어릴 적 '악마의 제국'이던 소련은 '지상낙원'으로 변해 있었다. 엉뚱한 선생님 때문에 나에게 '고춧가루의 나라'로 각인된 소련은 평등이 물결처럼 넘치는 혁명의 나라였고, 그 혁명과 보드카가 어깨동무하고 발레를 추는 지상낙원이었다. 무용가 최승희가 동경했던 환상의 나라였고, 시인 김기림이 말한 고상한 소문의 나라였다. 두꺼운 《소련 혁명사》의 책장을 넘길 때마다 이상하게도 나는 잊었던 고향 생각이 나듯 선생님의 고춧가루 이야기가 떠올랐다.

다른 편에서 들려오는 러시아 이야기는 크렘린의 음흉한 풍문이었다. 북극곰이 보드카에 취해 길거리에서 자고 있다는 풍문도 그렇고, KGB가 스파이를 증기기관차 화실에서 태워 흔적도 없이 처리했다는 소문도 그렇다. 러시아는 정말 기괴한 소문과 풍문으로 가득한 비밀의 나라였다.

알다가도 모를 이상한 나라였다. 어느 것이 진짜 러시아의 얼굴인지 헷갈렸다. 하루아침에 차르 1인이 통치하던 전제 정치를 부수고 공산 정치로 통치 체제를 회까닥 바꿔버린 놀라운 나라였다. 그것도 세계 최초로. 그러다가 70여 년 뒤 '이게 아닌가벼!' 하며 반나절 만에 후다닥 공산 체제를 때려 부수고, 나머지 반나절 만에 뚝딱뚝딱 자본주의를 세운 신기한 나라였다. 마침내 1991년 '소비에트사회주의공화국연방'이라는 긴 이름의 소련은 역사박물관으로 영원히 떠나버리고, '러시아'라는 단 세 글자의 나라가 나타났다. 한때 혁명이란 이름으로 지상낙원을 꿈꿨던 소련의 마지막 풍경은 상점 앞에 길게 늘어선 굶주린 인민의 행렬이었다. 러시아 차르가 '빵' 때문에 붕괴했는데, 공산주의 역시 '빵'으로 무너졌다. 도대체 빵이 뭐길래.

철의 장막이 걷히면서 냉전에 갇혔던 비밀의 문이 활짝 열렸다. 시베리아 횡단열차가 눈밭을 헤치며 달리는 영화 〈닥터 지바고〉의 낭만의 철길에는, 강제 이주한 우리 고려인의 아픔이 소북소북 쌓여 있었다. 한반도에서 사라진 백두산 호랑이가 아무르 호랑이라는 이름으로 창씨개명 당해 시베리아에 살고 있다는 놀라운 소식도 들려왔다. 오래전 곶감이 무서워 한반도에서 도망친 그 겁쟁이 백두산 호랑이가 멀리 시베리아에서 살고 있다니! 과거 우리 선조들이 열차를 타고 시베리아를 거쳐 유럽까지 갔다는 이야기도 다시 사람들 입에 오르내렸다.

러시아가 나를 부르기 시작했다. 꿈결에 칙칙폭폭, 시베리아 횡단열차가 달리는 소리가 들렸다. 열차의 환청이 끊임없이 나를 괴롭혔다. 시베리아 정령이 부르는 소리였다. 그 마법의 덫에서 벗어나려고 발버둥치던 어느 날 새벽, 치익, 시베리아 횡단열차의 기적 소리가 나를 깨웠다. 주저 없이 시베리아 횡단열차에 올랐다. 그때가 2001년, 소련이 망한 지 오래되지 않아 공산주의의 평등과 자본주의의 자유가 뒤엉켜 혼란스러운 모습이었다. 2001년 5월 첫 러시아 여행은 모스크바에서 시베리아 횡단열차를 타고 몽골 울란바토르를 거쳐 중국 베이징을 지나 압록강 단둥까지 가는 보름간의 대장정이었다.

첫 러시아 여행 이후 나는 시간만 나면 배낭을 메고 시베리아로, 러시아로 떠났다. 2001년 10월에는 러시아 블라디보스토크와 우수리스크 등 연해주 독립유적지를 탐방했고, 2014년, 2016년에는 상트페테르부르크와 모스크바, 이르쿠츠크, 하바롭스크, 블라디보스토크를 찾았다. 주로 시베리아 횡단열차를 통한 여행이었다. 속도의 쾌감을 만끽하는 디지털 시대에 느림의 미학을 즐기는 아날로그 여행을 하는 이유는 무엇일까? 러시아의 진짜 모습은 느리게 달리는 시베리아 횡단열차에서 볼 수 있기 때문이다. 시베리아 횡단열차는 타임머신을 타고 가는 과거로의 여행이며, 꿈을 싣고 달리는 환상의 여행이며, 미래로 나아가는 '은하철도 999'이다. 철길에는 역사가 겹겹이 쌓여 있다. 우리 민족, 러시아, 일본, 중국, 미국 그리고 저 멀리 체코의 역사까지. 유럽에서 아시아까지 이르는 철길이다 보니 세계의 역사가 씨줄과 날줄로 엮이고, 현실과 꿈이 가로와 세로로 공존하고, 사연과 이야기가 위아래로 뒤엉켜 있다. 우리가 오래전 잃어버린 대륙도 시베리아에 있었다. 남북한과 러시아를 철도로 연결하는 '철의 실크로드'야말로 잃어버린 대륙으로 가는 길이다.

러시아는 아는 만큼 더 깊은 모순의 늪으로 빠지는 나라다. 섬세한 상트페테르부르크와 웅장한 모스크바, 모성애를 품은 바이칼호와 부성애 넘치는 블라디보스토크 항구, 동쪽의 아시아와 서쪽의 유럽, 북극과 열대, 아름다운 양파 돔 성당에 어른거리는 피의 제국, 러시아 정교회의 순백한 영혼 톨스토이와 프랑켄슈타인의 괴물 스탈린….

러시아는 백설기보다 더 하얀 시베리아의 눈 위에 핏빛의 잔혹한 동화가 숨어 있는 나라다. 그런데 또 러시아는 시인의 마을이자 예술의 나라가 아닌가. 러시아에는 푸시킨과 마야콥스키의 시가 있고, 톨스토이와 도스토옙스키의 소설이 있고, 차이콥스키와 쇼스타코비치의 음악이 있고, 볼쇼이와 마린스키의 발레가 있고, 에르미타시와 트레차코프의 미술이 있다. "모든 여자는 러시아 시인을 사랑한다." 이런 모순을 가득 품은 러시아는 어쩌면 영원히 이해할 수 없는 나라일지도 모른다. "러시아는 머리로는 이해할 수 없고 가슴으로 이해해야 한다"라는 속담이 달리 생긴 게 아니다.

이제 러시아의 비밀은 대부분 풀렸다. 냉전 이데올로기가 사라지면서 편견과 오해의 껍질은 한 꺼풀씩 벗겨지기 시작했다. 아직 풀지 못한 유일한 비밀은 선생님이 이야기한 '고춧가루'다. 그렇다고 언제까지 시베리아 횡단열차만 타고, 시도 때도 없이 러시아만 여행하며 인생을 허비할 수는 없다. 선생님이 그냥 웃자고 한 얘기에 내가 엄청난 의미를 부여하며 러시아 탐방이라는 황당한 짓을 벌이고 있는지도 모른다. 번지수가 틀렸으면 빨리 되돌아가야 한다. 나는 시골 초등학교 1학년 때 옆 짝꿍 끝순이가 나를 좋아하지 않는다는 사실을 깨닫고는 곧바로 뒤쪽의 말자에게 눈길을 주었다.

이번 러시아 탐험은 반드시 고춧가루의 비밀을 풀고야 말겠다는 야무진 각오를 안고 떠났다. '인디아나 존스'와 '툼 레이더'가 된 기분으로. 《파타고니아》를 쓴 영국 작가 브루스 채트윈은 어릴 적 할머니 집에 있던 브론토사우루스(사실은 밀로돈이었지만)의 가죽 조각에 대한 고고학적 관심으로 남미 파타고니아 여행에 나섰는데, 나는 고작 정체를 알 수 없는 고춧가루의 비밀을 찾아 러시아 여행을 떠난다고 비웃을지도 모르겠다. 여행의 이유치고는 너무 시시하고 유치하다고. 그러나 누가 알겠는가? 시작은 미약하나 끝은 창대할지. 그 속에 진짜 러시아의 보물이 숨어 있을지도. 일단 떠나야 여행이고, 무작정 끝까지 가봐야 여행이다. 러시아 여행은 그렇게 시작됐다.

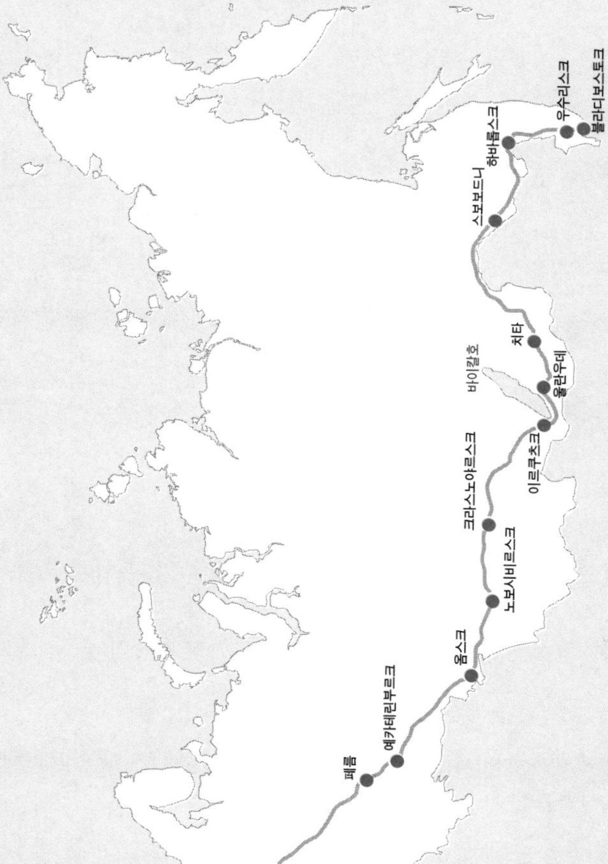
모스크바
페름
예카테린부르크
옴스크
노보시비르스크
크라스노야르스크
이르쿠츠크
바이칼호
울란우데
치타
스보보드니
하바롭스크
우수리스크
블라디보스토크

시베리아 횡단열차 여정

목차

1 시베리아 횡단열차에 오르다

모스크바·페름·예카테린부르크·옴스크

여행자여, 길은 없다.
길은 걸어가면서 만들어진다.

_안토니오 마차도, 〈길〉

시베리아 횡단열차가 출발하는 야로슬라블 기차역 ©AndyVolykhov

모스크바, 시베리아 횡단열차에 오르다

시베리아 횡단열차. 그 이름만으로도 나는 심장이 뛴다. 쿵쾅, 쿵쾅, 뿌웅, 칙칙폭폭. 시베리아 횡단열차는 '유럽의 시작' 모스크바에서 '동방의 끝' 블라디보스토크까지 9,288킬로미터를 6박 7일 동안 밤낮으로 달린다. 세상에서 가장 긴 철길이자 세계 여행자의 마지막 로망이다. 오리엔탈 특급열차와 함께 스릴과 낭만을 즐길 수 있는 지구상 최후의 모험이며, 속도를 중시하는 디지털 시대에 느림의 미학을 즐기는 최후의 아날로그 여행이다. 시베리아 횡단열차는 토끼의 빠르기보다는 거북이의 느림을 더 좋아한다.

시베리아 횡단열차는 해와 달이 뜨고 지는 광활한 시베리아를 쉬지 않고 달린다. 봄이면 끝없이 펼쳐진 푸른 초원이 반기고, 여름이면 쭉쭉 뻗은 자작나무 숲이 인사하고, 가을이면 노란 단풍이 마중하고, 겨울이면 온 세상을 뒤덮은 하얀 눈밭이 맞이한다. 시베리아의 눈보라를 피하지 않고, 거친 강물을 마다하지 않고, 높은 산맥을 두려워하지 않고, 그 힘찬 젊음을 앞세워 어떤 장애물도 헤쳐 나아간다. 열차는 언제나 힘줄이 불끈불끈 솟아오르는 푸르른 청춘이다. 사무엘 울만은 "청춘이란 두려움을 물리치는 용기와 안이함을 뿌리치는 모험심"이라 했는데, 그 '청춘'이 바로 시베리아 횡단열차다.

시베리아 횡단열차는 모스크바에서 출발한다. 모스크바 시내 구경을 마치고 시베리아 횡단열차가 출발하는 기차역으로 향했다. 기차역으로 가는 도중 슈퍼마켓에 들러 열차에서 먹을 '전투식량'을 챙겼다. 군인들이 비상시에 먹는 냉동건조식품처럼 열차 안에서 간편하게 먹을 수 있는 흑빵, 통조림, 컵라면, 초코파이, 생수 등을 여행자들은 '전투식량'이라 부른다. 슈퍼마켓에는 온통 대형 물품밖에 없다. 오이가 호박만 하고, 수박도 황제의 대포알만큼이나 컸다. 모두가 러시아 땅만큼이나 크고 북극곰만큼이나 무거웠다. 텔레비전 등 공산품은 비쌌지만 빵이나 과일 같은 생필품은 너무 쌌다. 이런 사회주의라면 쌍수를 들고 환영하겠다. 정치적으로 자유가 넘치고 생필품은 싸게 파는 사회주의라면 말이다.

보드카도 빠뜨리지 않았다. 술을 좋아하는 편은 아니지만, 저 넓은 시베리아를 횡단하기에 앞서 보드카를 챙기는 것은 장거리 열차에 대한 예의니까. 보드카 한 잔은 불면증에 시달리는 여행자에게 더없이 좋은 수면제이고, 두 잔은 옆 좌석 승객을 매력적으로 보이게 하고, 세 잔은 옆자리 마피아 두목을 동네 형님처럼 덥석 끌어안게 해준다. 열차를 타고 가면서 오랜만에 보드카와 찐하게 사랑도 해볼 참이다. 그동안 제정신으로 살아내느라 얼마나 지쳤던가. 피곤한 '제정신'을 객차에 잠시 눕혀놓고, 편안한 '헛정신'으로 여행을 해볼 작정이다. 나는 오랜 여행을 통해 이 세상에서 가장 힘든 것이 '제정신'임을 깨달았다. 제정신에서 헛정신으로 해탈하는 데 가장 좋은 방편은 두말할 필요 없이 러시아 보드카다.

시베리아 횡단열차가 출발하는 야로슬라블(야로슬랍스키) 기차역에 도착했다. 붉은 광장에서 북동쪽으로 4킬로미터 거리에 있는 야로슬라블 역은 시베리아 횡단열차뿐 아니라 몽골이나 중국, 북한 등으로 가는 국제 열차가 출발하는 국제역이다. 모스크바 지하철 1호선과 5호선 환승역이 있는 콤소몰스카야 광장을 중심으로 야로슬라블 역과 레닌그라드 역, 카잔 역이 모여 있다. 야로슬라블 역은 한눈에 봐도 특이한 모양새다. 러시아의 옛 성을 본

떠 지었다고 하는데, 지붕 모양이 나폴레옹 모자를 닮은 것 같기도 하고, 러시아군 털모자 우샨카를 뒤집어쓴 것 같기도 하다. 야로슬라블 역은 종착지 블라디보스토크 역 건물과 닮았다. 아니, 뒤늦게 따라 지은 '동생' 블라디보스토크 역이 '형님' 야로슬라블 역을 닮았다고 해야겠지. 철도의 시작과 끝은 비슷해야 하니까.

열차가 출발하는 밤 12시 35분까지 시간이 많이 남았다. 역 대합실에 앉아 있으니 다들 어디를 가는지 바리바리 짐을 싸 들고 꾸역꾸역 모여들었다. 저 짐 속에 어떤 꿈과 사연이 들어 있을까. 짐을 하나하나 풀어 꿈과 사연을 듣고 싶었지만 꾹 참았다. 주인 허락 없이 짐에 손댔다가는 시베리아 횡단열차에 오르기도 전에 수갑을 찰 테니. 빠르게 달리던 열차가 어느 순간 힘겨워하며 갑자기 속도를 줄이면, 어느 승객이 들고 탄 짐 속에 슬픈 사연이 있는지 알아차리리라. 크렘린의 '차르의 종'이 아무리 무겁다 해도 세상에 슬픈 사연만큼 무거운 건 없으니까.

유럽에서 아시아까지 육로로 여행하는 꿈은 오래전부터 솔솔 솟아났다. 이미 1761년 프랑스의 볼테르는 이를 예견했다. "상트페테르부르크에서 파리까지 평원을 통해 갈 수 있듯 러시아에서 중국까지 커다란 장애물 없이 여행하는 것도 분명히 가능하다." 130년 뒤 볼테르의 꿈은 러시아의 야심 찬 계획으로 실현되었다. 러시아 황제 알렉산드르 3세가 1891년 건설하기 시작한 시베리

시베리아 횡단열차가 출발하는 야로슬라블 역 플랫폼

아 횡단철도는 아들 니콜라이 2세가 1916년 완공했다. '볼테르의 꿈'이 만든 '알렉산드르의 철도'를 '니콜라이의 열차'로 달리는 시베리아 횡단철도의 역사는 이렇게 시작되었다.

자정이 되어 플랫폼으로 들어갔다. 1번 플랫폼에 있는 '0킬로미터' 표지탑이 나를 반겼다. 시베리아 횡단철도의 출발점을 알리는 탑이다. 2001년 시베리아 횡단철도 100주년을 기념해 세운 출발 표지탑은 시베리아 횡단철도의 역사를 '1901~2001년'으로, 종착점까지의 거리를 '9,298킬로미터'로 표시하고 있었다. 열차에 오르기도 전에 모스크바의 출발 표지탑이 나를 헷갈리게 만들었다. 우리가 알기로 모스크바에서 하바롭스크를 거쳐 블라디보스토크를 잇는 현재의 시베리아 횡단철도는 1916년 완공되었는데 시베리아 횡단철도의 역사가 1901년에 시작됐다니. 길이도 블라디보스토크 역의 종착점 표지판에는 분명히 9,288킬로미터라고 표시되어 있는데 9,298킬로미터라니. 시베리아 횡단열차 여행 초장부터 여행자를 이렇게 갖고 놀아도 되는 걸까? 귀신도 선무당을 기가 막히게 알아봐서 선무당이 굿을 하려고 하면 귀신이 무당을 갖고 논다는 얘기가 있다. 굿할 때 무당이 내쫓으려는 귀신이 오히려 무당을 이리저리 갖고 놀면서 진땀을 빼게 한다고 한다. 그렇다면 모스크바의 역이 지금 나를 어설픈 초짜 여행자 취급하고 있는 걸까?

설마 그럴 리가 있겠는가. 이정표가 그대를 속일지라도 결코 열 받지 말라. 어떤 어려운 상황에서도 냉정을 지켜야 하는 것이 배낭여행자의 철칙이다. 마음을 가라앉히고 이정표도 말 못 할 속사정이 있을 거라는 너그러운 자세를 가져보자. 볼테르의 관용 정신은 반드시 그 대가를 돌려준다. 시베리아 횡단철도의 하바롭스크 아무르 철교는 1916년에 마지막으로 개통되었지만, 이미 1901년 러시아는 하얼빈을 통과하는 만주의 동청철도(북만주

철도)를 완공해 블라디보스토크까지 연결했다. 당시 청나라로부터 부설권을 얻어 개설한 만주의 동청철도를 통한 시베리아 횡단철도 개통이 1차 생일이고, 온전히 러시아 영토만을 통과하는 1916년 개통이 2차 생일인 셈이다. 당연히 러시아 정부는 시베리아 횡단철도 역사의 기점을 1901년으로 본다. 우리도 어릴 때 한 살이라도 나이가 많으면 '형님' 소리를 듣는 재미에 해가 넘어가는 나이일 경우 음력으로 나이를 말하지 않았던가.

그럼 모스크바에서 블라디보스토크까지의 거리, 9,298킬로미터는 어떻게 된 걸까? 블라디보스토크 역의 종착점 표지판에는 9,288킬로미터로 표시되어 있으니 10킬로미터 차이가 난다. 9,000여 킬로미터에서 겨우 10킬로미터 차이인데, 이 정도는 엿장수의 재량으로 웃어넘길 수 있지 않을까? 옛날 블라디보스토크 역의 종착점 표지판은 추운 겨울 시베리아 철도가 몸을 움츠리고 있던 상태에서 거리를 쟀고, 최근의 모스크바 표지판은 더운 여름에 철도가 기지개를 켠 뒤 재서 그런 차이가 난 것은 아닐까? 실제로 레일은 겨울에 줄어들고 여름에 늘어나기 때문에 사이를 띄어놓고 설치한다. 우리도 키를 잴 때 기지개를 몇 번 한 뒤 재면 1~2센티미터 크게 나오지 않는가. 이 정도면 애교로 넘길 수 있다. 표지판 따위는 신경 쓰지 말고 즐거운 마음으로 시베리아 횡단열차에 오르자.

깊은 밤인데도 플랫폼에는 많은 이가 탑승을 기다리고 있었다. 배낭을 멘 젊은 연인부터 다 해진 손가방을 든 노인까지, 시베리아 횡단철도의 플랫폼은 남녀노소를 가리지 않고 누구에게나 기꺼이 자리를 내어준다. 밤낮없이 여행객의 발이 되어줄 기차도 출발 준비를 마친 당당한 모습으로 철로에 대기하고 있었다.

플랫폼에서 잠시 눈을 감았다. 치지직, 오래된 흑백 필름이 돌아가는 소리가 들리는 듯했다. 때는 1922년 2월, 삭풍이 몰아치는 모스크바 야로슬라블 역에 한 무리의 동양인들이 몰려들었다. 여기저기 웅성거리는 소리가 들리는가 싶더니 조선말이 또렷하게 들렸다. 모스크바에서 열린 극동인민대표대회에 참석하고 돌아가는 여운형을 비롯한 조선의 독립투사들이었다. 소련의 지원으로 독립의 꿈을 이룰 수 있으리라는 기대가 매서운 시베리아 삭풍을 멀리 밀어내고 있었다.

조선의 독립투사들만 이 역을 이용한 것은 아니었다. 이른 추위가 몰려오기 시작한 1924년 10월, 한 동남아시아 청년이 길게 뻗은 철길을 바라보며 홀로 서 있었다. 프랑스 식민지배를 끝내겠다는 결연한 의지가 그의 눈에서 강렬하게 비쳤다. 훗날 베트남 독립의 아버지로 불리는 호찌민이었다. 윌리엄 듀이커가 쓴 《호찌민 평전》에 따르면, 모스크바 코민테른으로부터 지시를 받은 호찌민은 베트남과 가까운 중국 광저우로 가서 비밀조직을 만들기 위해 시베리아 횡단열차를 타고 블라디보스토크로 간 뒤 배를 타고 상하이로 빙 둘러 갔다.

세계 여행자의 로망, 시베리아 횡단열차

회상에 젖어 있는 사이 어디선가 귀에 익은 〈무조건〉 노랫소리가 들려왔다. "블라디보스토크 갈 때 나를 불러죠. 언제든지 달려갈게. 낮에도 좋아 밤에도 좋아 언제든지 달려갈게. 미국·중국·일본 사람들이 나를 부르면 한참을 생각해보겠지만, 러시아·남한·북한 사람들이 나를 불러준다면 무조건 달려갈 거야. 블라디보스토크를 지나 두만강을 건너 평양까지라도. 당신이 더 가자면 무조건 더 달릴 거야. 휴전선을 넘어 서울을 지나 부산까지라도."

시베리아 횡단열차 여행은 신나는 노래와 함께 시작되었다. 사람들이 우르르 열차에 오르기 시작했다. 나도 이르쿠츠크행 044번 시베리아 횡단열차에 올랐다. 사람들이 일제히 나를 쳐다보았다. 싱글벙글 웃으며 콧노래를 부르는 내 모습이 신기했나 보다. 〈무조건〉은 다름 아닌 내가 부르고 있었다. 이런, 지금 어디다 정신을 팔고 있는 거야?

뿌웅, 마침내 열차가 출발 신호를 울렸다. 롱펠로는 "하늘에 무지개를 바라보면 내 마음 뛰노라"라고 했는데, 내 마음은 지금도 기적 소리를 들으면 어린아이처럼 설렌다. 열차는 인류가 발명한 그 어떤 교통수단보다도 아스라한 낭만과 추억을 싣고 달린다. 열차는 어둠을 헤치며 앞으로 나아갔다. 15년 전(2001년) 달렸던 그 철길이다. 누구나 시베리아 횡단열차 여행을 버킷 리스트에 올려놓곤 하지만, 실제 열차를 타는 것은 특별한 경험이다. 나는 이번이 세 번째다. 첫 번째는 15년 전 모스크바에서 몽골 울란바토르를 거쳐 중국 베이징과 단둥까지 달렸고, 두 번째는 2년 전 블라디보스토크에서 이르쿠츠크까지 거꾸로 가는 열차를 탔다.

시베리아 횡단열차를 타면 러시아 전역을 구경하는 셈이다. 도시가 시베리아 횡단철도를 따라 형성되었기 때문이다. 철도는 도시를 흥하게도 망하게 하기도 했다. 철도가 지나는 도시는 부활하고, 철길이 비껴가는 도시는 쇠락했다.

모스크바 시내를 벗어나자 열차는 캄캄한 동굴 속 같은 밤의 세계로 빨려들었다. 도시의 가로등이 사라진 시베리아의 밤은 에스프레소 커피보다 더 짙은 암흑의 세상이다. 열차 바퀴가 선로와 부딪히는 철컥, 철컥 소리만이 어둠 속에서도 열차가 쉬지 않고 달리고 있음을 알려준다. 지친 열차가 깜빡 졸다가 선로를 벗어나 커다란 바위와 충돌하지는 않을까? 나는 눈을 질끈 감았다. 다음 날 해돋이까지 열차가 졸지 않기를 간절히 빌었다.

어둠이 지배하는 시베리아 횡단열차에서는 밤사이 어떤 일이 일어날지 아무도 모른다. 유럽에서 아시아를 잇는 세계 최장 거리만큼이나 6박 7일의 시베리아 횡단열차 여행은 언제나 모험과 낭만으로 가득하다. 깨가 쏟아지는 밀어를 나누던 연인이 밤새 섬뜩한 살인 사건을 저지를지, 처음 만난 남녀가 차돌이 부딪히듯 갑자기 사랑의 불꽃을 튀길지 예측불허다. 어느 간이역에서 〈철도원〉의 애환을 듣게 되는 일도, 하얀 눈 위에 펼쳐지는 〈닥터 지바고〉의 가슴 아픈 사랑의 장면을 보는 일도, 객차 안에서 〈러브 오브 시베리아〉의 멋진 인연을 만나는 일도 결코 상상 속의 이야기가 아니다. 누군가는 어릴 적 만화영화 〈은하철도 999〉를 떠올릴 테고, 누군가는 영화 〈설국열차〉를 생각할지도 모른다. 열차에는 저마다의 사연이 있고, 철길 위에는 저마다의 추억이 쌓인다.

일제 강점기였던 1930년대에 시베리아 횡단열차는 로맨틱한 환상의 무대로 비쳤나 보다. 다음은 '세계로 떠난 조선의 지식인들'이 전하는, 일제 강점기의 잡지 《삼천리》에 실린 1931년 시베리아 횡단열차 여행기다.

"구라파에서는 기차 여행처럼 모험적이고 로맨스가 많은 것은 없다고 한다. 아마 여행이 3, 4일 계속되는 때는 거기에 얼마 만에 로맨스가 생겨서 기차는 마치 에로 만재滿載라고 할 만큼 되어 있다. 그중에도 구라파의 침대차는 소위 와곤리wagon-lit라고 하는 것인데,

로맨스를 낳으려면 아주 편리하게 되었다. … 그중에서도 시베리아 철도가 제일 모험적일 것이다. … 여기서 소비에트 젊은 여자와 독일 청년 사이에 불타는 사랑이 생기고, 잉글랜드 사람과 아메리카 사람 사이에 인연이 생긴다. 이리하야 국경과 인종을 초월한 스피드 연애가 성립된다. 완전히 로맨스와 에피소드를 연출하는 시베리아 철도다."

글의 제목도 '西伯利亞(시베리아)의 寢臺車(침대차), 로-맨틱한 그 一夜(일야)'로 호기심 가득한 내용이다. 이제 막 자유연애 바람이 불기 시작한 당시 조선반도의 처녀·총각들에게 잔뜩 바람을 불어넣는 글이다. 시베리아 횡단열차를 자유연애의 천국으로 미화해놓았으니. 우리나라 최초의 여류성악가 윤심덕과 최초의 여류서양화가 나혜석의 등장으로 고리타분한 유교적 관습에서 벗어난 신여성들의 치맛자락이 싱숭생숭하던 때였으니 시베리아 횡단열차에 대한 환상이 얼마나 컸겠는가.

황금 고리, 야로슬라블과 코스트로마

시베리아 횡단열차에서의 첫 밤은 무사히 넘어갔다. 이런저런 잡념과 망상은 차창 밖 깊은 어둠에 금세 묻히고 말았다. 보드카 한 잔이 수면제가 되어 바로 잠에 빠졌다. 다음 날 아침 7시에 일어나니 열차는 볼가강을 건너 코스트로마 역으로 들어가고 있었다. 러시아 민중시인 네크라소프가 어린 시절을 보낸 야로슬라블은 이미 밤사이 지나쳤다. 볼가강이 흐르는 야로슬라블과 코스트로마는 천년 고도로, 남쪽의 수즈달, 블라디미르 지역과 함께 원형을 이루는 '황금 고리' 유적지로 유명하다. 일찌감치 인생의 쓴맛

코스트로마 역

을 본 네크라소프는 "슬픔도 노여움도 없이 살아가는 자는 조국을 사랑하고 있지 않다"라는 멋진 글을 남겼다. 우리가 젊은 시절 혁명의 우상으로 받들었던 네크라소프가 인사도 안 하고 그냥 지나쳤다고 노발대발하지는 않겠지. 그 자신은 지금 노보데비치 묘에서 나보다 더 깊은 잠에 빠져 있을 테니까.

열차가 코스트로마 역에 도착하자마자 나는 플랫폼으로 고양이처럼 사뿐히 뛰어내렸다. 아침의 상쾌한 공기가 느껴졌다. 샤프란 꽃밥의 노란색 코스트로마 역은 작지만 깔끔하고 아담했다. 역 광장으로 가서 시내를 바라봤다. 볼가강과 코스트로마강이 합류하는 도시는 오랜 연륜이 느껴졌다. 작은 도시지만 역사적 장소가 많은 곳이다. 강변에 있는 이파티예프 수도원은 미하일 로마노프가 대관식을 치르고 황제에 올라 로마노프 왕조를 연 곳이고, 수사닌 광장의 동상은 폴란드 침략군을 숲속으로 유인해 길을 잃게 만들어 러시아 황제를 구한 농민 영웅 이반 수사닌이다. 글린카의 〈이반 수사닌〉은 바로 그 영웅을 칭송한 오페라다.

볼가강은 아침 햇살을 받으며 카스피해를 향해 머나먼 여정을 떠나고 있었다. 저 볼가강은 스텐카 라진과 페르시아 공주의 비극을 알기나 할까. 무심히 흐르는 볼가강을 보자 내 귓전에 〈스텐카 라진〉의 노랫소리가 들려왔다.

"다시 못 올 그 옛날에 볼가강은 흐르고, 잠을 깨인 스텐카 라진 외롭구나 그 얼굴…"

햇살이 물 위를 비추자 볼가강은 짙푸른 색깔로 옷을 갈아입었다. 이제야 볼가강이 '자유인'이라는 뜻의 카자크인이 자유를 잃은 슬픔을 아는 듯했다.

이제는 정년퇴직한 채 한가로운 여유를 즐기고 있는 듯한 코스트로마를 떠난 열차는 다시 햇살을 받으며 달려갔다. 어느새 한낮이 되어 햇볕이 차창 안으로 몰려들었다. 무더위가 유난을 떨자 열차 안에는 다양한 풍경이 펼쳐졌다. 이솝 우화에서 따뜻한 햇볕이 나그네의 외투를 벗기듯 무더위가 굳게 닫힌 열차의 침대칸 문을 열어젖혔다. 침대칸 문이 열리면서 요지경이 민낯으로 드러났다. 70대 할머니 둘은 뜨개질하면서 연신 이마의 땀을 훔치고, 50대 중반 남성은 윗옷을 훌렁 벗고 맨몸으로 더위와 싸우고, 그 옆 칸의 20대 여성은 속옷이 보이든 말든 침대에 벌렁 드러누워 휴대폰을 만지작거리고 있었다. 또 다른 칸의 웃통을 벗은 20대 남성은 2층 침대에 누워 만사가 귀찮은 듯 천장을 바라보며 시간을 보내고, 10대 초반 남자아이는 엄마 옆에 앉아 '인생이 이렇게 지루한 것인가' 하는 표정으로 차창 밖을 멀뚱히 쳐다보고 있었다.

자작나무와 시인들

그나마 무더위에 지친 승객들을 위로하는 것은 자작나무다. 가와바타 야스나리는 "국경의 긴 터널을 지나자 설국雪國이었다"라고 했는데, 시베리아 횡단열차가 코스트로마의 긴 볼가강을 지나자 하얀 자작나무 천국이었다. 울창한 자작나무 숲은 땀을 뻘뻘 흘리며 달리는 열차를 순식간에 시원한 그림자로 뒤덮었다. 쭉쭉 뻗은 하얀 자작나무는 영락없는 러시아 미인의 다리다. 그 하얀 몸매와 꼿꼿한 자태는 기품과 정갈함이 느껴지는 시베리아 '숲속의 공주'다. 어두운 밤에도 달빛을 받아 빛나는 자작나무는 시베리아 벌판에 홀로 선 순백의 정령이다. 자작나무의 꽃말은 '당신을 기다립니다'인데, 자작나무의 순결한 이미지와 딱 맞는다.

하늘에서 신이 자작나무를 타고 내려와 러시아인이 되었다는 전설이 있을 정도로 시베리아 사람들은 자작나무를 '신의 선물'로 신성시한다. 러시아 사람들은 자작나무를 '베료자'라 부르는데, '보호하다'라는 뜻의 '베레치'에서 왔다고 한다. 이처럼 자작나무를 빼놓고 러시아인의 삶을 말할 수는 없다. 자작나무를 이용해 집을 짓고, 마트료시카 인형도 만들고, 가지와 잎은 러시아 전통 사우나 '바냐'에 쓴다. 예전에는 자작나무 껍질을 종이처럼 벗겨 그 껍질에 사랑의 편지를 써서 전달하기도 했다니, 자작나무는 사랑의 배달부였다.

끝없이 이어지는 시베리아의 자작나무 숲

시베리아 횡단열차는 호위무사처럼 늘어선 자작나무와 함께 달린다. 기찻길 옆으로 도열한 하얀 자작나무 사이를 달리노라면 마치 겨울 스키 부대의 열병식을 보는 듯하다. 자작나무의 끈질긴 생명력은 어디에서 오는 걸까. 자작나무는 가지끼리 손을 잡고 우듬지끼리 어깨동무를 하고 찰떡같은 우정을 과시한다. 서로 맞잡은 가지와 우듬지의 따뜻한 온기를 통해 자작나무는 그 추운 시베리아의 칼바람을 견디고, 그 무서운 늑대 울부짖는 소리를 이겨낸다. 시베리아를 지배하는 자작나무의 힘은 '연대'와 '우정'이다. 자작나무 숲 사이로 가끔 붉은 소나무가 얼굴을 삐쭉 내민다. 시베리아에는 자작나무만 있는 게 아니라는 귀여운 표정으로. 하얀 자작나무와 붉은 소나무가 뒤섞인 숲은 마치 러시아 내전 당시 적·백군의 묘한 어울림을 연출한다.

그래서인지 자작나무는 시인과 친하다. 자작나무가 시인에게 먼저 다가갔는지, 시인이 자작나무에게 먼저 다가왔는지는 모른다. 자작나무는 어느 때는 안톤 체호프로, 또 어떨 때는 세르게이 예세닌으로 다가오고, 언제는 백석으로, 또 언젠가는 고은으로 걸어온다. 어느 시인의 말처럼 그들이 자작나무의 이름을 불러줬기 때문일지도 모른다. 체호프는 겨울 자작나무를 보고 "가냘프고 어린 자작나무들은 서리로 얼어붙어 있어 마치 온통 하얀 설탕이 얼어붙은 듯하다"라고 했다. 예세닌은 "내 창문 밑 하얀 자작나무 은색 눈으로 덮여 있네"라며 자작나무를 불렀다. 백석은 "산골집은 대들보도 기둥도 문살도 자작나무다. 밤이면 캥캥 여우가 우는 산도 자작나무다"라고, 고은은 "나는 어린 시절에 이미 늙어버렸다. 여기 와서 나는 또 태어나야 한다"라며 자작나무를 노래했다. 자작나무는 시인들에게 가장 사랑받는 나무다. 자작나무는 순수의 거울에 비친 시인 자신의 얼굴이기 때문이다.

오후 4시, 갑자기 하늘이 미쳐버렸는지 느닷없이 빗줄기가 차창을 때리기 시작했다. 자작나무들도 갑자기 쏟아지는 비에 어안이 벙벙한 표정이다. 하늘에는 햇볕이 쨍쨍 내리쬐는데, 시베리아 땅에 여우비가 오다니. 멀쩡한 하늘에 비가 내리니 호랑이가

장가가려나. 한바탕 여우비가 쏟아지자 시원한 바람이 타이가 수풀 속에서 불어왔다. 무더위가 슬그머니 뒤꽁무니를 빼기 시작했다. 차창으로 풍경을 바라봤다. 러시아 가옥들은 한결같이 뾰족하고 가파른 삼각형 지붕이다. 겨울에 눈이 많이 내리기 때문이다. 아프리카를 여행하다 보면 전혀 다른 지붕을 본다. 햇빛을 막아야 하는 열대 지방은 지붕이 넓고 평평하다. 지붕의 형태만 봐도 그 지역과 기후를 단박에 알 수 있다. 다윈의 자연 선택이 가옥 구조에도 적용된다.

그런데 아무리 생각해도 이상했다. 예전 시베리아 횡단열차를 탔을 때 봤던, 그 흔한 러시아 별장 '다차'가 보이지 않았다. 전에는 오후 3시에 모스크바에서 출발하는 열차를 탔고 이번에는 한밤중에 열차를 탔으니 모스크바 반경 250킬로미터 이내에 몰려 있는 다차는 밤사이에 지나쳐버렸을 수도 있다. 그러나 예전에 봤던 블라디미르 역과 고리키 역은 어디로 갔단 말인가? 풍경이야 그렇다 쳐도 역들이 어디로 이사 갔을 리는 없다. 열차가 갈리치 역을 지나 코텔니치 역에 도착하자 궁금증이 풀렸다. 코텔니치 역에서는 모스크바를 오가는 두 개의 노선이 합류하고 있었다. 내가 전에 탔던 노선은 남쪽의 블라디미르와 니즈니노브고로드 역(고리키 역)을 지나는 노선이었고, 이번은 북쪽의 야로슬라블을 지나는 노선이었다. 모스크바에서 블라디보스토크로 가는 시베리아 횡단철도는 세 개 노선이 있는데, 맨 아래 노선은 카잔을 지나 예카테린부르크에서 합류한다.

공룡 조상의 놀이터, 코텔니치

열차는 코텔니치 역에 고작 2분간 정차했다. 승객을 짐짝 내던지듯 내려놓고 쏜살같이 내달렸다. 마치 공룡에 쫓겨 달아나는 토끼 같았다. 실제로 이 작은 마을은 공룡의 왕국이고 놀이터였다. 1933년 이곳 뱟카강 변에서 공룡의 먼 조상인 조룡류 파레이아사우루스 화석이 대거 발견돼 공룡 애호가들을 흥분시켰다. 2000년에는 55년이란 세계 최장기 전쟁포로 안드라스 토마 이야기로 또다시 세상을 발칵 뒤집어놓았다. 제2차 세계대전 당시 포로로 잡힌 헝가리인 토마는 러시아말을 못하는 바람에 코텔니치 정신병원에 55년 동안 갇혔다 풀려났다. 한국말을 못해 6년 동안 서울 청량리 정신병원에 있었던 네팔 여성 '한국인 선미야' 사건의 대선배 격이다. 세상에는 '뻐꾸기 둥지 위로 날아간 새'들이 이렇게 많다.

느닷없이 시베리아에 여우비가 지나가고 나니 객차 안은 한결 시원해졌다. 내가 탄 객차는 네 명이 한 칸을 쓰는 2등석 쿠페. 서로 마주 보며 1층과 2층에 각각 두 개의 침대가 있다. 1등석 룩수는 두 명이 한 칸을 사용하는데, 1층에 옆으로 나란히 침대가 놓여 있어 다정한 연인에게 안성맞춤이다. 3등석 플라츠카르타는 칸막이가 따로 없는 개방형 구조로 6인용이다. 3등석은 가격이 싸서 러시아 서민들이 애용하는 사랑방 같은 침대칸이다. 장거리 열차인 시베리아 횡단열차는 식당차를 제외하고는 〈설국열차〉처럼 등급이 매겨진 '계급 있는' 침대차다. '계급 없는' 평등 사회를 외친 소련 당시에도 '계급 있는' 열차를 놓고 뒷말이 많았다. 1946년 모스크바에서 레닌그라드(상트페테르부르크)까지 1등석을 타고 갔던 월북 작가 이태준은 당시 서구인들이 소련의 등급 열

시베리아 횡단열차 2등석의 복도

차를 두고 '신 계급 사회의 발생'이라고 비판하자 《소련기행》에서 두 페이지가 넘도록 이를 변호했다. '무차별 사회로 가는 과도기적 현상으로, 궁극에는 2, 3등석은 모두 없애고 1등석만 있는 열차를 만들지 않겠느냐'는 변론이었다. 안쓰러운 생각이 들 정도로 얼마나 관념적이고 낭만적인 시각인가. 이 정도면 이태준의 사회주의 인식이 과학적 사회주의는커녕 공상적 사회주의를 뛰어넘은 몽상적 사회주의 수준이라고 해야 하지 않을까. 물론 소련은 이태준의 기대와 달리 1991년 망할 때까지 무차별 열차를 만들지 않았다.

오후 6시가 조금 지나 키로프 역에 도착했다. 키로프는 북위 58도 36분으로 시베리아 횡단철도 구간에서 가장 북쪽이다. 점심은 역 행상이 파는 빵과 닭고기, 사과, 자두로 끼니를 때웠고, 저녁은 미리 사 온 햇반과 김치로 배를 채웠다. 열차에서의 하루는 이렇게 지나갔다. 나는 식당차로 가서 시베리아 횡단철도 최북단에 올라온 것을 기념해 발티카 캔 맥주로 축배를 들었다. 지금까지 힘든 오르막길이었다면 이제부터는 편한 내리막길이 되기를 바라면서.

시베리아 횡단열차는 평균 시속 64킬로미터로 모스크바에서 블라디보스토크까지 160시간을 달린다. 9,288킬로미터의 시베리아 횡단철도는 지구 둘레의 4분의 1에 해당하는 거리이며, 최

키로프 역 플랫폼의 행상

대 11시간의 시차가 나는 일곱 개 시간대를 밤낮으로 거슬러 올라간다. 볼가강을 비롯해 오브강, 예니세이강, 레나강, 아무르강 등 16개 강을 건너고, 160여 개의 크고 작은 역을 지난다. 여행자들은 중간 지점인 이르쿠츠크에서 한 번은 쉬었다 간다. 모스크바에서 이르쿠츠크까지는 5,185킬로미터로 88시간이 걸리고, 나머지 이르쿠츠크에서 블라디보스토크까지는 4,103킬로미터로 72시간이 걸린다. 한 해 무려 1억 5,000만 명이 시베리아 횡단열

시베리아 횡단철도 구간 최북단인 키로프 역

차를 이용한다.

자작나무 정령과의 대화

키로프에서 15분간 정차했던 기차는 서둘러 출발 신호를 알렸다. 어둠이 멀리서 뒤따라오고 있어서 열차는 더 농땡이 칠 여유가 없었나 보다. 열차 안의 밤은 왜 이리도 빨리 오는지, 칠흑같이 어두운 시베리아의 밤이 또다시 찾아왔다. 나는 특별히 할 일도 없어 자작나무 정령과 대화를 시도해봤으나 영 신통치 않았다.

'자작나무야, 너는 시베리아에 밤이 오면 무엇을 하고 노니?'

'…….'

'너는 왜 그렇게 하얀 옷을 입었니? 시베리아 겨울눈을 닮으려고 그런 거니?'

'…….'

'너는 말을 못하니? 왜 아무 말이 없니?'

'…….'

아시아에서 온 이상한 놈은 혼자 떠들고, 자작나무는 아무 말이 없다. 애초부터 신기 없는 놈이 샤먼 흉내를 내니 자작나무가 시답잖은 질문에 콧방귀나 뀌겠는가. 그것도 자작나무가 듣고 싶어 하는 얘기는 하나도 없고, 자기 하고 싶은 말만 소방호스의 물처럼 쏘아대니. 그간 자작나무는 전 세계에서 온 별별 이상한 놈들을 얼마나 많이 봐왔겠는가. 시도 때도 없이 샤먼 흉내를 내며 자신에게 소통이랍시고 말 같지도 않은 말로 말을 걸어오는 여행자들을.

사실 내가 자작나무와 대화를 시도한 것은 앞서 시베리아 횡단열차 여행을 다녀온 사람의 조언 때문이었다. 그는 시베리아 횡단열차를 타고 가면서 자작나무와 대화하느라 꼬박 밤을 새웠다고 했다. 꽤 재미있고 스릴 있는 경험이었다며 밤에 자작나무 정령과 대화하는 것은 시베리아 횡단열차 여행의 특별한 즐거움이라고 했다. 그의 말을 따랐다가 나는 자작나무로부터 톡톡히 망신을 당했다. 자작나무에게 실없는 놈이라는 인상을 남긴 것은 이번 여행의 오점이었다.

여행을 다녀온 뒤 나는 그 사람이 전 세계 종교를 통합하는 '다모여 종교' 운동을 한다는 얘기를 들었고, 며칠 뒤에는 서울 변두리에 '자작나무 정령'이라는 사주팔자 점집을 열려고 한다는 꺼림칙한 소식까지 들었다. 남의 말 함부로 듣지 말아야지. 나는 이번 시베리아 여행을 통해 삶에서 침묵이 얼마나 소중한지를 뼈저리게 깨달았다. 언제부터인가 세상에 침묵은 사라지고 말만 넘친다.《법구경》은 "모든 재앙은 입으로부터 나온다. 입은 몸을 치는 도끼요, 몸을 찌르는 칼날이다"라고 했고, 비트겐슈타인은 "말할 수 없는 것에 대해서는 침묵해야 한다"라고 했다. 시골 어머님이 하신 "말조심해야 한다. 혀 함부로 놀리지 마라"라는 말씀은 결국 붓다나 비트겐슈타인의 말과 같은 심오한 철학이 담긴 만트라였다. 이제부터는 침묵으로 세상과 대화해야겠다.

문학의 도시 페름과 닥터 지바고

자작나무와의 대화가 터무니없는 시도임을 깨닫고는 스르르 잠이 들었다. 내가 쿨쿨 잤다고 열차도 잠든 것은 아니었다. 열차는 〈은하철도 999〉 주제가를 부르며 밤새 달렸는지, 다음 날 아침 6시 어스름한 카마강이 보이는 페름 역에 도착했다. 체호프는 1890년 마차로 시베리아를 횡단하며 카마강에 닿았다. 체호프의 여행기 《시베리아에서》는 카마강을 이렇게 묘사하고 있다. "저쪽으로 건너가는 이들은 영혼에 상처를 입습니다." 카마강 건너편 우랄산맥을 넘어 시베리아로 유배 가는 사람들의 심정을 표현한 것이다. 당시 우랄산맥 동쪽으로 보내는 모든 형벌을 시베리아 유형이라 불렀으니 페름의 카마강은 〈공무도 하가〉의 "님아, 그 강을 건너지 마오"였다. 실제로 체호프는 카마강 변에서 호송되는 죄수 집단을 만났다. "30~40명의 죄수들이 족쇄를 쩔렁거리며 걸어가고 그 옆으로 총을 든 병사들이 가고 있다. … 죄수들과 병사들은 힘이 다해 지쳐 있었다. 길은 형편없고 걸어갈 힘도 없다."

이렇게 17세기부터 20세기 초 차르 시절까지 120만 명이나 되는 러시아인이 카마강을 건너 '카토르가'라는 시베리아 강제노동수용소로 유배를 갔다. 그러나 공산주의 소련 시대에는 '굴락'으로 이름만 바뀐 강제노동수용소에 1,800만 명이 수용되었고 450만 명이 죽었다. 그야말로 여우 피하자 호랑이 만난 격이다. 지배자에게 시베리아는 경제적 착취의 보고였고, 정치적 반대자를 버리는 하치장이었다.

체호프와 민영환이 마차를 타고 흙길을 달리던 시베리아를 이제는 기차가 철길 위로 달린다. 마부는 마부대로, 체호프와 민영환은 그들대로 땀을 뻘뻘 흘리며 마차를 타고 가는 모습이 눈에 선하다.

페름. 그래, 너 어디서 많이 들어본 이름이다. 맞다. 과학 시간에 배운 지질시대 '페름기'의 그 페름이다. 2억 7,000만 년 전 겉씨식물이 등장하고 지구상 생명체 95퍼센트가 사라진 대멸종 시대의 지층이 이곳에서 발견되었다. 그래서 '페름기'라는 지질학

용어의 명예를 안았다. 전 세계 교과서에 '페름기'라는 자랑스러운 이름이 실렸으니 페름은 얼마나 행복한가. 그렇다고 페름 역을 지나며 페름기만 떠올린다면 정말 페름이 섭섭할 일이다. 페름은 스탈린 시대 악명 높은 강제노동수용소 '페름-36'이라는 굴락이 있던 곳이며, 파스테르나크의 《닥터 지바고》와 체호프의 희곡 《세 자매》의 무대이기도 하다.

페름은 이제 땅속 지질학에서 벗어나 지상의 문학 도시로 다시 태어나야 한다. 하얀 설원 위에 애절한 사랑이 펼쳐지는 영화 〈닥터 지바고〉를 빼놓고 페름을 설명할 수는 없다. 지바고와 라라가 다시 만나는 영화 속 '유리아틴'은 페름이고, 두 사람이 찾아간 '바리키노'는 우랄산맥 자락의 고즈넉한 산골 마을이다. 지바고가 라라와 재회한 유리아틴의 도서관은 지금 페름 시내 푸시킨 도서관이며, 사랑의 보금자리인 바리키노는 파스테르나크가 1916년 실제 살았던 우랄 산자락 브세볼로도-빌바 마을이다. 페름에서 북쪽으로 200킬로미터 떨어진 브세볼로도-빌바에는 파스테르나크가 살았던 집이 복원되어 영화 속 바리키노의 추억을 떠오르게 한다.

1901년 체호프가 바라본 페름은 지루하고 따분한 도시였다. 어릴 적 살던 모스크바를 갈망한 '세 자매'는 늘 페름을 벗어나려 발버둥 쳤다. 페름에 살던 1901년의 세 자매는 모스크바를 갈망

A LOVE CAUGHT IN THE FIRE OF REVOLUTION
Turbulent were the times and fiery was the love story of Zhivago, his wife... and the passionate, tender Lara.
METRO-GOLDWYN-MAYER PRESENTS A CARLO PONTI PRODUCTION
DAVID LEAN'S FILM OF BORIS PASTERNAKS
DOCTOR ZHiVAGO
STARRING
GERALDINE CHAPLIN · JULIE CHRISTIE · TOM COURTENAY
ALEC GUINNESS · SIOBHAN McKENNA · RALPH RICHARDSON
OMAR SHARIF (AS ZHIVAGO) ROD STEIGER · RITA TUSHINGHAM
SCREEN PLAY BY ROBERT BOLT · DIRECTED BY DAVID LEAN
IN PANAVISION® AND METROCOLOR
WINNER OF 6 ACADEMY AWARDS!
〈닥터 지바고〉 영화 포스터

했고, 모스크바에 살던 1957년의 닥터 지바고는 페름을 동경했다. 도시 사람은 농촌의 낭만을 희구하고, 농촌 사람은 도시의 자유를 갈구한다. 행복이 뭐길래. 《세 자매》의 대사처럼 "어쩌다 조금 손에 넣었다 싶으면 그때마다 잃어버리는" 그런 것이 행복인가. 세 자매는 자신들의 삶에 속고 기만당하지만 그래도 희망을 잃지 않는다. "인생을 산다는 것은 들판을 지나는 것이 아니다"라는 러시아 속담처럼 삶은 누구에게나 굴곡진 곡선이다.

기차는 페름 역을 떠나 우랄산맥 끝자락을 향해 남쪽으로 방향을 틀었다. 자작나무, 전나무와 소나무 등 침엽수가 울창한 우랄산맥의 타이가 지대가 순식간에 열차를 빨아들였다. 페름에서 우랄산맥을 넘을 때 우리가 기억해야 하는 인물이 있다. 한인 최초의 공산주의자이자 여성 혁명가였던 김알렉산드라. 연해주 우수리스크에서 태어나 블라디보스토크에서 교사로 활동하던 그녀는 우랄 지역 조선인 벌목공의 권익 보호를 위해 1915년 페름시 나제진스크 목재소로 왔다. 우랄노동자동맹을 조직해 노동자 인권을 대변하던 그녀는 1916년 한인 최초의 공산주의자, 볼셰비키가 되었다. 우리는 그녀를 하바롭스크에서 다시 만나게 된다.

우랄산맥은 넓은 들판과 푸른 숲의 연속이다. 겨울이 되면 저 들판과 자작나무에 러시아 미인의 피부보다 더 하얀 눈이 내릴 것이다. 〈닥터 지바고〉의 장면들이 차창을 스크린 삼아 펼쳐지고,

지바고가 탄 열차가 하얀 눈을 헤치며 달려가는 모습이 보인다. 라라와 함께 마차를 타고 바리키노로 달려간 지바고는 다음 날 라라를 떠나보낸다. 밤새 자작나무 숲에서 들려온 늑대 울음소리는 이별의 징조였다. 라라를 태운 마차가 흰 눈이 소복이 쌓인 시베리아 벌판으로 사라진다. 지바고는 세상을 잃은 듯 허망한 눈빛으로 고개를 떨구고, 눈꽃으로 덮인 자작나무는 순백의 눈물을 뚝뚝 떨어뜨린다. 영화 주제곡 〈라라의 테마〉가 발랄라이카 소리를 깔고 은구슬처럼 눈 덮인 시베리아 벌판을 하얗게 굴러간다.

산속의 바리키노는 이렇게 눈 속에 묻히고, 오랜 시간이 흘러 모스크바에서 전차를 타고 가던 지바고는 우연히 지나가는 라라를 본다. 그녀를 쫓아가 보지만 지바고는 심장마비로 최후를 맞는다. 지바고의 주검 앞에서 라라는 바리키노에서의 마지막 이별을 떠올린다.

"기억나시죠? 눈 내리던 그 날, 바리키노에서 당신과 헤어지던 때의 일을.
어쩌면 당신은 나를 그렇게 속였을까!
당신을 그냥 두고 나 혼자 어떻게 갈 수 있어요?
난 알고 있어요. 왜 당신이 억지로 그렇게 하셨는지 알고 있었어요.
나의 행복을 위하여 당신은 그렇게 할 수밖에 없었다는 것을.

그러나 그때 나의 모든 것은 다 끝장이 나버렸어요.
아, 거기에서 내가 얼마나 고통을 받았는지!
당신은 모르실 거예요."

우리 가슴속에는 저마다의 바리키노가 있다. 백석은 〈나와 나타샤와 당나귀〉에서 "나타샤와 나는 / 눈이 푹푹 쌓이는 밤 흰 당나귀 타고 / 산골로 가자 출출이 우는 깊은 산골로 가 마가리에 살자"라고 했다. 백석의 바리키노는 하얀 눈이 내리고 '출출이'(뱁새)가 울고 '마가리'(오두막)가 있는 깊은 산속이다. 파스테르나크도 백석도, 작가들의 바리키노는 하나같이 속세로부터 멀리 떨어진 깊은 산속 오지다. 사랑을 방해하는 최대의 장애물은 관습이라는 이름의 조잘대는 속세다. 오죽했으면 사르트르가 "타인은 지옥"이라 했을까. 사랑은 오늘도 아무도 찾지 않는 깊은 산속으로 스스로 유배를 떠난다. 당신의 바리키노는 어디인가?

이제 페름 역은 그냥 지나치는 이름 없는 그렇고 그런 역이 아니다. '페름 역'의 푯말이 언젠가 '닥터 지바고 역'으로 바뀌어 있을지도 모른다. 닥터 지바고 역으로 바뀌는 날, 페름은 문학의 도시로 화려하게 부활할 것이다.

여행의 숨은 재미 셋, 역사 · 문학 · 영화와의 밀애

시베리아 횡단철도에서 아무 의미 없는 '잉여 역'은 없다. 역마다 숨은 역사와 사연이 깃들어 있으니 아무리 작은 간이역이라도 가벼이 지나칠 수 없다. 160여 개의 크고 작은 역이 있으니 얼마나 사연이 많겠는가. 페름 같은 역에서 만나는 재미는 그래서 더욱 즐겁다. 아는 만큼 보인다고 하는데, 기나긴 시베리아 여행에서는 더욱 그렇다. 그러나 시베리아 벌판에도 어김없이 짙은 어둠이 찾아오고 고독이 따라온다. 밤이면 스멀스멀 올라오는 고독이란 이 지긋지긋한 거머리를 어떻게 떼어버릴 것인가? 동짓날보다 더 기나긴 밤 허리를 황진이처럼 베어버릴 수도 없고, 그렇다고 매일 밤 술독에 빠져 독한 보드카를 수면제 삼아 벌컥벌컥 들이켤 수도 없다.

시베리아 횡단열차 여행을 재미있게 할 방법은 없을까? 눈에 콩깍지가 씐 연인이 옆에 있다면 아무 걱정할 필요가 없다. 그러나 그게 그리 쉬운 일인가. 나에게는 아직 신내림이 없으니 자작나무 정령과 대화할 능력도 없고, 설령 신기가 있다 해도 시베리아 요정들이 내가 지루할까 봐 셰에라자드처럼 밤새 재미난 이야기를 해줄 리도 없다. 자작나무는 불에 탈 때 '자작자작' 소리를 내서 그런 이름이 붙었다고 하는데, 시퍼렇게 살아 있는 자작나무들이 그런 소리를 내서 내 귀를 즐겁게 해줄 수도 없다. 밤새 내

말동무가 되어줄 상대라고는 시베리아 흑곰뿐인데, 흑곰도 러시아 마피아가 무서워 멀리 숲속에 숨어버렸는지 도통 얼굴을 보여주지 않는다. 그러면 나는 영락없이 고독의 늪에 빠져 허우적거린다. 낮이라고 다르지 않다. 자작나무 숲도 하루 이틀이지, 아무리 아름다운 풍경도 반나절만 계속 쳐다보면 짜증 나는 게 호모 사피엔스의 '참을 수 없는 존재의 가벼움'이다. 인간이라면 누구나 사족을 못 쓰는 사랑조차도 유효 기간이 3년밖에 안 된다고 하지 않는가. 도대체 인간이란 동물은 똑같은 것을 참지 못한다.

홀로 떠난 배낭여행자라면 역사와 문학, 영화와 사랑에 빠지는 수밖에 없다. 역사와 문학, 영화는 어디든 데리고 다녀도 귀찮게 굴지도 않고 칭얼대지도 않는다. 언제나 최고의 여행 동반자다.

여행을 즐겁게 해주는 첫 번째 동반자는 역사와의 대화다. 시베리아 횡단철도는 역사라는 침목으로 만든 인간의 개척사다. 한때 고리키 역으로 불렸던 니즈니노브고로드 역은 막심 고리키의 고향이며 반체제 지식인 안드레이 사하로프의 유배지다. 페름에서는 파스테르나크의 흔적을, 예카테린부르크에서는 마지막 황제 니콜라이 2세의 비극적 최후를, 옴스크에서는 도스토옙스키의 유배와 체코 군단의 기이한 여정 이야기를 만난다. 크라스노야르스크에서는 레닌의 유배를, 이르쿠츠크에서는 데카브리스트 혁명가와 반혁명 백군 지도자 콜차크, 한국 공산주의의 흔적을 만난다. 울란우데에서는 불교 사원을, 치타에서는 이광수의 발자취를, 스보보드니에서는 우리 독립운동사 최대 비극인 자유시 참변 사건을, 비로비잔에서는 유대인 자치주를 만난다. 하바롭스크에서는 우리나라 최초의 공산주의 여성 혁명가이자 독립운동가인 김알렉산드라의 전설과 작가 조명희의 발자취, 김일성 부대 막사, 중국의 마지막 황제 푸이 수용소를 만난다. 우수리스크와 블라디보스토크에서는 고려인의 중앙아시아 강제 이주와 독립운동 유적지를 만난다. 열차가 달리는 역마다 역사가 불쑥불쑥 튀어나오니 시베리아 횡단철도는 역사驛舍와 역사歷史로 연결된 살아 있는 세계사다. 러시아 역사책으로는 라쟈놉스키의 《러시아의 역사》가 훌륭하지만 1,000페이지가 넘는 책이다 보니 시간 여유가 없는 여행자에게 추천할 수는 없다.

두 번째 방법은 문학과의 밀애다. 시베리아를 빼놓고는 러시아 문학을 말할 수 없다. 시베리아의 광활한 대지와 자작나무, 바이칼호는 러시아 문학을 잉태시킨 원천이다. 시베리아는 인간의 아픔과 개척의 역사를 고스란히 간직하고 있는 대지다. 알렉산드르 라디셰프부터 푸시킨, 도스토옙스키, 네크라소프, 체호프, 파스테르나크, 고리키, 솔제니친, 발렌틴 라스푸틴의 작품 속에는 시베리아가 온전히 살아 있다. 시베리아 횡단열차 여행은 이들 문학 거장들과의 만남이다. 문학가로 최초의 시베리아 유형자인 라디셰프는 1790년 이르쿠츠크 북쪽 일림스크로 유배 가면서 다음과 같은 시를 남겼다.

"내가 누구인지, 나는 무엇인지, 그리고 내가 어디로 가는지
당신은 알고 싶은가?
나는 이 세기 내내 있었고 앞으로도 있을 존재이다.
그렇다고 동물도, 나무도, 노예도 아니다. 나는 인간이다!
시와 소설 속에 등장하는 준족의 용사가 되기 위해
섬세한 마음과 진리에 이르는,
지금까지 아무도 가지 않았던 길을 개척하며
두려움을 안고
일림스크의 감옥으로 간다."

저항적 지식인답게 시베리아로 떠나는 두려움 속에서도 당당함이 묻어 있다. '혁명의 예언자' 라디셰프 이후로 시베리아는 비판적 문학가가 걸어야 하는 고난의 길이었다. 시베리아는 1825년 데카브리스트 사건의 젊은 장교들이 대거 유배 오면서 러시아 문학에 본격적으로 등장했다. 시베리아 유배 문학의 시작이다. 데카브리스트 장교들과 친분이 두터웠던 푸시킨은 1827년 〈시베리아의 깊은 광맥 속에서〉라는 시에서 그들에 대한 동지애

를 절절히 표현했다.

"무거운 족쇄가 떨어져 나가고
감옥은 허물어지리니. 자유는
기쁘게 문 앞에서 당신들을 맞이하고
형제들은 그대들에게 검을 건네리라."

시베리아가 키운 가장 위대한 소설가는 단연 도스토옙스키다. 1861년 작《죽음의 집의 기록》은 그가 10년간의 시베리아 생활과 경험을 바탕으로 쓴 소설이다. 1849년 시베리아 옴스크로 유형을 간 도스토옙스키판《신곡》이다.《죄와 벌》에도 시베리아 유형의 경험이 담겨 있는데, 늙은 전당포 노파를 살해한 주인공 라스콜리니코프는 결국 시베리아로 유형을 떠나게 된다.

네크라소프는 서사시 〈데카브리스트의 아내〉에서 데카브리스트를 따라 시베리아로 간 젊은 아내들의 강인한 모습을 그렸으며, 1890년 시베리아와 사할린을 마차를 타고 여행한 체호프는 소설《6호실》과 기록문학《사할린섬》에서 시베리아 민중의 고통을 담아냈다. 중앙 시베리아의 카자흐스탄 에키바투스 굴락에 10년 동안 유배됐던 솔제니친은《이반 데니소비치의 하루》와《수용소 군도》를 통해 강제노동수용소의 실상을 생생하게 그렸다. 바이칼호 근처 이르쿠츠크에서 태어난 발렌틴 라스푸틴은 소련 농민의 삶과 전통적 가치를 다룬 대표적 시베리아 농촌 작가다. 소련의 윌리엄 포크너로 불리는 그의 소설 《살아라, 그리고 기억하라》와 《마툐라와의 이별》은 시베리아 농민 이야기다.

직접 유배를 당한 작가만이 시베리아를 그린 것은 아니었다. 톨스토이의 《전쟁과 평화》는 시베리아로 유배당한 데카브리스트로부터 영감을 받았으며, 《부활》은 시베리아로 유형을 떠나는 여주인공 카추샤를 따라나선 네플류도프가 결국 그곳에서 깨달음을 얻는 과정을 그렸다. 고리키의 소설 《어머니》에서는 노동자를 대변하던 아들 파벨이 시베리아로 유형 가고, 희곡 《밑바닥에서》에서는 도둑 페펠이 처녀 나타샤에게 시베리아로 가서 새롭게 출발하자고 말한다. 한때 시베리아에 살았던 파스테르나크는 소설 《닥터 지바고》를 통해 시베리아를 세계에서 가장 낭만적인 장소로 각인시켰다. 문학은 시베리아 횡단철도를 따라 역사와 만난다. 러시아 대문호와의 동행은 시베리아 횡단열차 여행을 더욱 즐겁고 알차게 만든다.

세 번째 방법은 영화와의 만남이다. 영화는 문학보다 대중에게 시각적으로 훨씬 더 강렬한 인상을 남긴다. 시베리아의 하얀 눈과 푸른 초원을 배경으로 펼쳐지는 영화 속 사랑과 낭만은 우리를 시베리아 여행으로 이끄는 원동력이다. 영화 〈닥터 지바고〉

(1965)를 통해 시베리아는 순백의 사랑과 낭만의 이상향으로 대중의 심장에 비수처럼 꽂혔다. 우리는 여행하면서 차창을 통해 나의 라라, 나의 지바고를 찾는다. 〈러브 오브 시베리아〉(1998)는 시베리아 횡단열차를 타고 가다 만난 사랑을 담았으니 시베리아 횡단열차 여행자들에게는 로망의 상징이다. 원래 영화 제목은 '시베리아의 이발사The Barber Of Siberia'인데, '시베리아의 이발사'라는 상표의 벌목 기계를 팔기 위해 러시아에 온 미국 여인과 러시아 사관생도의 사랑 이야기다. 이 영화의 시대 배경은 1885년으로, 1891년 시베리아 횡단철도 착공 전이다. 1890년 체호프가 시베리아를 횡단하면서 튜멘까지 기차를 타고 갔다는 기록이 있으니, 아마도 상트페테르부르크, 모스크바에서 서시베리아 튜멘 사이의 어느 구간을 달리던 열차에서 일어난 사랑 이야기일 것이다. 〈제독의 연인〉(2008)은 러시아의 마지막 제독 알렉산드르 콜차크의 실화를 바탕으로 만든 영화다. 1917년 볼셰비키 혁명 뒤 내전에서 적군에 대항하는 백군의 지휘관으로 활동한 그의 사랑과 최후를 그렸다.

시대적 배경을 달리하는 이들 세 영화를 통해 러시아의 역사와 당시 모습을 엿볼 수 있다. 제정 러시아 말기를 배경으로 하는 〈러브 오브 시베리아〉는 1885년부터 1905년의 시대 상황을 보여주고, 〈닥터 지바고〉는 제1차 세계대전과 1917년 혁명 상황을,

〈제독의 연인〉은 볼셰비키 혁명 이후 1918년부터 1920년까지의 내전 상황을 다룬다. 어둠이 시베리아를 뒤덮으면 자작나무 숲이 온통 스크린으로 바뀌고 열차를 타고 가며 영화를 관람하는 멋진 장면을 떠올려보자. 환상 속에 만나는 '시베리아 열차 극장'이 될 것이다.

유럽과 아시아의 경계, 우랄산맥을 넘다

페름을 떠난 열차는 사모바르의 고장 숙순 지방을 지나 유럽과 아시아를 가르는 우랄산맥을 넘어갔다. 언어학의 '우랄·알타이어족'에 등장하는, 북극해에서 시작해 남쪽으로 2,000킬로미터 뻗어 있는 그 우랄산맥이다. 우랄·알타이어족은 동서를 가르는 우랄산맥, 러시아와 몽골을 가르는 알타이산맥을 경계로 한 언어적 계통이다. 우리말은 어순 때문에 우랄·알타이어족에서도 알타이어족에 속한다고 배웠는데, 요즘은 갑론을박이 한창이라고 한다. 원래 학술 이론이란 치고받고 싸우면서 정교해지는 것이지만, 언어는 DNA처럼 딱 떨어지는 물증이 없으니 그 계통을 구분하기란 쉽지 않은 일이다.

오래전 시베리아 횡단열차를 타고 처음 우랄산맥을 넘을 때는 걱정을 꽤 했다. 언어의 특성마저 구분 지을 우랄산맥이라면 당연히 에베레스트 같은 높은 산들로 둘러싸여 있을 테니까. 역사학자 E. H. 카가 쓴 《도스토옙스키 평전》에서 읽었던, 도스토옙스키가 우랄산맥을 넘어가다 강추위에 벌벌 떨었다는 대목도 이런 상상에 한몫했다.

"언제나 용의주도하지 못했던 도스토옙스키는 따뜻한 옷가지가 넉넉지 않아 심장까지 얼어붙는 듯했다."

나는 이 구절을 읽으며 눈 덮인 겨울의 히말라야를 떠올렸다. 열차가 가다 서다 구름처럼 몇 번을 쉬어가면서 간신히 우랄산맥을 넘거나, 스위스에서 타본 융프라우 산악열차처럼 세월아 네월아 올라가리라 생각했다. 혹시 열차가 산을 넘을 때 힘이 부쳐 승객이 모두 내려 열차를 밀어야 하는 것은 아닐까 하는 망상까지 했다. 오래전 아프리카 배낭여행에서 버스가 계곡을 건너지 못해 승객들이 밀면서 간 적이 있다.

그러나 기우였다. 우랄산맥은 나를 철저히 배신했다. 열차는 언제 우랄산맥을 넘었는지 모를 정도로 눈썰매가 미끄러지듯 유럽에서 아시아로 건너와 있었다. '애걔, 이게 우랄산맥이야?' 나는 속으로 비웃기까지 했다. 우랄산맥이 그렇게 높은 산이 아닌데다 시베리아 횡단열차가 지나는 노선은 우랄산맥의 남쪽 끝, 그것도 산자락에 해당하는 해발고도 403미터에 불과하다. 작은 언덕을 넘는 꼴이니 평지를 달리는 것과 별 차이가 없다. 철로 변에 세워진 유럽과 아시아를 가르는 경계비만이 열차가 우랄산맥을 넘어가고 있음을 알려준다.

어떻든 유리잔에 담긴 물에 작은 파동조차 일으키지 않으며 열차는 우랄산맥을 넘었다. 나는 우랄산맥을 넘을 때 바짝 정신을 차렸다. 지난번 놓친 유럽-아시아 경계비를 이번에는 반드시 내 눈으로 똑똑히 볼 참이었다. 예카테린부르크에 다다르기 전 우랄산맥 철로 옆에 동서를 가르는 경계비가 있다. 여행 안내서《론리 플래닛》은 구체적 위치까지 안내한다. "페르보우랄스크를 지나 6킬로미터 지점인 베르시나의 작은 역에 흰색 구조물의 유럽-아시아 경계비가 있다." 베르시나는 러시아어로 '꼭대기'라는 뜻이니 동서를 가르는 간이역으로 기가 막힌 이름이다. 모스크바에서 동쪽으로 1,777킬로미터 지점, 예카테린부르크에서는 서쪽으로 33킬로미터 지점이다. 철로 남쪽에 경계비가 있으니 정신줄만 놓지 않으면 얼마든지 볼 수 있다.

그런데 세상일이란 뜻대로 되는 게 아니다. 내가 매의 눈을 가진 것도 아닌데, 쏜살같이 달리는 열차 안에서 그 작은 간이역의 작은 경계비를 어떻게 낚아챌 수 있겠는가. 시베리아 횡단열차는 또 얼마나 불친절하던지, 경계비를 지나기 전 안내 방송도 없고, 속도를 줄여 승객들이 경계비를 볼 수 있도록 하는 최소한의 편의

도 베풀지 않았다. 시베리아는 아직 인터넷이 제대로 터지지 않아 스마트폰 구글맵의 도움을 받을 수도 없었다. 결국 이번에도 경계비를 눈으로 보는 데 실패했다.

어떻든 유럽을 지나 아시아에 발을 들여놓았다. 진짜 시베리아다. 시베리아는 우랄산맥에서 블라디보스토크의 태평양 연안까지 이어지는 광활한 지역이다. 러시아는 우랄산맥을 넘어 동쪽으로 진출하면서 유럽과 아시아에 걸친 유라시아 국가가 되었다. 본격적인 시베리아 진출은 폭군 이반 4세 때인 1582년. 카자크족 우두머리인 예르마크는 기차가 지나온 우랄산맥을 넘어 시비르 칸국을 정복하며 동쪽으로 나아갔다. 내가 그의 이름을 불러주자

우랄산맥을 넘으면 광활한 시베리아 초원이 펼쳐진다.

하나의 몸짓이 꽃이 되었듯 볼가강의 해적 두목이었던 예르마크에게 '탐험대장'이라는 이름을 불러주자 그는 전설적 영웅이 되었다. 1696년 캄차카반도와 쿠릴 열도를 점령한 러시아는 여세를 몰아 1741년 북미대륙 알래스카까지 집어삼켰다. 200년도 안 되어 시베리아 전체를 한입에 꿀꺽했는데, 세계사에 유례가 없는 무혈입성이었다. 애초 시베리아는 투르크(야쿠트·시베리아 타타르), 퉁구스(예벤키·나나이), 피노 위구르(칸티·만시), 몽골(부랴트) 등 아시아계 부족의 땅이었다. 타타르어로 '잠자는 땅'이라는 뜻의 '시비르'는 말 그대로 정말 깊은 겨울잠에 빠져 있다가 정작 겨울잠을 자야 할 '로스케 곰'에게 한입에 먹혔다. 시베리아는 시비르에서 나온 말이다. 우둔한 곰이 잠자는 척하면서 동방진출이라는 여우의 잇속을 챙겼으니 러시아는 경계하고 또 경계해야 할 상대다.

러시아가 시베리아로 진출한 것은 장삿속이었다. 시베리아에서는 모피가 많이 생산되었는데, 유럽에 팔면 수익이 짭짤했다. 당시 검은 여우 가죽 하나 가격이 일반 노동자 임금 100년 치에 해당했으니 러시아인들은 모피에 혈안이 되었다. 돈 되는 일이라고는 모피밖에 없던 러시아는 닥치는 대로 담비, 여우, 수달, 족제비, 청설모 등을 싹쓸이했다. 더 이상 모피를 찾을 수 없자 '모피의 길'이었던 시베리아는 애물단지가 되었다. 모피 없는 시베리아는 앙꼬 없는 찐빵이었다. 러시아는 1867년 알래스카를 단돈 720만 달러에 떨이하듯 미국에 팔아버렸다. 당시 미국에서는 아무 쓸모 없는 얼음덩어리를 러시아의 상술에 말려 덤터기 썼다는 비판이 있었다고 하니 인간만사 새옹지마다. 알래스카 땅 밑에 거대한 지하 금광이 있을 줄 누가 알았으며, 그 시커먼 석유와 천연가스가 먼 훗날 황금알을 낳는 거위가 될 줄 어떻게 알았겠는가?

비운의 도시 예카테린부르크

열차는 비운의 도시 예카테린부르크에 도착했다. 모스크바를 떠난 열차가 우랄산맥을 넘어 처음 만나는 도시다. 해가 중천에 떴는데 예카테린부르크 역의 시계는 오전 9시 30분을 가리키고 있었다. 시간이 이렇게밖에 안 되었나? 그럴 리가 없다. 아침 6시 넘어 페름 역을 출발한 기차는 다섯 시간 넘게 달려왔다. 예카테린부르크는 마피아의 도시로 유명한데, 그사이 마피아에 납치된 시간이 몸값을 지불하지 못해 아직 억류되어 있는 것일까? 아차, 또 깜빡했다. 모든 기차역의 시간은 현지 시간이 아니라 모스크바 기준 시간을 가리킨다는 사실을. 예카테린부르크는 모스크바보다 두 시간 빨라 현지 시각은 오전 11시 30분이었다. 그러잖아도 내 배가 꼬르륵, 점심시간을 알리는 신호를 계속 보내고 있었다.

예카테린부르크 역에는 무려 40분이나 정차했다. 예카테린부르크는 중국의 황해 롄윈항에서 시작해 우르무치를 거쳐 카자흐스탄을 지나온 중국 횡단철도TCR가 시베리아 횡단철도TSR와 연결되는 곳이기도 하다. 예카테린부르크는 표트르 대제가 추진한 새로운 러시아 건설에 필요한 철을 조달하는 대장장이 마을에서 시작되었는데, 도시 이름은 표트르 대제의 부인 예카테리나에서 따왔다. 러시아어 예카테리나는 영어의 '캐서린Catherine'이고, 톨스토이의 《부활》의 여주인공 '카추샤'는 바로 예카테리나의 애칭이다. 아름다운 여인의 이름에서 시작된 이 도시의 역사는 이름과 어울리지 않게 피로 얼룩졌다. 제정 러시아의 마지막 황제 니콜라이 2세 일가가 집단 처형된 장소이며, 한때는 영화 〈대부〉가 떠오르는 마피아의 도시였다.

예카테린부르크는 러시아 역사와 인연이 깊은데, 제2차 세계대전 당시 예르미타시 박물관 소장품이 피난 왔던 곳이기도 하고, 옐친 전 대통령의 고향이기도 하다. 소련은 제2차 세계대전 당시 나치의 문화재 약탈을 피해 레오나르도 다빈치와 렘브란트의 작품 등 예르미타시 박물관 소장품을 대거 피난시켰는데, 레닌그라드가 나치에 완전히 봉쇄되기 직전 소장품을 실은 마지막 열차가 극적으로 도시를 빠져나와 이곳으로 달려왔다. 놀라운 것은 전쟁이 끝나고 소장품이 예르미타시로 다시 돌아왔을 때 분실된 작품이 단 한 점뿐이었다는 사실이다. 당시 시민들은 예르미타시 소장품의 피난을 위해 자신들이 마지막 열차를 타고 탈출할 기회를 기꺼이 포기했는데, 나중에 극심한 굶주림에 직면해 수많은 사람이 죽어 나갔다. 레닌그라드 봉쇄 당시 굶주린 시민들이 인육을 먹는 것을 단속하기 위한 '식인 단속 기동타격대' 대장이 해방 뒤 북한의 소련 군정 사령관을 역임한 스티코프 중장이었다는 사실을 아는가?

예카테린부르크 역 건물은 새로 지었는지 깔끔했다. 나는 열차에서 내려 옛 추억을 찾아갔다. 역 1층 화장실이다. 옛날 '엽기적 화장실'의 모습은 어디서도 찾을 수 없었다. 그사이 해우소 역할뿐 아니라 25루블을 내면 샤워도 할 수 있는 최신식 화장실로 바뀌어 있었다. 15년 전에는 화장실을 이용하려면 열차 승객도 5루블을 내야 했는데, 이번에는 열차 티켓을 보여주니 공짜였다. 러시아 형편이 좀 나아졌다고 화장실 인심도 좋아졌다. 예전 화장실은 정말 가관이었다. 남자 화장실 입구에서는 콘돔을 선전하고 딜도 등 야릇한 성 기구를 팔았으며, 여자 화장실 입구에서는 구멍이 뻥뻥 뚫린 그물 같은 야한 팬티를 팔았다. 민망하기 그지없었다. 아이들도 드나드는 기차역 화장실을 마치 성인용품점처럼

많은 추억이 서린 예카테린부르크 역

운영하고 있었다. 그때는 경제가 어려워 돈 말고 공중도덕은 멀리 유배가 있던 시절이었으니.

나는 화장실 변기에 앉았다. 옛날 엉덩이를 까고 앉았던 그 화장실 자리에서 지나간 15년을 회상하니, 화장실의 본성인 구린내가 약간 남아 있었지만 '화장실의 추억'도 나름 낭만적이었다. 다시는 엽기적 화장실의 모습을 볼 수 없다고 생각하니 왠지 아쉬움이 몰려왔다. 뒷간에 앉으면 오래전 아프리카 짐바브웨를 여행하던 때가 떠오른다. 버스를 타기 전 큰일을 해결하려고 수도 하라레 터미널 공중화장실에 가서 엉덩이를 내리는데, 아뿔싸, 변기 위로 에베레스트보다 더 높은 누런 탑이 올라와 있었다.

화장실 얘기가 나왔으니 말인데, 시베리아 횡단열차 화장실은 도대체 언제 바뀔까? 승무원들은 열차가 정차하기 20~30분 전후로 화장실 문을 열쇠로 꼭꼭 잠근다. 당연히 그사이 화장실을 사용하지 못하니 불편이 이만저만이 아니다. 생리현상이 정차 시간을 어떻게 미리 알겠는가. 갑자기 배탈이라도 나는 날에는 여간 곤혹스러운 일이 아니다. 분뇨를 그대로 철로에 배출하는 시베리아 횡단열차의 비산식 화장실 때문이다. 그 징글맞은 돈이 얼마나 든다고 아직도 우리나라 열차처럼 진공 수거식으로 바꾸지 못할까? 시베리아 횡단열차 화장실이 편의점처럼 24시간 개방되어 괄약근이 진정으로 해방을 맞을 날을 기대해본다.

니콜라이 2세 가족의 최후

화장실에 갔다 오니 허기를 느낀 배가 재촉한다. 출력했으면 입력도 해달라고. 역 매점에서 흑빵 '초르니 흘렙'과 페트병 콜라 한 개를 사서 역 앞 광장으로 나갔다. 예전에 비해 역 광장 도로에 차량이 많이 붐비고, 오른쪽으로 마린스 파크 호텔이라는 깔끔한 숙소도 보였다. 역 광장에서 시내 쪽으로 쭉 가면, 이름 그 자체에서 비극의 냄새가 물씬 풍기는 '피의 사원'이 있다. 로마노프 왕조의 마지막 황제 니콜라이 2세와 그 가족이 1918년 7월 17일 새벽 처형된 곳이다. 그들이 처형된 이파티예프 저택에 세워진 피의 사원은 하얀색 건물로 단출한 시골 성당의 모습이다. 상트페테르부르크의 '피의 사원'이 떠오른다.

왕조의 최후는 언제나 비극적이지만 니콜라이 2세의 경우는 비극의 극치다. 근현대사에서 권좌에서 쫓겨났다고 황제 일가족을 집단 처형한 사례는 찾아보기 힘들다. '피의 제국' 러시아에 덧씌워진 또 하나의 잔혹한 이미지다. 1917년 2월 혁명으로 폐위당한 니콜라이 2세는 상트페테르부르크 차르스코예 셀로에 연금되었다가 1918년 예카테린부르크로 끌려왔다. 니콜라이 2세는 1916년 꿈에도 그리던 시베리아 횡단철도를 완공했는데, 1년 뒤 그 철도로 실려 가는 비극의 주인공이 되었다. 옴스크의 반혁명 백군이 체코 군단과 함께 모스크바로 진격하기 위해 예카테린부르크로 다가오자 볼셰비키 적군은 서둘러 차르 일가를 처형했다. 한밤중에 잠들어 있다 끌려온 황제 일가는 가족사진을 찍는 줄 알고 이파티예프 저택 지하실에 일렬로 서 있다가 갑자기 탕 탕 탕 총소리와 함께 고목이 쓰러지듯 최후를 맞았다. 니콜라이 2세 일가족 일곱 명은 1998년 로마노프 왕가 무덤인 상트페테르부르크의 페트로파블롭스크 성당에 안장됐다. 러시아 정교회는 2000년 니콜라이 2세 일가를 정교회 성인으로 추대함으로써 비극적 죽음을 다소나마 위로했다. 자칫 정치적 갈등을 일으킬 수 있는 역사적 문제를 종교적으로 지혜롭게 풀어낸 것이리라.

시내에는 옐친의 고향답게 옐친 센터 박물관이 있고, 외곽에는 마피아의 도시답게 화려한 '폼생폼사' 마피아 묘지가 있다. 옐친은 상반되는 두 장면으로 기억되는 인물이다. 소련 붕괴 직후 모스크바에 진입한 공산주의 쿠데타군 탱크 위로 올라가 저항하던 용기 있는 정치인의 모습, 그리고 러시아 대통령이 된 뒤 술에 취해 정상 회담까지 취소한 무능력한 술주정뱅이의 모습이다. 폴란드 민주화에 크게 기여했으나 막상 대통령 자리에 올라 무기력한 모습을 보인 자유노조 지도자 바웬사와 오버랩된다.

15년 전의 발랴는 어디서 무엇을 할까

열차가 예카테린부르크를 출발할 무렵 러시아 아가씨 둘이 내가 탄 객차에 올라탔다. 20대 초반의 아가씨들은 날씨가 더워서인지 짧은 바지에 민소매의 시원한 옷차림이었다. 예전보다 러시아 아가씨들의 옷차림이 대담해졌다. 러시아 아가씨들을 보자 문뜩 잊고 있던 아련한 추억이 새록새록 떠올랐다.

15년 전 나는 이곳에서 손을 흔들며 발랴를 떠나보냈다. 무거운 가방을 들고 열차에서 내린 발랴는 오랫동안 서서 나에게 손을 흔들었다. 화가 지망생이던 열아홉 살의 발랴는 대학 진학을 위해 모스크바에 머물다 잠시 고향으로 돌아가던 길이었다. 흰 바지에 흰 재킷을 걸쳐 입은 큰 키의 그녀는 전형적인 러시아 미인이었다. 그녀는 시베리아 횡단열차를 탈 때면 항상 마티니를 준비한다고 했다. 한 병을 다 마실 때쯤이면 고향 집에 다다른다며 해맑게 웃었다. 내가 가져온 보드카와 그녀가 가져온 마티니가 부딪혔다. 나는 세 번에 걸친 시베리아 횡단열차 여행에서 그녀만큼 인상적인 사람을 만난 적이 없다. 그녀의 고향이 예카테린부르크다. 이제 서른네 살의 여인이 되었을 그녀는 지금도 고향으로 갈 때면 마티니 한 병을 들고 시베리아 횡단열차에 오를 것이다.

열차는 누구에게나 많은 추억을 남긴다. 나 역시 추억거리가 많다. 젊은 시절 미국 보스턴에서 뉴욕을 오가는 야간 암트랙 열차에서 있었던 짜릿한 경험, 탄자니아에서 잠비아까지 달리는 타자라 열차에서 보았던 아프리카 시골 풍경, 짐바브웨 불라와요에서 빅토리아 폭포로 가는 열차에서 보았던 시장판 경험, 동유럽 리투아니아에서 벨라루스 민스크를 거쳐 우크라이나 키예프까지 타고 간 이상한 열차 경험, 인도 열차 여행에서의 전쟁 피난민 같았던 기이한 경험들….

나는 세 차례 시베리아 횡단열차 여행에서 19세 러시아 처녀 발랴, 23세 고려인 아내 릴리야, 30대 중반의 이탈리아 히피 연인, 시베리아 벌판에서 열차를 놓친 55세 독일 은행원, 은퇴 후 홀로 세계여행을 하던 81세 '딩크족' 오스트리아 할머니를 만났다. 시베리아 횡단열차가 아니라면 어디서 이런 다양한 세계인들을 만날 수 있겠는가? 나는 기차를 타고 가는 느린 여행을 좋아한다. 기차는 민낯들이 부딪히는 체험의 현장이고, 사람 냄새 물씬 풍기는 사랑방이다. 이웃 사람끼리 벌거벗고 만나는 동네 목욕탕처럼 기차는 한순간에 마음의 장벽을 허문다. 기차에 만리장성이란 없다. 기차 여행자들 자체가 애초 개방적이고 자유로운 영혼들이니 유목민처럼 가슴이 활짝 열려 있다.

무더위가 몰고 온 열차 안 풍습

낮 기온이 섭씨 27도까지 오르자 열차 안 풍경이 새로워졌다. 전날의 더위는 저리 가라다. 러시아 남자들은 대부분 웃통을 훌렁 벗어 던지고 맨몸으로 침대에서 자거나 열차 안을 어슬렁거렸다. 가슴이 온통 털로 뒤덮인 덩치 큰 남자가 침대에 벌렁 드러누워 있는 모습을 보니 겨울잠을 자는 북극곰이 떠올랐다. 민소매 차림의 러시아 아가씨 두 명은 아예 이열치열인지, 객차 앞 복도에 있는 사모바르 물통에서 뜨거운 물을 받아 홍차를 홀짝홀짝 마

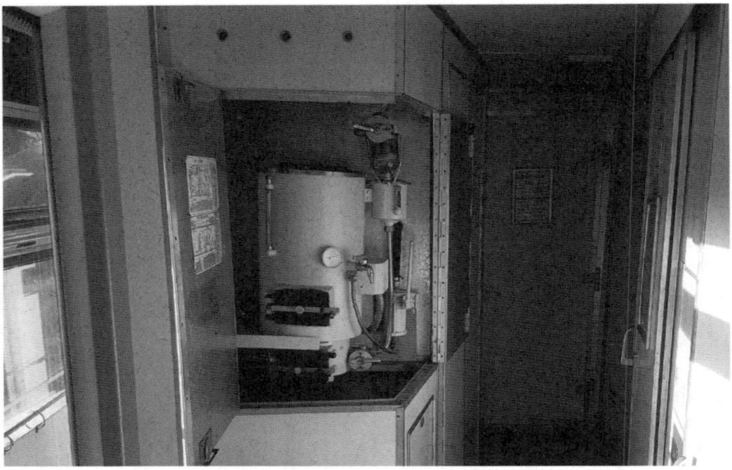

홍차나 컵라면을 끓여 먹을 수 있도록 열차 복도에 비치한 온수를 담은 주전자 사모바르

셨다. 그래도 늦여름 더위까지 더해진 젊음의 열기를 식히지 못해 복도를 왔다 갔다 하며 시베리아의 무더위를 열차 밖으로 내쫓느라 고군분투했다. 두 아가씨의 모습이 시베리아 벌판의 뜨거운 햇살을 피해 열차 안으로 숨어들어온 하얀 자작나무 같았다.

골초들의 피서법은 열차 안에서도 특이했다. 50대 초반의 러시아 남자는 온몸에 땀을 뻘뻘 흘리면서도 연신 담뱃불을 피워댔다. 러시아어로 '탐부르'라 부르는 객차 통로 연결막의 네모난 공간에 서서 더위와 누가 이기나 한판 승부를 벌이는 골초의 모습은 안쓰럽기까지 했다. 담배를 피우지 않는 내 눈에는 여름밤 더위를 쫓는다며 장작불을 피워놓고 자는 것만큼이나 어리석어 보였다. 골초도 마음이 편치는 않았다. 승무원 눈치를 슬금슬금 보면서 도둑 담배를 피우고 있었으니 말이다. 시베리아 횡단열차에서 골초들의 설 자리가 점점 사라지고 있었다. 예전에는 화장실은 물론이고 침대칸에서도 몰래 줄담배를 피웠다. 하지만 이제는 호랑이 담배 피우던 시절 얘기다. 열차 안 전체가 금연 구역이어서 화장실에서 담배 연기가 흘러나오는 순간 승무원이 쏜살같이 달려와 단속의 몽둥이를 내리친다. 여자 승무원이 갑자기 앙칼진 혹곰으로 변해 고래고래 소리를 지르고 화장실 문을 당장에라도 부수고 들어갈 기세로 두들겨댄다. 화장실마다 붙어 있는 큼지막한 금연 표시도 예사롭지 않다. 열차 안 흡연을 화재 사건으로 취급해 누구라도 현행 방화범으로 연행하겠다는 무시무시한 경고다. 그나마 탐부르에서의 흡연은 눈치껏 허용되니 골초들에게는 다행이다.

모범생 승무원 나타샤와 농땡이 타샤

담배 추방으로 시베리아 횡단열차 안은 예전에 비해 훨씬 쾌적해졌다. 화장실은 늘 청소하고, 화장지도 떨어지지 않는다. 승무원들도 젊어졌다. 시베리아 횡단열차 승무원 하면 떠오르던

40~50대 뚱뚱한 중년의 모습은 많이 사라졌다. 내가 탄 객차의 승무원은 모두 스무 살이었다. 나타샤와 타샤는 하바롭스크 출신으로, 한 달에 한 번 모스크바와 하바롭스크를 오가는 열차를 탄다고 했다. 월급은 기본급 35만 원에 수당 포함 40만 원으로, 러시아 은행원 월급이 60만 원이라고 하니 그리 나쁘지 않아 보였다. 시베리아 횡단열차는 한 객차에 두 명의 승무원이 2교대로 번갈아 근무한다. 승무원 객실은 맨 앞의 2인용 침대칸인데, 승무원 객실에는 승객에게 파는 과자와 음료 같은 간단한 군것질거리뿐 아니라 음식을 데우는 전자레인지가 있다. 승무원을 잘 사귀어놓으면 전자레인지로 컵반 등을 데울 때 도움을 받을 수 있다. 아무래도 오랜 시간 함께 가야 하는 객차에서는 승객이 아닌 승무원이 왕이니까.

안경을 쓴 나타샤는 열심히 복도와 화장실을 청소하는 모범생 유형의 승무원이다. 반면 끼가 넘치는 타샤는 어느새 젊은 러시아 남자 승객과 눈이 맞아 일은 내팽개치고 사랑놀이에 시간 가는 줄 모른다. 옛날 우리나라에 "일하면서 싸우자"라는 구호가 유행했는데, 타샤의 구호는 "일하면서 연애하자"다. 당연히 모범생 나타샤와 농땡이 타샤 사이에 말다툼이 오간다. 누군들 사랑하고 싶지, 일하고 싶겠는가?

예카테린부르크를 떠난 열차는 광활한 카멘스크우랄스키 평원을 달렸다. 어제와 같은 경치가 계속 이어졌다. 여행자에게는 다소 지루한 풍경이다. 1897년 2월 시베리아로 유배 가던 레닌도 이 구간을 지나며 이런 인상을 남겼다.

> "서부 시베리아 도로 주변은 벌거벗고 황량한 단조로운 스텝이다. 집도 도시도 없고, 마을도 찾기 힘들다. 사흘 동안 가끔 숲이 보이다가 다시 온통 단조로운 스텝이 나타나고, 눈과 하늘밖에 없다."

시베리아 횡단열차 여행에서 아쉬운 점은 아무래도 풍경이 단조롭다는 사실이다. 지리적 위도가 다양한 풍경의 식생을 결정하는데, 안타깝게도 시베리아 횡단열차는 비슷한 위도를 달린다. 그러다 보니 자작나무와 소나무, 전나무로 이뤄진 타이가의 상록침엽수 단일 식생이다. 시베리아 횡단열차가 출발하는 모스크바는 동경 38도, 북위 55도이고, 종착지 블라디보스토크는 동경 132도, 북위 44도다. 시간대를 나타내는 경도는 무려 94도 차이(7시간 시차)가 나지만, 기후를 좌우하는 위도는 고작 11도밖에 차이 나지 않는다. 남쪽의 귤이 회수를 건너면 탱자가 된다는 중국 옛말이 있는데, 이는 위도에 따른 식생의 차이를 말한다. 그러나 모스크바에서 자라는 귤을 블라디보스토크에 가져다 심어도 그대로 귤이 열린다.

승객들은 침대에 누워 책을 읽거나 음악을 듣고 영화를 보면서 시간을 보내고 있었다. 나는 MP3 플레이어에 담아온 러시아 전통 노래를 들었다. 〈스텐카 라진〉 〈카추샤〉 〈백만 송이 장미〉 〈백학〉 〈볼가강의 뱃노래〉 〈아무르강의 물결〉 〈시베리아 연가〉 〈머나먼 길〉 〈나 홀로 길을 가네〉 〈검은 눈동자〉 〈모스크바의 밤〉 등 널리 알려진 노래들이었다. 러시아 사람들이 가장 좋아하는 노래는 단연 〈카추샤〉다. 전쟁터로 떠난 연인을 그리워하는 이 노래는 제2차 세계대전 당시 유행한 러시아의 민요이자 군가다. 1946년 소련을 방문한 이태준은 《소련기행》에서 "여기 사람들은 카추샤를 조선 사람들의 춘향이나 심청이 이상으로 사랑한다"라고 했다. 제2차 세계대전 직후에 벌써 〈카추샤〉의 인기는 하늘을 찌를 듯했나 보다. 젊은 여행자들은 노트북으로 영화를 보고 있었다. 주로 〈전쟁과 평화〉 〈닥터 지바고〉 〈러브 오브 시베리아〉 〈제국의 연인〉 같은 영화나 케이블 채널 히스토리의 4부작 다큐멘터리 〈피의 제국 러시아〉, 2016년 영국 BBC 6부작 드라마 〈전쟁과 평화〉 같은 작품들이었다. 홀로 여행하는 배낭여행자에게 음악은 필수다. 긴 여행에 감초처럼 따라다니는 고독이란 놈을 떼어버리는 데 음악만큼 좋은 약도 없다.

튜멘, 1941년 레닌의 방문

내가 좋아하는 노래 〈스텐카 라진〉을 듣고 있는 사이 열차는 투라강 변의 튜멘에 도착했다. 튜멘은 멸망한 시비르 칸국의 수도에 1586년 건설한 시베리아 최초의 러시아 도시다. 이곳 역에서 30분 넘게 정차하기에 객차에서 내려 주변을 둘러보았다. 깨끗한 역사는 새로 지은 티가 물씬 풍겼고, 역 주변으로 깔끔한 여행자용 호텔들이 보였다. 고층 아파트도 여기저기 새로 들어섰다. 도시 곳곳에 돈깨나 쓴 흔적이 역력했는데, 역시 석유의 힘이었다. 오랜 역사를 지닌 유서 깊은 도시지만 가난했던 튜멘은 1950년대에 유전이 발견되면서 하루아침에 어깨를 펴고 형편이 좋아졌다.

토볼스크로 가는 튜멘 역 광장

체호프는 1890년 튜멘까지 기차를 타고 온 뒤 마차를 타고 트락트(시베리아 간선 도로)를 따라 시베리아 벌판을 횡단했다. 그때는 아직 시베리아 횡단철도 공사가 시작되기 전이었지만 이미 튜멘까지는 철도가 놓여 있었다. 당시 5월의 날씨는 매우 추웠나 보다. 체호프가 말꾼에게 물었다.

"시베리아는 왜 이렇게 추운 거요?"

"하느님 마음이죠!"

체호프도 꽤 심심했던 모양이다. 말꾼이 시베리아가 추운 이유를 어떻게 알겠는가? 체호프의 말 같지 않은 질문에 말꾼도 말 같지 않은 답변을 한 걸 보니 시베리아 횡단이 결코 유쾌한 일만은 아니었나 보다.

두 눈 똑바로 뜬 체호프도 건너기 힘들었던 시베리아를 두 눈이 보이지 않는데도 횡단한 사람이 있었다. 시각장애인이었던 영국 여행가 제임스 홀먼은 체호프보다도 70여 년 앞선 1823년 상트페테르부르크에서 모스크바를 거쳐 이르쿠츠크까지 홀로 지팡이를 짚고 마차를 달고 달렸다. 오늘날도 시각장애인 여행자가 홀로 시베리아 횡단 여행을 하기란 결코 쉽지 않다. 홀먼은 시베리아 곳곳을 누볐는데, 상트페테르부르크에서는 맛으로 여행을 즐겼고, 시베리아에서는 냄새로 여행을 즐겼으며, 이르쿠츠크에서는 소리로 여행을 즐겼다. 힘들어서 여행 못 하겠다는 말이 부끄러워 쥐구멍을 찾는 소리가 들리지 않는가? 이 괴짜 여행자에 관심이 가는 독자라면《세계를 더듬다》라는 책을 읽어보라.

튜멘이 오랫동안 숨겨온 비밀이 하나 있다. 1941년 제2차 세계대전 당시 레닌이 튜멘을 극비 방문했다는 사실이다. 뭐라고? 눈치 빠른 독자라면 말장난하지 말라고 바로 호통칠 일이다. 레닌은 1924년 죽었는데, 죽은 자가 어떻게 여행을 다니느냐? 정확히 말하면 레닌이 아니라 '레닌의 시신'이 방문했다. 1941년 독일이 침공하자 소련 당국은 붉은 광장의 레닌 영묘에서 시신을 꺼내 뇌는 모스크바에 두고 방부 처리한 그의 몸만 몰래 튜멘 시내의 셀스호스 아카데미 빌딩으로 대피시켰다. 당시 이 사실은 극비에 부쳐졌고, 전쟁이 끝난 1945년 레닌의 시신은 조용히 모스크바로 다시 돌아갔다. 레닌 사후 최초이자 마지막 외유였다. 제2차 세계대전 당시 예카테린부르크가 에르미타시의 피난처였다면, 튜멘은 레닌의 피난처였던 셈이다.

튜멘에는 이런 소소한 이야깃거리가 많다. 더 황당한 이야기는 가까운 토볼스크에 있다. 튜멘에서 250킬로미터 떨어진 토볼스크는 예로부터 유배의 도시로 유명한데, 도스토옙스키가 옴스크로 유배 가면서 이곳을 거쳐 갔고, 니콜라이 2세도 예카테린부르크로 끌려가기 전 이곳에서 몇 달간 지냈다. 그러나 토볼스크를 유명하게 만든 유배자는 따로 있다. 다음 중 러시아 최초의 시베리아 유배자는 누구일까?

① 도스토옙스키 ② 솔제니친 ③ 레닌 ④ 우글리치

힌트를 주자면 ①~③번은 유명한 인물이고 ④번은 성당의 종이다. 놀랍게도 정답은 사람이 아니라 우글리치 종이다. 종이 인간에게 고문을 당하고 유배를 간 황당한 사건이 러시아 역사에서 실제로 일어났다. 종의 죄목은 무시무시한 반역죄다. 세계 유배 역사에서 가장 특이한 유배자다. 우글리치 종이 유배 간 곳이 바로 토볼스크다.

표도르 1세의 이복동생 드미트리 2세는 1591년 모스크바에서 200킬로미터 떨어진 우글리치 지역에 유배되었는데, 아홉 살의 어린 나이에 의문의 죽음을 당했다. 죽음의 배후에 표도르 1세의 매부로 실권을 장악하고 있던 보리스 고두노프가 있다고 의심한 우글리치 주민들은 마을 성당의 종을 울리면서 반란을 일으켰다. 이 마을 성당의 종이 바로 우글리치 종이다. 촌사람들의 어설픈 반란에 애꿎은 성당 종이 졸지에 말려들었는데, 결국 주민들의 봉기를 알린 우글리치 종은 반란죄의 공동 수괴로 몰렸다. 고두노프가 얼마나 화가 났는지, 우글리치 종에게 공개적으로 태형을 가하고 영원히 소리를 내지 못하도록 아예 종의 혀(추)를 뽑아 버렸다.

'야, 이 놈들아! 너희가 언제 나를 인간 대접해줬다고, 처벌할 때만 인간 취급을 하느냐!' 종은 이렇게 피고인 최후 진술을 하고 싶었지만, 이미 혀가 뽑혀버린 터라 어떤 항변도 할 수 없었다. 이렇게 해서 우글리치 종은 러시아 역사에서 차르 칙령에 따른 최초의 공식 시베리아 유형자가 되었다. 우글리치 종은 당시 인간 대접을 받지 못하던 러시아 민중이었다. 300년 동안 차가운 시베리아 북풍을 맞으며 토볼스크에서 유배 생활을 하던 우글리치 종은 1892년 마침내 고향으로 돌아갔다. 우글리치 주민들은 못난 인간 때문에 고생한 불쌍한 종을 되돌려달라고 정부에 탄원했다. 세계 최장수 유배자의 귀환이었다. 비운의 우글리치 종은 현재 드미트리 2세가 죽은 장소에 세운 우글리치의 '피의 사원'에 보관되어 있고, 토볼스크 시내 성 소피아 성당에는 우글리치 종이 있던 종탑이 남아 있다. 〈전설의 고향〉 같은 황당한 이야기가 시베리아에서는 현실이 된다.

옴스크, 도스토옙스키의 유배지

튜멘 역을 출발한 열차는 투라강을 건넜다. 어김없이 시베리아의 밤이 찾아왔다. 열차에서 두 번째로 맞는 밤이다. "단풍잎 같은 몇 잎의 차창을 달고 / 밤열차는 또 어디로 흘러가는지"(곽재구, 〈사평역에서〉) 열차는 시베리아의 어두운 장막 속으로 빨려 들어갔다. 낮이라면 잠시 내려 도스토옙스키를 위로하고 싶었던 옴스크 역은 그렇게 어둠의 블랙홀로 빠져들고 말았다. 예전에도 옴스크는 밤에 지나쳤는데, 이번에도 한밤중에 지나가다니 옴스크와는 인연이 없나 보다.

옴스크 하면 떠오르는 인물은 단연 도스토옙스키다. 총살형 직전에 가까스로 살아남은 도스토옙스키는 1850년부터 4년간 이곳에서 유배 생활을 했는데, 그때의 체험을 바탕으로 쓴 책이 《죽음의 집의 기록》이다. 당시 옴스크가 얼마나 황량한 곳이었는지는 도스토옙스키가 1854년 형 미하일에게 보낸 편지에 잘 묘사되어 있다.

"옴스크는 혐오스러운 곳이다. 나무 하나 없이 황량하다. 여름에는 모래폭풍을 일으키는 뜨거운 열기와 바람만이 휘몰아치고, 겨울에는 눈보라가 휘날릴 뿐 다른 것을 본 적이 없다. 도시는 더럽고, 거의 군인들만이 거주하고, 극도로 방탕하다. 보통 사람들이 그렇다는 거다. 내가 여기서 몇몇 인간다운 사람들을 발견하지 못했다면 차라리 개들을 찾아갔을 것이 틀림없다."

커다란 도시 감옥 같았던 옴스크 유배 생활은 젊은 작가에게 견디기 힘든 고난이었다. 그 후유증으로 지병이던 간질이 더욱 악화해 죽을 때까지 시달려야 했다. 단테가 《신곡》에서 지옥을 경험했듯 옴스크에서 생지옥을 경험한 도스토옙스키는 공상적 사회주의자에서 영적 구원을 좇는 기독교적 인도주의자로 바뀌었다. 옴스크 유배가 오히려 "나를 민중에게 데려다줬다"고 고마워한 도스토옙스키는 《죄와 벌》《카라마조프의 형제들》에 그 정신을 고스란히 담아냈다. 도스토옙스키에게 시베리아는 육체는 형벌을 받았지만 영혼은 구원을 받은 곳이었는지도 모른다. 옴스크 시내 도스토옙스키 박물관에는 그의 육필 원고와 당시 죄수복 등이 전시되어 있다. 쥘 베른의 《황제의 밀사》에서 주인공 미하일 대위의 어머니 마라파가 반란 세력에 붙잡히고, 그 어머니를 구하려는 미하일의 활약상이 벌어지는 곳도 옴스크다. 문학 애호가들에게는 구미가 당기는 도시다. 솔제니친도 빼놓을 수 없다. 옴스크에서는 카자흐스탄으로 가는 국제 열차가 출발하는데, 옴스크에서 남쪽으로 400킬로미터 떨어진 카자흐스탄 에키바스투스는 솔제니친의 유배지였다.

옴스크는 볼셰비키 혁명 뒤 내전에 휩싸였다. 1918년부터 1919년까지 콜차크 제독이 이끈 반혁명 백군의 사령부가 이곳에 자리 잡았다. 붉은 깃발을 내건 볼셰비키의 혁명 '적군'에 맞서 하얀 깃발을 내건 황제파의 반혁명 '백군'은 옴스크를 반혁명 정부의 수도이자 체코 군단과 함께 모스크바로 진격하기 위한 전초기지로 삼았다. 체코 군단은 식민지 종주국 오스트리아에 의해 제1차 세계대전에 동원되었다가 러시아에 포로로 잡힌 체코 출신 부대다. 제2차 세계대전 때 일본군에 강제 징용된 조선 출신 군인들과 같은 신세라고 보면 된다. 체코 군단은 유럽 전선이 막히자 멀리 블라디보스토크를 통한 송환 길에 올랐다. 1918년 5월 시베리아 횡단열차를 타고 첼랴빈스크 역에 도착했을 때 볼셰비키 적군이 이들을 무장해제 하려는 바람에 6만 7,000여 명의 체코 군단은 졸지에 백군 편에 가담하게 되었다. 결국 적군에 밀린 콜차크와 체코 군단은 제정 러시아 중앙은행 소유 금괴 500여 톤을 가지고 이르쿠츠크로 후퇴했다.

옴스크는 전차, 미사일, 대포 등을 생산하는 대표적 군수산업 도시로, 군사 마니아들의 성지이기도 하다. 2001년 7월 기차를 타고 모스크바로 가던 북한 김정일 국방위원장은 이곳에서 생산하는 T-80 전차가 탐이 나 깜짝 방문했다. 김정일은 사회주의 시절의 우정과 조소 동맹 차원에서 러시아가 자신의 열차 꽁무니에 매달고 갈 귀국 선물로 T-80 전차 몇 대를 주리라 기대했지만 세월은 무정했다. 러시아에 남은 것은 '조소 동맹'이 아니라 '조소 무역'이었다. 옛날 사회주의 대국 '형님 소련'이 사회주의 꼬마 '동생 조선'을 대하던 통 큰 외교는 사라지고, 현재의 러시아는 오래전 시베리아 모피를 팔기 위해 혈안이던 돈독 오른 '로스케'로 돌변해 있었다. 오죽 탱크가 탐이 났으면 그 바쁜 와중에도 들렀을 김정일은 결국 입맛만 다신 채 〈봄날은 간다〉를 부르며 빈손으로 떠나야 했다.

김정일이 그렇게 탐내던 T-80 전차가 정작 남한에는 80여 대나 있다는 사실을 아는가? 우리 정부는 노태우 정권 때 구소련에 빌려준 차관 중 일부를 1996년 T-80 전차 등 러시아제 무기로 대신 받았다. 러시아는 아직도 한국에 갚아야 할 차관이 남아 있는데, 혹 옴스크를 방문하려는 독자가 있다면 T-80 공장을 방문해 "한국에서 왔다"며 차관 대신 최신예 전차를 달라고 해보라. 어쩌면 치매기 있는 늙은 공장관리인이 "옜다, 이거나 먹어라"라며 덥석 신형 T-80 전차를 내줄지도 모른다. 그러면 탱크를 몰고 시베리아 횡단 여행을 한 뒤 블라디보스토크에서 배편으로 귀국해 국방부에 반납하면 된다. 신형 T-80 전차는 최고 속도가 시속 70킬로미터나 되니 시베리아 횡단 여행에도 문제가 없을 테다.

꿀불견 PID

밤의 블랙홀을 빠져나오자 열차는 바라빈스크 역에 진입하고 있었다. 플랫폼에 내려 아주머니 행상이 파는 빵으로 아침을 해결했다. 오래전 낮에 내렸을 때는 유난히 많은 잡상인이 플랫폼까지 와서 빵과 말린 생선, 털모자 샤프카 따위를 파느라 왁자지껄했는데, 이번에는 아침 시간이라 그런지 한두 명만 보였다. 특별히 큰 강도 없는 바라빈스크에 웬 생선일까? 예전부터 궁금했는데 구글맵 덕에 의문이 풀렸다. 바라빈스크 지역은 시베리아의 언 땅이 녹으면서 만들어진 크고 작은 호수와 강이 많은 곳이었다. 구글맵을 통해 보니 푸른색 호수가 곰보 자국처럼 여기저기 박혀 있었다. 말린 생선은 근처 호수와 강에서 잡은 것들로, 이곳의 호수는 염분이 많아 생선을 말리면 안 상하고 오래 보관할 수 있다고 한다. 어디든 행상들이 파는 특산물에는 그 지역의 지리와 지질, 생태가 들어 있다.

열차가 바라빈스크 역을 떠나려 할 때 승무원 나타샤에게 물었다. 객차 바깥에 큼지막하게 빨간 글씨로 쓴 'PID'가 무슨 뜻이냐고. 모스크바에서 출발할 때부터 객차마다 이런 글씨가 몽고점처럼 박혀 있어 궁금하던 참이었다. 나는 피카소나 칸딘스키 작품은 아니더라도 무슨 심오한 추상적 의미가 담긴 것이리라 짐작했다. 그렇지 않고서는 객차마다 그렇게 대문짝만하게 써놓을 리가 없다. 나타샤가 픽 웃었다. "그거 그냥 우리 회사, 러시아 철도공사 약자예요. 아무것도 아니에요." 내가 추상 작품이라 생각했던 'PID'는 러시아 철도공사의 키릴 문자 약자인 'РЖД'였다. 어이가 없었다. 러시아 철도 운송업을 독점하고 있는 러시아 철도공사는 승객 서비스에는 관심이 없고 강력한 권력만 휘두르는 안하무인의 갑질로 유명하다. 나도 모르게 울화통이 터졌다. '지금 힘자랑하고 있냐? 열차 화장실 문제도 하나 해결 못 하면서 이름표를 객차마다 그렇게 크게 달고 싶냐?' 오만방자한 PID 명패 대신 시베리아 호랑이나 북극곰, 귀여운 황실 고양이 러시안 블루가 그 자리를 차지한다면 얼마나 멋질까? 바이칼호의 생선 오물Омуль, 아무르강의 철갑상어, 블라디보스토크의 해삼도 PID보다는 낫겠다. 아무 의미도 없으면서 여행자의 눈만 어지럽히는 갑질의 대명사 PID 명패를 페인트로 덮어줄 용자 어디 없는가?

꼴불견 이름표를 단 열차는 다시 출발했다. 하루 사이인데 차창을 통해 들어오는 공기가 확연히 달랐다. 시원한 바람이 넓은 시베리아 초원에서 불어왔다. 온도는 거짓말을 하지 않는다. 어제는 27도였는데 오늘은 20도로 뚝 떨어졌다. 바라빈스크 역을 지나면 시베리아 풍경도 눈에 띄게 변한다. 끝이 보이지 않을 정도로 넓은 초지가 이어진다. 소, 말, 양을 그냥 풀어놓기만 해도 저절로 쑥쑥 자라는 자연 목장이다. 러시아 제2의 버터 산지로 유명한 낙농의 중심지다. 목축에 최적인 스텝 초원 지대가 멀리 지평선이 보일 정도로 끝없이 펼쳐진다. 이곳 호수는 염분이 많은 탓에 농사를 지을 수 없어 목축이 발달했다. 바라빈스크 스텝 지대를 보면 아프리카 세렝게티 사바나 초원이 떠오른다. 단, 아프리카 초원에는 사자와 얼룩말, 누 같은 야생동물이 뛰어놀지만 시베리아 초원에는 소와 말, 양 같은 가축이 어슬렁거린다.

초지가 끝나자 자작나무와 소나무 숲이 나타났다. 8월 말인데 벌써 시베리아 초원에는 단풍이 붉게 물들고 있었다. 시베리아는 겨울이 빨리 온다. 덩달아 겨울나기 준비도 한창이었는데, 가축 먹일 건초더미가 초원 곳곳에 쌓여 있었다. 시베리아 초원에 있는 건초더미를 보자 모네와 칸딘스키가 떠올랐다. 1895년 모스

초원에 쌓여 있는 건초더미

크바에서 열린 인상파 전시회에서 모네가 그린 〈건초더미〉를 보고 법학 교수였던 칸딘스키는 화가의 길로 들어섰다. 푸른 눈의 하버드대 출신 현각 스님은 애국가를 듣고 감명받아 눈물을 흘리고 한국에 애착을 갖게 됐다고 하니, 이것 참 인생은 알다가도 모를 일이다. 내 친구는 쾌변을 본 어느 날 영감을 얻어 '황금똥빵'이라는 이름의 소화 잘되는 통밀빵을 만들어 대박을 터뜨렸다. 삶이란 머리나 논리로 계산하는 수학이 아니다.

시베리아 횡단열차의 스토커

푸른 초원을 바라보고 있는데, 열차를 스토커처럼 따라오는 놈이 있었다. 이틀째 정말 성가시게 따라왔다. 이제 그만 쫓아오겠지, 차창을 바라보면 어느새 내 옆에 있다. 이제 지쳐서 바닥에 누워 버렸겠지, 쳐다보면 여전히 열차 뒤꽁무니에 바짝 다가와 있다. 저놈은 배도 안 고픈지, 밤에 귀가하지도 않는지, 종일 열차를 따라온다. 한 놈도 아니고 여러 놈이다. 이제는 서로 손을 맞잡고 철길을 따라 맹렬히 나를 뒤쫓는다. 저놈들을 보니 연막소독 차량을 따라다니던 개구쟁이 아이들이 떠올랐다. 어릴 적 나도 그 일원이었다. 옛날 '방구차'가 뿜어대던 하얀 연기에서 특유의 알싸한 맛을 느끼곤 했는데, 혹시 열차 화장실의 구릿한 냄새가 저놈들을 유혹하는 걸까? 그렇다고 저놈들이 파리는 아니다. 내가 고작 시베리아 똥파리를 이렇게 문학적 표현을 써가며 구구절절 소개할 필요는 없지 않은가?

포기를 모르고 밤낮으로 나를 쫓아와 질리게 만드는 저놈의 끈기 하나는 인정할 만하다. 어떤 놈은 코사크 병사처럼 홀로 시베리아 들판을 꿋꿋이 지키고, 어떤 놈은 자기 어깨를 잠시 새들에게 내어주는 아량을 베푼다. 시베리아 벌판의 외로운 장승이다. 새떼가 앉아 있는 모습을 보면 영락없는 빨랫줄이다. 그렇다, 저놈들은 시베리아의 터줏대감 전봇대다. 농담이 아니다. 실제 시베리아 횡단열차를 타고 가다 보면 내 말이 실감 날 테다. 전봇대라는 놈은 고독하지도 않은지, 그 넓은 들판에 홀로 서서 시베리아 횡단열차에 뒤처지지 않으려고 부단히도 애를 쓰고 있었다. 전봇대는 지칠 줄 모르고 시베리아 횡단열차를 끈질기게 쫓아오는 스토커다.

놀랍게도 1890년대의 모습도 비슷했다. 체호프는 당시 튜멘에서 톰스크로 가는 시베리아 벌판을 이렇게 묘사했다.

> "시베리아 국도변에는 작은 마을도 외딴 농가도 없으며, 오로지 20~40킬로미터 정도의 간격으로 커다란 마을들이 있을 뿐이다. 단지 여행 중 보이는 바람에 윙윙거리는 전신선과 1킬로미터 간격의 전신주 탓에 사람이 살고 있다는 생각이 들 뿐이다."

그 오랜 옛날부터 꿋꿋이 시베리아 벌판을 지키고 있는 전봇대에게 나는 경의를 표했다. 시베리아 벌판에는 그동안 차르가 무너진 뒤 공산주의가 오고 다시 자본주의가 찾아왔다. 그들이 권력을 놓고 지지고 볶고 난리를 쳐도, 니콜라이 2세와 레닌, 스탈린, 푸틴이 자신만이 인민을 위하는 진정한 지도자라고 우겨대도 결코 흔들리거나 한눈팔지 않고 시베리아를 지키는 진정한 친구는 전봇대다. "변하지 않는 친구를 찾는 자는 무덤으로 가라"라

시베리아 벌판의 전봇대

는 러시아 속담이 있는데, 거기에 전봇대를 추가해야 한다. 그동안 무심히 지나친 시베리아 전봇대를 재발견했으니 이번 여행은 이래저래 보람 있는 여행이었다.

내가 탄 열차에는 상트페테르부르크 대학에서 국제관계학을 전공하는 한국인 유학생이 있었다. 초등학교 5학년 때 러시아로 유학 왔다고 하니 꽤 오래 살았다. 이 정도면 선무당은 아닐 거라 직감해서 궁금하던 몇 가지를 물어봤다. 질문은 공짜니까.

러시아 여자들은 왜 어린 나이에 결혼하나?
"구소련 시절부터 내려오던 관습 때문인데, 결혼할 때 상대의 집안 배경 등을 따지지 않고 당사자의 사랑만을 중시하는 결혼관도 영향이 있는 듯하다."

그런데 왜 이혼율은 그렇게 높은가?
"사랑만 보고 결혼했으니 사랑이 식으면 바로 이혼한다. 여자들이 먼저 주저 없이 남자에게 집에서 나가라고 요구한다. 불같이 타오른 사랑이 식으면 북극의 얼음처럼 차갑지 않나."

러시아 여인의 얼굴과 피부는 흰 눈보다 더 하얀데, 왜 금발은 별로 보이지 않나?
"원래 러시아 여인의 특징은 파란 눈에 갸름한 얼굴, 금발이었다. 그런데 몽골의 오랜 지배로 혼혈이 되어 머리 색이 대부분 갈색으로 바뀌었다."

푸틴 대통령의 인기가 높은 이유는 무엇인가?
"1991년 소련 붕괴 이후 자본주의로 전환하는 과정에서 경제적으로 어려웠으나 푸틴이 대통령으로 취임한 뒤 경제난을 극복했다. 이제 식료품 부족은 사라졌다."

그래도 푸틴은 독재자가 아닌가?
"러시아 사람들은 과거 더 심한 공산주의 억압 체제에서 살았기 때문에 지금은 상당히 자유가 보장되고 민주화됐다고 본다. 서구 시각으로 봐서는 러시아를 제대로 이해할 수 없다."

답변에 대한 평가는 여러분의 판단에 맡기겠다. 내게는 꽤 의미 있는 질의응답 시간이었다. 러시아에서 오래 산 사람은 역시 달랐다. 현대판 차르로 보이는 푸틴도 "마른걸레는 아무리 쥐어 짜도 물이 안 나온다"며 가난한 사람에게는 세금을 걷지 않고, 매년 1월 1일 국영 TV 〈국민과의 대화〉 프로그램을 통해 민원을 즉석에서 해결하는 소통의 시간을 갖는다고 한다. 푸틴은 웃통 벗고 말 타고 유도하는 상남자 이미지만 과시하는 것이 아니라 '인민을 위한 지도자'라는 평가를 받기 위해 나름대로 애쓴다고 한다. 어떤 정치 체제도 결국 국민의 지지 없이는 권력을 유지할 수 없으니까.

2 타이가 숲을 달리다

노보시비르스크·크라스노야르스크

호피 인디언들이 기우제를 지내면
반드시 비가 내린다.
비가 올 때까지 기우제를 지내기 때문이다.

톰스크 지역의 타이가 숲 ©Vadim tLS Andrianov

과학 도시 노보시비르스크, 고려인 디아스포라의 갈림길

드디어 구불구불 오비강이 보이고, 열차는 오비강 철교를 건넜다. 1893년 착공한 오비강 철교는 바이칼호의 환바이칼 구간과 더불어 시베리아 횡단철도에서 가장 어려운 공사 구간이었다. 다리 하나 놓는 데 4년이나 걸렸으니. 시베리아 횡단철도는 하루아침에 뚝딱 만든 철길이 아니다. 그 길이만큼 오랜 시간이 걸리다 보니 구간별로 단계적으로 개통했다. 상트페테르부르크에서 모스크바까지 가는 철길은 이미 1851년 운행을 시작했고, 1870년에는 우랄산맥 부근의 예카테린부르크까지, 1898년에는 바이칼호의 이르쿠츠크까지 연장되었다. 동시에 공사를 시작한 극동의 블라디보스토크와 하바롭스크 구간은 1897년 개통했고, 1901년 하얼빈을 지나는 만주의 동청철도를 통해 블라디보스토크까지 연결했으며, 마지막으로 1916년 아무르 철교를 완공하면서 온전히 러시아 땅을 통과하는 모스크바에서 블라디보스토크 노선이 완성되었다. 이처럼 동방 진출이라는 러시아의 꿈이 이뤄지기까지는 오랜 시간이 걸렸다.

시베리아 횡단철도 건설 하면 우리는 1891년 '시베리아 횡단철도 건설 칙령'을 공포한 차르 알렉산드르 3세와 '시베리아 철도위원회' 위원장을 맡은 그 아들 니콜라이 2세 황태자만 기억하지만, 숨은 주역은 당시 교통장관을 거쳐 재무장관을 맡은 세르게이 비테다. 니콜라이 2세를 시베리아 철도위원회 위원장으로 추천한 비테는 강력한 추진력으로 예산 확보 등 초기 공사의 난관을 돌파해냈다. 젊을 때부터 철도 행정에 종사해 누구보다 철도의 가치를 잘 알았던 비테는 러시아 역사상 가장 뛰어난 재무장관으로 꼽힌다. 어떻든 시베리아 횡단철도 건설 3인방은 알렉산드르 3세, 니콜라이 2세, 세르게이 비테다.

오비강을 건넌 열차는 정오에 노보시비르스크 역에 도착했다. 열차는 무려 한 시간, 정확히 57분간 정차했다. '새로운 시베리아'라는 뜻의 노보시비르스크는 그 이름이 말해주듯 시베리아 횡단철도로 새로 생긴 도시다. 15년 만에 다시 밟은 노보시비르스

파스텔블루의 웅장한 노보시비르스크 역

크 역은 예전 모습 그대로였다. 하늘에서 막 내려온 듯한 파스텔블루 색의 웅장한 역 건물이 나를 맞았다. 감흥이 남달랐다. '시베리아의 수도'답게 다른 역과 비교할 수 없을 정도로 많은 사람이 열차에 오르내렸다. 러시아, 중국, 몽골, 중앙아시아 등 각지에서 온 기차로 온종일 분주하다. 노보시비르스크 역은 러시아에서 가장 큰 역인데, 동쪽으로 달리는 증기기관차의 모양을 본떠 만들었다. 시베리아 횡단철도에서 가장 화려하고 웅장한 역이다. 역은 그 규모만 웅장한 게 아니라 높은 천장과 커다란 샹들리에, 독특한 건축 구조 등이 마치 콘서트홀을 연상시키는데, 실제로 역 대합실에서는 전시회와 음악회 등이 열린다. 역 자체가 도시 명소 중 하나이니 부지런을 떨어서라도 한 시간의 정차 시간 동안 역 주변을 돌아봐야 한다. 모스크바에서 여기까지 달려왔으면 이제 시베리아 횡단열차에 익숙해질 때도 되지 않았는가.

전에는 노보시비르스크에서 하루 묵으며 시내 구석구석을 돌아다녔다. 하지만 이번 여정에 주어진 노보시비르스크와의 재회는 고작 한 시간의 정차 시간. 역 주변을 둘러보며 옛 추억을 되살리려면 서둘러야 했다. 열차에서 내리자마자 역 안으로 내달렸다. 금강산도 식후경이라고 일단 배부터 채워야 했다. 매점 앞에는 코카콜라 상표가 큼지막이 새겨진 음료수 냉장고가 딱 버티고 있었다. '캬, 톡 쏘는 이 맛!'에 누군들 포로가 되지 않겠는가. 모스크바 아르바트 거리의 스타벅스와 쉑쉑버거에 이어 멀리 노보시비르스크 역의 코카콜라까지 러시아 전역은 '미 제국주의' 지배 아래 있었다. 역 매점에서 케밥 같은 샌드위치를 150루블, 작은 페트병 콜라를 100루블에 사서 대합실에 앉아 허겁지겁 점심을 때웠다.

역 광장으로 나갔다. 탁 트인 광장이 인상적이다. 예전에 비해 새로운 고층 건물이 많이 올라갔고, 사람들 얼굴도 더 화사했다. 노보시비르스크는 언제 봐도 활기가 넘치고 힘이 느껴지는 도시다. 그래서 '시베리아의 시카고'라 부른다. 역사 안에는 러시아 철도공사가 운영하는 호텔이 있는데, 철도와 숙박을 연계한 관광사업이 인상적이다. 시내에는 공산주의 양식의 상자 같은 멋없는 아파트들이 여전하지만, 곳곳에 전통적인 목조주택이 숨어 있어 보물찾기 같은 즐거움을 준다. 중심지는 어디나 그렇듯 레닌 광장이다. 주변에 모스크바 볼쇼이 극장보다 더 큰 러시아 최대의 오페라 극장이 있고, 지리적으로 러시아의 정중앙에 세운 성 니콜라이 예배당이 아기자기 예쁜 모습을 드러낸다.

노보시비르스크를 모스크바, 상트페테르부르크에 이은 러시아 3대 도시로 키운 것은 철도와 과학 연구 단지다. 외곽에 철도 박물관과 우리나라 대덕 연구 단지 같은 러시아 최대 과학 연구 단지 '아카뎀고로도크(학문의 도시)'가 있다. 27가구 100여 명이 사는 시베리아의 작은 농촌 마을이던 이곳은 오비강을 가로지르는 철교가 놓이면서 지금의 대도시로 발전했다. 철도 도시답게 시베리아 주립교통대학은 모스크바 교통대학과 함께 2대 명문 철도 대학이다. 전에 시베리아 주립교통대학에 가봤는데, 철도 왕국에 대한 열정이 대단했다. 당시 이미 시베리아 횡단철도TSR와 한반도 종단철도TKR 연결뿐 아니라 베링해협 해저터널을 통해 미국 알래스카까지 연결하는 대범한 구상을 하고 있었다. 대학에는 남한뿐 아니라 북한 유학생도 많았다.

지난번에는 시내에서 고려인 2세가 운영하는 한국 식당에 들렀는데, 50대 중반의 고려인에게 중앙아시아 강제 이주에 관한 이야기를 전해 들었다. 노보시비르스크 역은 중앙아시아 강제 이주의 중간 기착지였다. 1937년 연해주에서 강제로 시베리아 횡단 열차에 실린 고려인들은 이곳 노보시비르스크에서 내려 다시 중앙아시아의 카자흐스탄 알마티와 우즈베키스탄 타슈켄트로 가는 열차로 갈아타야 했다. 고려인 디아스포라의 중요한 갈림길로 고려인의 아픔이 서린 곳이다. 지금도 고려인들이 끌려갔던 알마티와 타슈켄트로 가는 국제 열차가 운행되고 있다. 역 플랫폼 아치형 건물에는 오래전 사용하던 증기기관차를 전시해놓았는데, 그 기관차가 고려인을 태우고 갔던 열차일지도 모른다. 파블로 네루다는 "빗속에 우두커니 서 있는 기차보다 더 슬픈 게 세상에 있을까"라고 했지만, 비극의 역사를 알지 못하고 서 있는 저 증기기관차보다 더 슬픈 기차가 어디 있겠는가. 1번 플랫폼 쪽 역 건물에는 제2차 세계대전 당시 열차를 타고 참전하는 러시아 군인들을 기념하는 표지판과 조각상이 있고, 광장 역 건물에는 1897년 유배 가다 들른 레닌을 기념하는 표지판이 있는데, 고려인 강제 이주에 대한 표지판은 어디에도 없었다.

역을 둘러보다 예전에 보지 못했던 작은 기념판을 발견했다. 김일성과 김정일의 1984, 2001년 방문 기념판이었다. 김일성은 1984년 열차를 타고 모스크바로 가다 노보시비르스크 역에서 잠시 멈췄다. 해방 직후 암살 위기에서 자신을 구해준 소련군 장교 야코프 노비첸코를 만나기 위해서였다. 1946년 평양에서 열린 3·1

운동 27주년 기념식에 참석했던 김일성은 남한 극우 세력이 던진 수류탄에 피살될 위기를 맞았으나 옆에 있던 노비첸코가 몸으로 수류탄을 덮쳐 자신은 중상을 입으면서도 김일성을 살렸다. 김일성은 노비첸코를 만난 뒤 귀국하자마자 그에게 북한 최고 훈장 '공화국 영웅' 칭호를 수여하고 그의 이야기를 〈영원한 동지〉라는 영화로 만들었다. 김정일은 2001년 모스크바 정상 회담을 마치고 귀국하는 길에 노보시비르스크 핵물리연구소와 주립교통대학을 방문하고, 아버지의 은인 노비첸코 가족에게 선물을 전달했다.

노보시비르스크는 추억이 많은 도시인데, 열차는 벌써 출발 신호를 울리고 있었다. 예전의 감동적인 러시아식 환영 인사가 떠올랐다. 당시 마중 나온 아름다운 아가씨가 구운 빵과 소금이 든 쟁반을 들고 있었다. 나는 빵 조각을 조금 떼어 소금을 찍어 먹었다. 러시아 전통에 따르면 빵은 환대, 소금은 개방을 뜻한다. 언론 보도를 보니 1997년 러시아를 방문한 중국 국가주석 장쩌민과 2011년 러시아를 방문한 북한 김정일 환영 행사에서도 똑같은 장면이 연출되었다. 떠날 때도 잊을 수 없는 배웅을 받았다. 젊은 노보시비르스크 역장은 플랫폼에서 주먹을 움켜쥐고 땅에 말뚝을 박는 시늉을 했는데, 지금까지 걸어온 험난한 길은 땅에 묻고 편안한 마음으로 떠나라는 '말뚝 박기 배웅'이었다. 젊은 역장의 말뚝 박기 배웅은 그만의 독특한 환송 인사였다.

당시 역장은 노보시비르스크와 '몽골의 미친 남작'에 얽힌 재미난 이야기도 해주었다. 엽기적 인물이었던 로만 폰 운게른-슈테른베르크 이야기다. 제정 러시아 군인 출신의 백군 장군이었던 그는 몽골의 황제가 되어 독심술과 이단적 환생론을 내세워 학살을 일삼다 볼셰비키 적군에 붙잡혀 이곳으로 압송돼 총살당했다. 몽골 황제 주치의로 활동한 독립운동가 이태준도 '미친 남작'의 군대에 살해됐다. '미친 남작'은 태봉의 궁예와 아프리카 우간다 독재자 이디 아민의 결합체로 보면 되는데, 소련이 그의 시신을 부검해보니 뇌의 좌측 전두엽이 손상되어 있었다. 젊은 시절 군대에서 결투로 입은 상처로 뇌에 이상이 생긴 진짜 미친놈이었다. 만화 시리즈 《코르토 말테제》의 〈시베리아 횡단열차〉에도 '진군하라! 광기와 영광을 위하여!'라는 대목에 이 미친 남작이 등장한다.

러시아 인사들의 원샷 권유로 보드카에 얼큰하게 취한 나는 조만간 다시 오리라 다짐하면서 노보시비르스크를 떠났는데, 그로부터 15년이 흘렀다. 이번에는 조만간 찾아오겠다는 무책임한 기약 없이 노보시비르스크와 작별했다. 옛날 젊은 역장처럼 나는 플랫폼에서 홀로 주먹을 움켜쥐고 땅에 말뚝을 박는 시늉을 했다. 노보시비르스크는 시베리아 횡단열차가 달리는 한 철도와 함께 도시의 역사를 만들어갈 것이다.

한 시간이란 긴 정차 시간을 뒤로하고 열차는 노보시비르스크를 떠났다. 뒤돌아보니 깜빡 잊고 있던 한 여인이 떠올랐다. 우리나라 최초의 여성 서양화가 나혜석이다. 나혜석은 1927년 6월 중국을 거쳐 이곳 노보시비르스크 역에서 시베리아 횡단열차를 타고 모스크바를 지나 프랑스 파리로 긴 여행을 떠났다. "가자, 파리로. 살러 가지 말고 죽으러 가자. 나를 죽인 곳은 파리다. 나를 정말 여성으로 만들어준 곳도 파리다." 나혜석을 죽이고 살린 곳, 파리로 가는 길도 시베리아 횡단철도였다. 시베리아 횡단철도는 일제 강점기 신여성, 신지식인에게 유럽이란 신세계로 가는 유학의 길이었고, 세계화의 길이었다.

타이가 역, 체호프의 비밀의 숲

열차가 노보시비르스크 역을 출발했다. 어제의 승객은 내리고 오늘의 승객은 새로 탄다. 정든 친구와 이별하고 새로운 친구를 사귀는 시간이다. 열차 안은 승객 교체로 한바탕 시끌벅적 소란을 겪는다. 새로 탄 승객은 오래된 승객과 관계를 맺기까지 어색한 탐색기를 갖는다. 한동안 열차는 침묵이 지배한다. 1호실 40대 중반 여성은 크라스노야르스크까지 가는데, 러시아 신문을 읽다가 멀거니 창밖을 쳐다본다. 잠이 부족했던 승객들은 짧은 낮잠의 단맛을 즐긴다.

그러나 정적은 오래가지 못하고, 열차는 곧 제자리로 돌아간다. 열차는 시끌벅적 시장터에 가깝지 명상하는 절간이 아니다. 1호실 여성은 침대칸에서 나와 복도에서 차를 즐기고, 14호실 여자아이는 지루한지 복도 손잡이를 철봉 삼아 턱걸이를 한다. 낮잠에서 깨어난 러시아 젊은이는 피서 온 해변으로 착각했는지 웃통을 벗어젖힌다.

시베리아 횡단열차를 타고 전문가들과 함께 여행한 적이 있다. 이럴 때면 꼭 사람을 웃기는 일행이 있다. 한번은 내가 역에서 산 러시아 토종 사과를 먹는데, 누군가 "사과가 맛있게 먹네요"라고 한다. 평소 웃음 속에 행복이 있다는 철학을 가진 만물박사였다. "당신은 사과를 맛있게 먹는다고 생각하지만, 사과는 속으로 웃고 있다. 사과가 자신의 씨앗을 인간의 배설물을 통해 퍼뜨리기 위해 자신을 먹도록 당신을 유혹한 것이다. 남자들은 여성의 유혹에만 신경 쓰는데, 사실 매일 과일의 유혹에 속절없이 넘어가고 있다. 인간은 자신이 만물의 영장이라고 우쭐대지만, 실상 과일이 우리를 지배하고 있다." 리처드 도킨스의 《이기적 유전자》를 읽다 만 독자의 어설픈 진화론 비틀기다. 그러나 '거리의 철학자'가 웃자고 한 이야기에 정색하고 달려들 필요는 없다. 나는 그녀의 열변에 감사 인사를 전했다. "앞으로 사과 먹으면 똥은 화장실이 아니라 시베리아 벌판에 싸야겠네요."

여행에는 이런 실없는 농담도 필요하다. 러시아에는 "농담도 할 줄 알고 농담으로 얼버무릴 줄도 알아야 한다"라는 속담이 있다. 이런 만담가는 여행을 즐겁게 만들고, 진지한 전문가는 여행을 살찌운다. 그동안 시베리아 횡단열차 여행에서 러시아 전문가, 철도 전문가, 한의학 전문가와 동행했다. 러시아 전문가에게는 러시아 역사와 문화에 대한 생생한 이야기를 들었고, 철도 전문가에게는 세계 철도의 역사와 시베리아 횡단철도 건설의 숨은 이야기를 들었으며, 한의대 교수로부터는 러시아 녹용과 보약에 대한 재미난 이야기를 들었다.

한의대 교수는 러시아 알타이 공화국 이야기를 들려주었다. 그는 과거 러시아 녹용 주산지 알타이 지역으로 가는 길에 노보시비르스크를 두 차례 방문했다. 알타이산맥에 사슴을 방목하는 알타이 공화국은 사람보다 사슴이 더 많아 '사슴 공화국'이라 불린다. 우리나라에 수입되는 러시아산 녹용은 대부분 이곳에서 오는데, 우리와 외모가 비슷한 원주민 알타이인은 산에 불로초를 캐러 갈 때 정성스레 만든 음식을 올리고 절을 한다. 우리네 심마니가 산신에게 지내는 제사와 똑같다. 녹용은 알타이의 자연산을 최고로 치는데, 녹용을 먹을 때는 반드시 당귀와 함께 끓여 먹어야 효과가 있다. 당귀는 감초 같은 역할을 하며 녹용의 효능을 높이는 상승효과를 낸다고 한다. 한의학 중에서도 본초학을 전공한 전문가의 말이니 믿을 만하다. 최고의 보약이라는 녹용도 혼자서는 뭔가 살짝 부족하고 누군가의 도움이 필요하다고 하니 역시 이 세상은 혼자는 못 살고 어울려 살 수밖에 없나 보다. 기대치 않게 한의학 교수로부터 이런 재미난 이야기를 듣다 보니 시간 가는 줄 몰랐다.

그러나 우리는 대부분 홀로 배낭여행을 한다. 나도 그렇다. 배낭여행을 할 때는 나름의 노하우가 필요하다. 예컨대 홀로 배낭여행 하는 사람이라면 숙소는 무조건 시내 중심가에 잡아야 한다. 두 다리 뻗고 잘 공간만 있다면 아무리 허름하고 싼 숙소라도 괜찮다. 시내 중심가는 교통의 요지이니 교통 문제는 저절로 해결되고, 주요 볼거리와 먹거리, 놀거리가 몰려 있다. 무엇보다 걸어서 여행할 수 있어 좋다. 배낭여행이란 한마디로 걷기 여행이기 때문이다.

그리고 여행에서 반드시 해야 할 일은 명소 구경뿐 아니라 재래시장 구경, 그 나라 전통음식 먹어보기, 그 나라 맥주 마시기다. 나머지는 취향에 따라 그때그때 마음이 이끄는 대로 정처 없이 바람처럼 쏘다니면 된다. 나는 골목길 걷기를 좋아한다. 갑자기 골목 어귀에서 소크라테스가 걸어 나와 말을 걸고, 어느 뒷골목에서는 알라딘의 요술 램프가 툭 튀어나와 놀라게 하고, 어느 골목길 창문에서는 수줍은 여인이 커튼을 열고 바라볼 것만 같다. 밤이 되면 창문을 열고 밤하늘의 별을 보면서 밀어를 나눈다.

열차는 세 시간 넘게 달려 타이가 숲이 우거진 아기자기한 역에 도착했는데, 이름도 타이가 역이다. 열차는 꼼짝없이 시베리아의 깊숙한 타이가 숲 속에 갇혀버렸다. 노보시비르스크 역과 같은 연하늘색의 아름다운 타이가 역은 마치 동화 속 왕궁 같다. 다양한 색깔의 역들을 보니 러시아가 이제 획일적 사회주의에서 완전히 벗어난 모양이다. 엉뚱한 데서 공산주의의 종말을 보았다. 타이가 역에서는 40분이나 정차한다. 왜 이리 작은 역에서 열차는 그리도 오래 쉬어가는 것일까? 열차도 타이가 숲 속에서 잠시 삼림욕을 하고 싶은 걸까? 타이가 역은 '시베리아의 문화 수도' 톰스크로 가는 교통의 요충지였다.

톰스크를 지나며 나는 이름 없는 한 조선인과 그의 러시아인 부인을 생각했다. 1914년 어느 날 치타에 있는 독립운동 단체 대한인국민회로 한 장의 편지가 날아왔다. 조선인과 결혼해 남매를 낳고 톰스크에 살고 있는 러시아 여인의 애끓는 호소였다.

"내 남편은 대한 나라를 사랑하는 사람이었습니다. 그리고 이 아이들이 자라거든 치타에 보내서 대한 말을 배우고 대한 글을 배워서 대한 나라를 사랑하는 대한 사람을 만들어야 한다고 하였습니다. 그런데 그는 갑자기 죽었습니다. 나는 남편의 뜻대로 이 아이들을

타이가 숲에서 이름을 딴 아름다운 타이가 역

대한 사람을 만들어야 하겠는데 가난한 과부라 그러할 힘이 없습니다. 어떻게 하면 좋습니까. 오라고 부르신다면 있는 것을 다 팔아서 노자를 만들어 가지고 아이들을 데리고 곧 치타로 가겠습니다. 나도 대한 사람의 아내가 되었으니 치타에서 대한을 위한 일을 시키시면 무엇이나 하겠습니다."

당시 치타에서 대한인국민회 기관지 주필로 있던 춘원 이광수

가 쓴 《나의 고백》(1948)에 나오는 내용이다. 멀리 이국 땅에서 외국인 부인과 살면서도 자식을 조선인으로 키우려 했던 조선인 남편과 그가 죽은 뒤 김구의 '임시정부 문지기'처럼 남편의 뜻을 따르려는 러시아인 부인. 지배층이 잃어버린 나라를 되찾으려는 애국심은 언제나 이처럼 보잘것없는 민중의 가슴속에서 나온다. 어디 인간사만 그런가. 선산을 지키는 것은 굽어진 소나무요, 삭막한 땅에 피는 꽃은 보잘것없는 야생화니.

열차에서 내려 역사 안으로 들어갔다. 도시 창건 120주년을 기념하는 사진전이 열리고 있었다. 전시회 제목은 '이것이 우리의 역사다. 타이가 120'으로, 시베리아 횡단철도 초창기 공사 모습과 도시 관련 인물 사진을 전시하고 있었다. 언뜻 봐도 알렉산드르 2세, 레닌, 솔제니친, 브레즈네프 등이 보였다. 내가 사진을 찍자 친절한 50대 중반의 러시아 남자가 다가와 가이드를 자청했다. 그는 러시아말로 열심히 설명했다. 러시아어라고는 '스파시바(감사합니다)' '도브레우트라(안녕하세요)' '제부시카(아가씨)'밖에 모르는 나의 사정은 아랑곳하지 않고 말이다. 하지만 그의 성의를 무시할 수 없어 연신 고개를 끄덕이며 알아듣는 척했다. 남자는 속으로 '어, 이 친구 러시아어를 알아듣네'라고 생각했는지 더 신이 났다. 아무래도 이상했다. 얼굴을 보니 밤새 보드카와 찐한 사랑을 한 듯 뺨이 당근처럼 빨갛게 달아올라 있었다.

19세기 말 이곳에 시베리아 횡단철도를 건설하는데, 사람이 살지 않는 타이가 숲 속이다 보니 마을 이름이 없었다. 그래서 타이가라 불렀다. 북극에 더 가까운 역이었다면 툰드라 역이라 불렀을지도 모른다. 타이가 역의 연하늘색은 타이가 숲의 푸른 색깔을 그대로 옮겨온 듯했다. 체호프는 시베리아를 건너면서 타이가의 매력에 푹 빠졌다.

"타이가의 힘과 매력은 거대한 나무들이나 무덤 속 침묵에 있지 않고, 오로지 철새만이 알고 있는 그 크기에 있다. … 타이가는 얼마나 많은 비밀을 간직하고 있는지 모른다! 여기서는 나무 사이로 길이 숨어버리거나 오솔길도 숲의 황혼 속으로 사라진다. 어디로 사라지는 걸까? … 이 수수께끼 같은 오솔길에서 얼마나 거침없고 매혹적인 자유의 향기가 풍기는가!"

체호프는 타이가의 매력을 철새만이 아는 그 광활함에서 찾았다. 타이가 역에서 충분히 삼림욕을 즐긴 열차는 다시 기적을 울리며 출발했다. 한참을 타이가 숲 속을 달리던 열차는 다행히 길을 잃지 않고 용케도 숲에서 빠져나왔다. 승객들도 안도의 한숨을 내쉰다. 이제야 편안한 마음으로 침대칸에서 각자의 시간을 즐긴다.

스마트폰, 여행의 주력군? 예비군?

열차 안을 지배하는 물건은 최첨단 IT 기기다. 다들 스마트폰을 갖고 손가락을 요리조리 놀린다. 스마트폰은 이제 여행자의 장난감이자 반려동물이자 동행자다. 디지털 시대의 최첨단을 상징하는 스마트폰을 들고 가장 아날로그적인 교통수단인 시베리아 횡단열차를 타고 달리는 여행은 모순으로 가득 찬 모험이다. 시베리아 횡단열차는 이처럼 디지털과 아날로그, 미래와 과거를 한 객차에 싣고 달리는 시공간을 뛰어넘는 시간여행이다.

시베리아 횡단열차는 이미 모바일 시대 여행자에게 맞춰 여러 편의시설을 갖추고 있었다. 객차 곳곳에 스마트폰과 노트북을 위한 콘센트가 있다. 요즘은 휴대폰 로밍이나 유심칩으로 싼값에 데이터를 무제한 사용할 수 있어 세계 여행에 스마트폰 하나만 들고 가는 세상이다. 스마트폰 하나에 여행 정보와 지도, 번역기, 카메라, 메모장, 신용카드 기능이 모두 들어 있다. 배낭 속에 잔뜩 쑤셔 넣던 지도와 나침반, 가이드북, 카메라, 달러는 먼 과거의 추억으로 밀려났다. 나도 이번 여행 취재를 노트 대신 스마트폰 메모장에 기록했다. 10여 년 전 아프리카 여행에서는 취재용 노트 대여섯 권이 필요했다. 이 여행기는 아마도 대한민국 최초의 스마트폰 메모 기행문일지도 모른다. 이번 여행에서 스마트폰의 편리함을 한껏 누렸다. 구글 지도로 모르는 장소를 찾고, 구글

번역기로 러시아 식당에서 음식을 주문하고 러시아어로 현지인들과 떠듬떠듬 한두 마디 대화를 나누기도 했다.

그렇다고 아날로그 여행이 사라지는 것은 아니다. 텔레비전이 나왔어도 종이 신문이 사라지진 않았다. 나는 지금도 여행을 떠날 때 수십 년간 그랬듯이 《론리 플래닛》을 챙긴다. 그리고 특별한 경우가 아니면 스마트폰은 꺼놓는다. 여행은 낯익은 일상에서 벗어나 낯선 일탈로 가는 여정인데, 스마트폰이야말로 가장 낯익은 일상이 아닌가. 무엇보다 여행에서 가장 중요한 것은 자신과의 대화인데, 스마트폰은 명상에 가장 큰 걸림돌이다. 나에게 스마트폰은 여행의 예비군이지 결코 주력군이 아니다. 옛날 황진이가 동짓달에 베어놓은 '밤 허리'를 꼭 필요한 날만 꺼내 사용했듯이 스마트폰도 배낭 깊숙이 넣었다가 비상용으로만 사용하면 어떨까?

열차는 저녁 무렵 마리인스크 역을 지나며 세 번째 밤을 맞았다. 저녁을 먹으러 식당 칸에 갔다. 히피 스타일의 30대 후반 배낭여행자 커플을 만났다. 남자는 키가 2미터가 넘는데 여자는 160센티미터쯤이어서 미루나무에 매미가 붙어 있는 느낌이었다. 여자가 내게 어디서 왔느냐고 물어 "사우스 코리아"라고 대답하니 남자가 울산에 친구가 있다며 친근감을 나타냈다. 그들은 서로 다른 나라에서 왔다고 했는데, 어느 나라냐고 물으니 남자

마리인스크 역의 곰 조형물과 옛 증기기관차

는 "노스 이탈리아", 여자는 "사우스 이탈리아"라고 말했다. 한국이 남북으로 분단된 상황을 빗댄 우스개였지만, 실제로 이탈리아 남북 지역은 문화와 경제적 차이로 갈등을 빚고 있기도 하다. 배낭여행을 하다 보면 여러 나라 여행자들을 만나는데, 낙천적인 이탈리아 여행자들은 언제나 농담을 즐긴다. 인생을 재미있게 사는 사람들이다.

저녁을 먹고 침대칸으로 돌아왔는데, 반가운 손님이 찾아왔다. 8호실의 러시아인 가족과 함께 있던 '야옹이'가 내 방으로 마실

왔다. 아홉 살짜리 아들이 화장실 간다고 문을 여는 순간 잽싸게 방을 뛰쳐나온 고양이가 문이 열려 있던 내 방으로 뛰어들었다. 고양이는 나를 위아래로 훑어보고 좌우로 둘러보더니 도둑놈은 아니라고 판단했는지 바닥에 꼬리를 내리고 주저앉았다. 잠시 뒤 화장실에 다녀온 아이가 "렉스, 렉스" 하고 부르자 고양이는 아

러시안 블루 고양이를 품에 안은 아이

이 품에 안겼다. 회색 털에 눈동자는 에메랄드빛인 귀여운 고양이었다. 황실 고양이로 유명한 '러시안 블루'란다. 어쩐지 고양이에게서 독특한 기품이 느껴졌다. 시베리아 횡단열차는 고양이나 새, 작은 개 등의 소형 반려동물을 데리고 탈 수 있다.

체호프가 사랑한 도시 크라스노야르스크

깊은 잠에 빠진 사이 열차는 서시베리아를 지나 동시베리아에 접어들었다. 동·서 시베리아를 가르는 예니세이강을 건넌 것이다. 예니세이강이 흐르는 크라스노야르스크도 지나쳤다. 체호프가 사랑한 도시 크라스노야르스크는 레닌의 유배지고, 이동파 화가 바실리 수리코프의 고향이다.

지난 여행에서는 한낮에 예니세이 철교를 건넜다. 체호프를 사로잡았던 예니세이강이 크라스노야르스크를 가로지르며 유유히 흐르고 있었다. 1890년 마차를 타고 시베리아를 횡단하던 체호프는 첫눈에 예니세이강에 흠뻑 빠졌다. "나는 예니세이같이 장엄하고 아름다운 강을 본 적이 없다. 볼가강이 새색시처럼 수줍음을 머금은 강이라면, 예니세이강은 청춘의 역동성이 흐르는 용사와도 같다." 이미 예니세이강에 마음을 빼앗긴 체호프가 그 강이 탄생시킨 크라스노야르스크의 매력에 빨려든 것은 당연지사. "예니세이강 유역에 있는 크라스노야르스크는 시베리아의 모든 도시 중 가장 훌륭하고 아름다운 도시다. 이곳의 산들은 잿빛을 띠었고 명상적인 느낌이라 마치 캅카스를 연상시킨다." 톰스크에 대해서는 "지루하고 아둔한 사람들의 주정뱅이 도시"라며 저주에 가까운 악담을 퍼부었던 체호프지만 크라스노야르스크에는 극찬을 아끼지 않았다.

실제로 낮에 기차를 타고 가다 보면, 동·서 시베리아를 가르는 예니세이강을 기준으로 뚜렷한 지리적 변화를 느낀다. 서시베리아는 끝없는 평원의 단조로운 풍경이 펼쳐지지만, 동시베리아에 접어들면 바위와 계곡을 품은 산이 나타나고 다채로운 풍경이 전개된다. 우랄산맥을 넘어 예카테린부르크를 지나 평원을 달리던 시베리아 횡단열차는 크라스노야르스크에서 사얀산맥의 언저리를 따라 이르쿠츠크 바이칼호로 빨려 들어가듯 내려간다. 이르쿠츠크에서 바몹스카야까지는 야블로노비산맥 언저리를, 하바롭스크까지는 스타노보이산맥과 소싱안링小興安嶺산맥의 언저리 사이를 달리고, 하바롭스크에서 종착지 블라디보스토크까지는 시호테알린산맥의 언저리를 끼고 달린다.

크라스노야르스크 역에는 40분간 정차한다. 잠시 시간을 내어 역 주변을 둘러보기 충분한 시간이다. 역 광장 오른편 건물 벽면의 레닌 모자이크가 인상적이다. 거대한 붉은 벽돌 모자이크인데, 바바리코트를 입은 레닌이 동지들과 어디론가 걸어가고 있다. 여기서 유배 생활을 한 레닌을 기념하는 모자이크다. 레닌은 1897년 이곳에서 배를 타고 남쪽으로 예니세이강을 거슬러 유배지 슈센스코에에 도착했다. 그곳에서 여성 혁명가 나데즈다 크룹스카야와 결혼하고, 3년간의 유배를 마친 뒤《무엇을 할 것인가》라는 혁명지침서를 발표했다. 레닌이 강인한 혁명가로 다시 태어난 도시가 크라스노야르스크다. 강변 선착장에 놓인 증기선 '성 니콜라이호'는 레닌이 1897년 유배 갈 때 탔던 배다. 이 배는 그보다 6년 앞선 1891년 블라디보스토크에서 열린 시베리아 횡단철도 착공식에 참석하고 상트페테르부르크로 돌아가던 니콜라이 2세 황태자가 예니세이강을 건너며 탔던 배이기도 하다. 참 얄궂은 인연이다.

레닌과 반대 방향으로 유배 간 사나이도 있다. 스탈린은 1913년 예니세이강을 따라 북쪽으로 멀리 떨어진 투루한스크에서 4년간 유배 생활을 했다. 러시아 혁명가들에게 시베리아 유형은 강인한 혁명가로 다시 태어나기 위한 통과의례였다. 레닌도 스탈린도 트로츠키도 몰로토프도 그러했다. 유배지에서 육체의 고통을 정신의 칼날로 벼린 그들은 마침내 1917년 차르를 무너뜨리고 볼셰비키 혁명에 성공했다.

'아름다운 언덕'이라는 뜻의 크라스노야르스크는 하루 정도 머물 만한 도시다. 도시 전체를 내려다볼 수 있는 카라울나야 언덕에는 예니세이 철교와 함께 러시아 10루블 지폐에 나오는 파라스케바 피아트니차 예배당이 있다. 고풍스러운 크라스노야르스크는 예니세이강을 막아 러시아 최대의 수력발전소를 건설했고, 강을 따라 목재를 나르는 주요 목재 산지로 발전했다. 시 외곽에는 기암괴석으로 유명한 스톨비 자연보호구역이 여행자들을 불러 모은다. 이동파 화가 수리코프가 살았던 시내 집은 박물관이다. 카자크 농민반란군을 이끌며 배를 타고 볼가강을 오르는 그림 〈스텐카 라진〉으로 유명한 수리코프는 그 자신이 카자크였기에 누구보다 카자크의 아픔을 잘 알았을 테다. 1896년 니콜라이 2세 대관식에 참석하고 귀국하던 민영환은 이곳까지 기차를 타고 와 마차로 갈아타고 시베리아를 횡단했다.

북극곰을 보려면 타이셰트에서 바이칼-아무르 간선철도로

철로 개선 사업을 했는지 열차의 승차감이 좋아졌다. 예전 크라스노야르스크를 지나 이르쿠츠크로 가는 철길은 요철 위를 달리듯 열차가 수시로 덜컹거렸다. 갑자기 쿵 하는 소리에 놀라 깨면 철로가 연결되는 지점을 지나고 있었고, 어떤 구간은 천둥소리 같은 굉음이 나기도 했다. 그러나 이번 여행에서는 열차 소리 때문에 잠을 깬 적은 없었다.

아침 6시에 눈을 떴다. 창문을 열자 차가운 바람이 들어왔다. 시베리아도 잠에서 깨어나 기지개를 켜고 있었다. 자작나무 잎들은 부스럭거리며 일어나고, 풀들은 이슬을 떨구며 기상했다. 아침 해가 시베리아 벌판 위로 해맑은 아기 얼굴처럼 떠오르고 있었다. 아기 해가 시베리아의 잠꾸러기들을 깨우느라 바쁘다. '이 게으름뱅이들아, 곰들도 일어났는데 아직까지 늦잠이냐!'

자작나무 숲이 열차를 스치듯 지나갔다. 나는 이를 닦기 위해 잽싸게 차창을 열고 입을 활짝 벌렸다. 짙은 자작나무 향기가 입안으로 밀고 들어오더니 이 사이를 헤집고 다녔다. 텁텁한 입안이 그렇게 개운할 수가 없었다. 시베리아에서는 아침에 따로 이를 닦을 필요가 없다. 충치 예방에 좋다는 자일리톨이 바로 자작나무에서 나오니 자작나무 향기는 더할 나위 없는 천연 치약이다.

자일리톨 향기로 양치질을 끝낸 뒤 입안 곳곳 가글까지 하는데, 기차가 일란스카야 역으로 들어섰다. 역 건물은 이제 파스텔블루가 대세다. 일란스카야도 노보시비르스크나 타이가 역과 같은 파스텔블루 색이다. 파스텔블루는 파란 하늘과 타이가의 푸른 숲, 바로 시베리아의 색깔이다. 일란스카야 역은 간이역만큼 작은 역이지만 20분이나 정차한다. 열차에서 내려 플랫폼에서 기지개를 켜며 잠자고 있는 어깨를 깨웠다. 초등학교 체육 시간 선생님의 구령 소리가 들려왔다. 손을 위아래로, 발을 앞뒤로, 인도에서 배운 요가 자세까지 온갖 잡탕 짬뽕 체조를 하고 나니 신기하게도 뻐근했던 몸이 풀리면서 상쾌해졌다. 이번 여행에서 잊었던 국민체조도 다시 만났으니 이래저래 추억과의 재회다.

시베리아에서는 오랜 길을 가야 하는 기차나 여행자 모두 휴식이 필요하다. 시베리아 횡단열차는 크고 작은 역에서 쉬었다 간다. 장거리 여행자는 갑갑한 열차 공간에서 탁 트인 시베리아 벌판으로 나오는 꿀맛 같은 시간이다. 움츠러든 몸을 활짝 펴서 근육에 잠깐의 해방감을 맛보게 한다. 좁은 침대칸에서 나와 찰나의 자유를 맛보는 그야말로 근육의 광복절이다. 열차도 정차하는 동안 부족한 물을 보충하고 바퀴 등 차량에 이상이 없는지 간이 건강검진을 받는다. 동네 강아지와 비둘기는 승객들이 던져주는 빵부스러기를 먹는 즐거운 간식 시간이다. 여행자와 열차, 강아지와 비둘기 모두의 얼굴에 소피아 로렌의 해바라기가 활짝 피는 시간이다.

전날 마리인스크 역에는 곰 조형물이 있었는데, 일란스카야 역에는 모자상이 있다. 전통적으로 러시아는 드넓은 대지를 어머니에 비유했는데, 소련은 자연스럽게 국가를 어머니와 연결지어 애국심을 부추겼다. 소련이 혁명 영웅 동상과 더불어 가장 많이 세운 동상이 어머니 여인상이다. 참전하는 젊은이들의 애국심을 부추기는 구호는 언제나 "어머니 러시아를 구하자!"였다. 고리키가 혁명의 상징으로 쓴 소설도 《어머니》다. 러시아를 여행하다 보면 수많은 여인상과 모자상을 만난다.

모자상 옆에는 검은색 증기기관차가 전시되어 있었다. 시베리아 횡단철도가 지나는 도시는 철도의 역사가 곧 그 도시의 역사이니 역마다 초창기 시베리아 횡단철도를 달리던 증기기관차가 전시되어 있다.

열차는 두 시간쯤 더 달려 타이셰트 역에 도착했다. 여느 기차역과는 확연히 다른 모습이었다. 타고 내리는 승객은 거의 없는데, 역에는 수많은 화물 열차가 줄지어 서 있었다. 석유나 천연가스, 석탄, 컨테이너, 목재 등을 실은 차량이 철로에서 자신을 끌고 갈 기관차를 기다리고 있었다. 타이셰트는 '제2 시베리아 횡단철도'라 부르는 바이칼-아무르 간선철도BAM의 출발지다. 시베리아 횡단철도와 바이칼-아무르 간선철도의 유일한 분기점으로 교통의 요지다.

타이셰트는 과거 시베리아 유배자의 임시 수용소로 악명이 높았다. 바이칼-아무르 간선철도의 첫 번째 건설 구간이었던 타이셰트에서 브라츠크 사이는 얼마나 험난했는지 '침목마다 시체 한

일란스카야 역의 모자상

구씩 깔려 있다'고 할 정도였다. 제2차 세계대전 중 일본군과 독일군 포로가 이 구간 철도 건설에 강제 동원됐다. 솔제니친은 《수용소 군도》에서 타이셰트를 지옥의 도시로 묘사했다.

"크레오소트(침목 방부제 목타르)가 피부와 뼛속까지 뚫고 들어오고, 그 증기가 폐를 가득 채우는 곳, 바로 죽음의 장소다."

타이셰트는 과거의 악명에서 벗어나 새롭게 태어나고 있었다. 철도의 중심지답게 곳곳에 철길을 새로 놓는 공사가 한창이었다. 불도저와 굴착기는 분주하게 땅을 파고, 노동자들은 땅을 고르느라 진땀을 흘리고 있었다. 시베리아 횡단철도는 바이칼호 남쪽을 지나지만, 바이칼-아무르 간선철도는 바이칼 북쪽을 경유해 '북

바이칼-아무르 간선철도의 출발지인 타이셰트 역

방 시베리아 횡단철도'라고도 부른다. 북방 시베리아 횡단철도는 바이칼 북쪽의 세베로바이칼스크를 지나 타타르 해협의 소베츠카야가반까지 달린다. 러시아는 장기적으로 타타르 해협 건너편 사할린섬까지 철로를 연장한 뒤 일본 홋카이도까지 연결해 러시아와 일본을 철도로 잇겠다는 야무진 꿈을 꾸고 있다.

타이셰트 역에는 고작 3분밖에 정차하지 않기 때문에 하차 승객이 아닌 승객은 내릴 수 없다. 시베리아 횡단열차를 타고 오면서 호랑이나 곰을 보지 못해 실망했다면 과감히 여기서 열차를 갈아타야 한다. 바이칼-아무르 간선철도는 시베리아 곰들이 사는 바이칼호 북쪽을 달리니까 혹시 승객이 던져주는 빵 부스러기라도 얻어먹으려 철길 옆에서 앞발을 든 채 구걸하는 곰을 만날지도 모른다.

시베리아 타이가의 한가로운 농촌 풍경

타이셰트 역을 지나면서 두 가지 풍경이 달라졌다. 우선 철길을 따라 작은 다차가 수없이 보였다. 컨테이너 크기의 작은 다차가 1킬로미터 넘게 띠처럼 꼬리를 물고 이어졌다. 다차 마을이다. 두 번째는 열차 뒤편에서 열차 앞머리를 볼 수 있는, 뱀처럼 굽어져 달리는 꼬부랑길이 많다. 그동안은 비슷한 위도를 달리는 구간이었지만 타이셰트에서 이르쿠츠크까지는 급격히 아래로 방향을 틀면서 내려가는 노선이기 때문이다. 거의 45도로 꺾어 내려가는 길이다. 지도를 봐도 타이셰트에서 이르쿠츠크까지 거리는 670킬로미터밖에 안 되는데 위도는 3도 이상 차이 난다. 시베리아 횡단열차를 타고 가면서 이런 뱀 꼬리 열차 장면을 볼 수 있는 구간은 바이칼호를 끼고 달리는 구간과 이곳뿐이다. 나는 스마트폰을 꺼내 들고 열차가 휘어지는 순간을 기다렸다가 연신 셔터를 눌렀다. 이렇게 뱀처럼 휘어져 달리는 열차의 모습을 보는 것이야말로 기차 여행의 묘미다.

철길 옆으로 자동차 도로가 나란히 달린다. 잘 포장된 2차선 도로가 철길에 닿을 듯 말 듯 달려오다 멀어지기를 반복한다. 들판에 유난히 노란 야생화가 많이 피어 있다. 푸르른 초원의 마을이 아름답다. 양과 젖소, 말이 한가롭게 풀을 뜯는 목가적 풍경이다. 천지가 푸른 초지니 양과 소를 풀어놓기만 해도 저절로 살이 찐다. 시베리아 전체가 하나의 대형 목장이다. 철길 옆으로 공동묘지가 인사한다. 묘지가 있다는 것은 사람이 사는 마을이 있다는 표지다. 철길을 따라 공동묘지가 마을마다 하나씩 있다. 시골 마을에서 50대 부부와 20대 두 딸이 괭이를 들고 가을걷이 뒷마무리를 하고 있다. 밀과 귀리를 수확한 들판에서는 트랙터가 한창 밭갈이 중이다. 30대 목동은 풀 뜯는 소 떼 옆에 벌렁 누워 하늘을 쳐다보고 있다. 가을걷이 뒤 시베리아의 농촌 풍경이다. 예전

한가로운 시베리아 농촌 풍경

타이셰트에서 이르쿠츠크 사이를 휘어져 달리는 시베리아 횡단열차

철길 옆의 시골 공동묘지

5월 중순의 시골 풍경은 달랐다. 봄에 씨앗을 뿌리는 시기였다. 허리가 휜 노부부가 텃밭을 일구다 잠시 밭두렁에 앉아 쉬고, 머리에 손수건을 두른 할머니는 밭에 씨를 뿌리고 있었다. 40대 여성은 시베리아에 오랜만에 찾아온 햇볕을 만끽하려는 듯 웃옷을 모두 벗고 속옷만 입은 채 시골길을 혼자 뚜벅뚜벅 걷고 있었다. 하얀 자작나무가 소풍 가는 줄 알았다.

시베리아 바람처럼 자유로운 저 농부들의 조상은 한때 농노였는지도 모른다. 예전 러시아 농노는 도망가다 잡히면 곤죽이 되도록 흠씬 두들겨 맞고 노예처럼 팔려나갔다. 농노들은 조선 시대의 추노(추쇄) 같은 농노 사냥꾼을 피해 필사적으로 시베리아로 숨어들었다. 추노를 막아주는 무서운 곰과 타이가 숲이 있는 시베리아는 농노들에게 자유의 상징이었다. 고골의 1842년 작《죽은 혼》은 죽은 농노를 사들인 뒤 이를 담보로 국가 기관으로부터 거금을 대출받으려는 사기꾼 이야기다. '러시아판 봉이 김선달'인데, 죽은 자에게 세금을 물린 우리의 백골징포와 다르지 않다. 이런 농노들의 슬픈 이야기를 그린 투르게네프의 1852년 작《사냥꾼의 수기》를 읽고 감명받은 알렉산드르 2세는 1861년 농노 해방을 선언했다. 전제 정치와 더불어 농노제는 차르 체제 타도를 외치는 혁명가들의 주요 공격 지점이었다. 절대군주라고 항상 탱자탱자 노는 것만은 아니니 불합리한 사회 제도는 공개적으로 자꾸 문제를 제기해야 해결된다. 천하의 프랑스 루이 16세도 미라보 백작이 불법 구금을 비판하며 쓴〈체포영장과 국사범 감옥〉을 읽고 1784년 이프성에 있던 죄수를 모두 석방하지 않았던가.

위도가 낮아지면서 철길의 식생도 변했다. 자작나무뿐 아니라 소나무, 낙엽송, 전나무, 잣나무, 가문비나무 등 다양한 식생이 나타났다. 타이가 지대라고 식생이 전부 같지는 않다. 단조로운 타이가에서 다양한 타이가로 들어섰다. 옛날 체호프는 덜컹거리는 마차를 타고 힘겹게 가면서도 이곳의 타이가 숲만은 홍겹게 건너갔다.

> "타이가를 지나는 내내 새들이 지저귀고 벌레들은 윙윙거렸고 햇볕에 달아오른 침엽은 짙은 송진 냄새로 대기를 가득 채웠으며, 숲 속 풀밭과 길옆 빈터는 연한 하늘빛, 장밋빛, 노란빛 꽃들로 뒤덮여 있었다."

타이가 숲 속을 걸으면 누군들 콧노래를 흥얼거리지 않겠는가. 600만 년 전 원숭이에게 작별인사를 하고 떠나올 때까지 우리가 뛰놀던 집이고 놀이터고 마을이고 고향인데.

'겨울' 지마, 시베리아 여우를 만나다

오후 2시 30분 툴룬 역에 잠시 정차한 뒤 열차는 리아강을 건너 지마 역을 향해 달렸다. 목재를 실은 열차가 많이 지나갔다. 아니나 다를까, 철길 주변에는 대형 목재 공장이 즐비하다. 러시아 목재의 70퍼센트가 시베리아에서 나온다. 크라스노야르스크를 중심으로 동시베리아 곳곳에 제재업, 제지업 등을 묶은 목재 콤비나트가 있다. 열대우림의 마호가니, 흑단, 티크 같은 단단한 재질의 목재는 주로 가구 제작에 사용하는 반면, 소나무와 가문비나무 같은 타이가 나무들은 재질이 부드러워 종이를 만드는 데 사용

시베리아 목재를 싣고 가는 화물 열차

한다.

시골집들은 대체로 붉은색 지붕에 하늘색 벽인데, 시베리아 푸른 초원과 잘 어울린다. 시베리아 초원 전체가 마당이니 굳이 집과 초원의 경계를 지을 필요가 없다.

시베리아는 툴룬 역과 지마 역 사이에서 내게 깜짝 선물을 안겨주었다. 지마 역에 도착하기 한 시간 전쯤 시베리아 벌판 어딘가에서였다. 차창으로 철길 풍경을 구경하고 있는데, 철길 옆 초지에서 펄쩍 뛰어오르는 무언가가 보였다. 처음에는 동네에서 기르는 강아지가 심심해서 철길로 놀러 나온 줄 알았다. 그런데 아무리 둘러봐도 근처에 마을이 없었다. 자세히 보니 놀랍게도 시베리아 여우였다. 귀를 쫑긋 세운 누렇고 작은 여우였다. 세 번의 시베리아 횡단열차 여행에서 처음 보는 포식 야생동물이다. 시베리아에서 이런 반가운 손님을 만나다니 얼마나 큰 행운인가. 앙증맞고 귀여운 시베리아 여우는 열차를 계속 따라왔다. 오래전 아프리카 열차 여행에서 기차를 따라 달려오던 코흘리개 아이들이 떠올랐다. 여우도 가끔 보는 열차 말고는 이 넓은 시베리아에서 왕래하는 상대가 없을 테니 얼마나 외롭겠는가. 사진을 찍으려고 부랴부랴 배낭에서 휴대폰을 꺼냈는데, 하필 그때 열차가 갑자기 속도를 높였다. 그 바람에 안타깝게도 물증 확보에 실패하고 말았다.

시베리아 횡단열차를 타고 가다 여우를 봤다고 하면 돌아올 대답은 뻔하다. "무슨, 들개나 봤겠지." 물증이 없으니 이제 시베리아에서 여우를 봤다고 말도 못 하는 신세가 되어버렸다. 휴대폰을 미리 꺼내놓을걸 하는 뒤늦은 후회가 밀려왔다. 귀국하고서 시베리아 동물 분포도를 찾아봤는데, 놀랍게도 내가 여우를 목격한 툴룬에서 지마 사이가 시베리아 여우의 서식지였다. 직접 증거에 준하는 정황 증거다. 지리는 거짓말을 하지 않는다.

기차 여행을 하면서 야생동물을 보는 것은 정말 짜릿한 쾌감이다. 오래전 기차로 아프리카를 여행하면서 저 멀리 초원에서 기린과 사자가 어슬렁거리는 모습을 보았다. 다른 말이 필요 없었다. 아, 정말 내가 아프리카에 왔구나. 남미 안데스산맥의 고산열차를 타고 가면서는 하늘을 나는 콘도르와 황량한 고산에서 풀을 뜯는 야생 라마를 만났다. 아, 정말 내가 안데스산맥에 올랐구나. 인도 고아에서 푸네로 가는 기차를 타고 가면서는 언덕을 날아가는 무지갯빛 공작새를 보았다. 아, 정말 여기가 인도구나. 시베리아 횡단열차를 타고 가면서 시베리아 호랑이나 흑곰을 만난다면 얼마나 좋겠는가. 하지만 호랑이와 흑곰은 다 어디로 갔는지 호랑이 코털, 흑곰 발바닥조차 볼 수가 없다. 그래도 나는 할 말이 있다. 나는 시베리아에서 여우를 보았다!

이번 여행의 종착지인 이르쿠츠크가 멀지 않았다. 큰 목재 공장이 있는 쿠이툰 역을 지났다. 오후 4시가 조금 지나자 '겨울'이 다가왔다. 아무리 시베리아에 겨울이 빨리 찾아온다 해도 8월 말인데 벌써 겨울이 왔다고? 그러나 열차가 멈춘 기차역에는 분명히 '겨울'이라고 쓰여 있었다. 실제 역 이름이 '지마'인데, 지마는 러시아어로 겨울이라는 뜻이다. 오카강이 흐르는 이곳은 영하 50도까지 내려갈 정도로 추운 지역이라고 하니 그런 이름이 붙을 만도 하다. 하지만 지마 역에는 겨울을 상징하는 어떤 조형물도 보이지 않았다. 눈사람 조형물이나 고드름 조형물이든 아니면 북

'겨울'이란 뜻의 지마 역

극곰이라도 겨울을 나타내는 상징물이 있다면 좋으련만. 이름 그 자체로 충분하다고 생각했는지도 모른다. '겨울 역'은 언제나 겨울이니까.

하얀 눈이 내린 겨울에 겨울 역을 지나면 진짜 겨울은 어디에 있는 걸까? 시베리아 벌판의 겨울과 겨울 역의 겨울이 자기가 진짜 겨울이라고 싸우지는 않을까? 그런 걱정은 기우였다. 진짜 겨울은 따로 있었다. 지마 역 플랫폼 나무 의자에 앉은 50대 러시아 남녀 사이에 벌써 겨울이 와 있었다. 부부 사이인 듯한데 모스크바와 블라디보스토크만큼 서로 멀찌감치 떨어져 앉았다. 서로 등진 그들의 날카로운 시선은 각각 유럽과 아시아를 향해 뻗어갔고, 둘 사이에 영하 70도의 겨울 냉기가 철철 넘쳤다. 무슨 사연인지 알 길은 없지만, 러시아 사람이 토라지면 북극곰의 한기가 느껴진다. 어디서나 진짜 겨울은 사이가 틀어진 인간들의 증오 속에 똬리를 틀고 있다.

이 작은 지마 역은 한 편의 시를 통해 세상에 널리 알려졌다. 스탈린에 저항했던 시인 예브게니 옙투셴코는 자전적 시 〈지마 역〉에서 "탐험하라. 탐험하라. 세상의 끝까지 여행하라"며 젊은이들에게 새로운 곳으로 떠나라고 외쳤다. 시인들은 한결같이 '방콕('방'에 '콕')' 하는 젊은이들에게 모험을 떠나라고 강요한다. 고은은 "떠나라 낯선 곳으로… 그대 하루하루의 낡은 반복으로부터"라며 골방에서 나와 새로운 곳으로 떠나라고 부추기고, 그리스 시인 콘스탄티노스 카바피스도 "네가 이타카로 가는 길을 나설 때, 기도하라, 그 길이 모험과 배움으로 가득한 오랜 여정이 되기를"이라며 출발을 재촉했다. 시인들은 왜 집에 틀어박혀 있는 사람들의 등을 떠밀지 못해 안달일까? 여행에는 뭔가 특별한 것이 있음이 틀림없다. 시인은 예지력으로 시대를 앞서가는 예언자니까 고향을 떠나 방황하다 돌아오는 길 위에서 깨달음을 얻으리라는 심오한 철학이 담겨 있지 않을까? 일단 시인들을 믿어보기로 했다. 내가 여행을 떠난 데는 시인들의 이런 꼬드김도 한몫했다.

옙투셴코의 〈지마 역〉은 "당장 떠나라!"는 말로 끝난다. 여행은 일단 길을 나서야 한다. 주저하지 말고 모험을 떠나라는 옙투셴코의 재촉을 들었는지, 열차는 다시 용기를 얻어 '동방으로의 모험'을 위해 달리기 시작했다. 겨울 역이 멀어지면서 열차는 봄을 기다리는 아가씨의 마음처럼 들떠 있다. 무대를 사뿐히 걸어가는 발레리나처럼 열차는 철길 위를 미끄러지듯 달렸다. 옙투셴코의 〈지마 역〉을 '겨울 역'에서 찾았으니 곽재구의 〈사평역에서〉를 '모래펄 역'에서 찾아볼까? 아서라, 사평역은 김승옥의 소설《무진기행》의 '무진'처럼 가상의 공간이다.

시베리아 횡단철도에는 지마처럼 재미있는 역 이름이 많다. 이미 지나온 '유럽-아시아 경계비'가 있는 베르시나 역은 '꼭대기'라는 뜻이고, 나지바옙스카야 역은 '이름을 붙이다'라는 뜻이며, 타이가 역은 냉대 기후의 침엽수림 식생을 의미하는 '타이가'에서 따왔다. 시베리아 횡단철도의 중간에 위치한 폴로비나 역은 '중간 지점'이라는 뜻이고, 우솔레시비르스코예 역은 '소금이 나는 시베리아'라는 뜻이다. 스보보드니 역은 러시아로 '자유로운'이라는 뜻인데, 그래서 일제 강점기 우리 선조들은 스보보드니를 '자유시'라 불렀다. 연해주 블라디보스토크 역은 '동방을 점령하라'라는 뜻이다. 아프리카 나미비아의 나미브 사막을 가다 보면

'솔리테르'라는 멋진 이름의 마을이 여행자를 맞는다. 황량한 아프리카 사막 한가운데 '고독'이라는 마을이 있다니 얼마나 낭만적인 이름인가. 나는 오래전 그 '고독'이라는 마을에서 정말 고독을 고독하게 마음껏 즐겼다.

그런데 우리나라에는 왜 이런 멋진 이름이 없을까? 사실 예전에는 있었지만 지금은 사라졌다. 우리 조상들이 얼마나 흥이 많은데, 그런 멋진 이름 하나쯤 못 지었을까. 대전의 애초 이름은 '넓은 들'이란 뜻의 한밭, 대구는 '큰 마을'이란 뜻의 달구벌, 사천리는 모래말, 수유리는 '물이 넘치는' 무너미, 판교는 널판과 다리의 합성어인 너더리(너다리), 상촌은 웃말이었다. 리듬에 실린 노래 가사처럼 귀에 쏙쏙 들어오는 이름이다. 우리나라 지명은 두 차례의 창씨개명을 당하면서 아름다운 이름을 잃어버렸다. 삼국 시대 중국의 한자가 들어오면서 순우리말 지명이 한자식으로 바뀐 것이 1차 창씨개명이요, 일제 강점기 일본식 지명으로 덧칠한 것이 2차 창씨개명이다. 한자식 표기의 '언어 식민화'로 우리 고유 소리가 갖는 운율적 요소를 잃어버렸다면, 일본식 표기의 '문화 식민화'로 지명의 역사성을 상실했다.

시베리아의 유령

열차가 골로빈스카야 역을 지날 무렵 위가 꿈틀거리며 꾸르륵 소리를 냈다. 배에 기름을 채워달라는 조기경보다. 식당 칸으로 갔다. 러시아 젊은이 두 명이 영어로 된 '라코스테' 상표가 붙은 반소매 티셔츠를 입고 미국 병맥주 버드와이저를 마시고 있었다. 20대 중반인 이들은 크라스노야르스크에 사는데, 이르쿠츠크 바이칼호에 놀러 간다고 한다. 영어로 기본적인 의사소통을 곧잘 한다. 15년 전만 해도 시베리아 횡단열차에서 만난 러시아인들은 영어 앞에서 거의 꿀 먹은 벙어리였다. 사회주의 시절 미 제국주의의 언어인 영어는 영혼을 좀먹는 악마의 언어였으니 멀리할 수밖에. 열차표도 모두 러시아 키릴 문자여서 영어에 익숙한 여행자들은 여간 불편한 게 아니었다.

과거에는 영어를 할 줄 아는 러시아인을 만나면 한국 사람처럼 반가웠다. 당시는 한국 여행자들이 지금처럼 러시아를 많이 여행하던 시절이 아니었다. 한번은 영어를 할 줄 아는 러시아 젊은이가 통성명이 끝난 뒤 신기한 듯 나를 쳐다보며 호구조사를 하기 시작했다.

"형씨, 그런데 어디서 왔어? 중국?"

"아닌데? 내가 어디서 왔는지 맞춰봐."

"음… 일본에서 왔군?"

"아니, 나는 코리아에서 왔어. 카레야 말이야."

"진작 그렇게 말했어야지. 이제 확실히 알았다니까. 사실 처음부터 북한 사람인 줄 알았어."

뭐, 대충 이런 식의 대화였다. 15년 전 이야기다.

아프리카를 여행할 때도 비슷한 경험을 했다. 에티오피아 아디스아바바에서 만난 젊은이는 내가 코리아에서 왔다고 하자 "코리아 대통령을 좋아한다"며 엄지손가락을 치켜세웠다. 어떻게 아프리카 젊은이가 우리나라 대통령을 아는지 궁금하기도 하고 놀랍기도 했다. 그는 신이 나서 주먹을 날리는 몸짓을 하며 "핵무기로 미국에 맞짱 떠서 그렇다"고 했다. 당시 북한의 김정일 국방위원장을 말한 것이었다. 이럴 때면 웃어야 할지 울어야 할지 난감하기 그지없다.

이번 여행에서 놀라운 변화를 목격했다. 기차표에도 영어를 함께 쓰고, 열차 복도에 붙어 있는 기차 시간표에도 러시아 키릴 문자와 영어가 함께 표기되어 있었다. 러시아도 이제 초·중학교부터 영어를 배운다고 한다. 1991년 사회주의 몰락과 함께 영어는 미 제국주의 언어에서 국제어로 해방을 맞았다. 상전벽해다. 이제는 한국 여행자가 워낙 많다 보니 '카레야'라고 말한다고 '북한'이라고 받아들이는 러시아인은 많지 않다. 왕래가 편견을 무너뜨린다.

열차는 소금의 도시 우솔레시비르스코에 역을 지났다. 안가라 강이 흐르는 우솔레시비르스코예는 '소금이 나는 시베리아'라는 뜻으로, 돌소금으로 유명하다. 목적지가 얼마 남지 않았다. 안가라강은 이르쿠츠크가 있는 바이칼호에서 시작되니까. 열차는 안가라강을 따라 이르쿠츠크까지 쭉 달려간다.

이르쿠츠크가 다가오자 오래전 열차 안에서 만났던 금발의 고려인 아내 릴리야가 떠올랐다. 이 구간쯤이었다. 옆 객실에 있던 스물세 살의 릴리야는 1년 전 세 살 연상의 고려인 남편과 결혼해 이르쿠츠크에 살고 있었다. 노보시비르스크에 부부가 함께 여행 갔다가 남편은 바쁜 일이 있어 비행기로 먼저 가고, 비행 공포증이 있는 그녀는 기차를 타고 이르쿠츠크로 돌아가는 길이었다. 2인용 1등석 객실에 러시아 남자와 같이 타고 있길래 당연히 부부인 줄 알았는데 전혀 모르는 사람이라고 했다. 시베리아 횡단 열차는 예매 순서로 자리를 정하다 보니 모르는 남녀끼리 한 객실을 사용하기도 한다. 승무원에게 자리를 바꿔 달라고 요구했지만 빈자리가 없어 어쩔 수 없었다고 했다. 고려인 시부모는 사할린에 사는데, 시아버지는 목수라고 했다. 고려인 3세 남편이 된장국을 좋아해 사할린에 있는 시부모님께 얻은 된장으로 집에서 가끔 된장국을 끓여 먹는다고 했다. 그녀는 놀랍게도 환갑, 농사, 며느리, 이모, 김치, 된장 같은 한국말을 정확하게 발음했다. 고려인 아내다운 해맑은 웃음이 얼마나 아름답던지 오랜 세월이 흐른 지금도 소녀처럼 웃던 그 모습이 눈에 선하다. 이번에 이르쿠츠크 시내를 돌아다니다 중년의 금발 여인과 고려인 남자가 지나가면 물어봐야겠다. 혹시 된장국을 좋아하느냐고.

오후 8시, 시베리아 벌판에 땅거미가 지기 시작했다. 붉은 해가 서쪽으로 넘어가자 시베리아 초원은 순식간에 부겐빌레아처럼 빨갛게 달아올랐다. 열차는 석양의 화염에 휩싸일까 두려운지 속도를 내며 동쪽으로 달아나기 바쁘다. 차창으로 뒤를 돌아보니 지평선을 따라 시베리아 벌판에 불길이 활활 타오르고 있었다. 시베리아 횡단열차에서 보는 해넘이는 장관이다. 어둠에 쫓기는 열차가 비명을 지르듯 기적을 울렸다. 그러나 아무리 열차가 빠르다 해도 어둠을 이길 수는 없다. 시베리아 벌판을 붉게 물들이던 태양은 어느새 타이가 속으로 빨려 들어가고, 시베리아는 저승사자가 헤엄치는 어둠의 바다로 바뀌었다. 한낮의 이정표들은 갑자기 어둠이 덮치면서 무용지물이 되었다. 노을을 따라 시베리아 벌판을 달리던 열차는 꼼짝없이 석탄같이 짙은 어둠에 갇혀버렸다. 이러다 열차가 길을 잃고 갑자기 멈춰버리진 않을까? 시베리아의 밤은 흑곰과 늑대가 지배하는 공포의 세상이 아니던가. 온몸에 닭살이 돋았다.

그때 멀리서 불빛이 보이기 시작했다. 불빛이 어두운 시베리아 벌판 여기저기에서 타올랐다. 처음에는 시베리아 호랑이의 눈빛인 줄 알았다. 허나 시베리아 호랑이는 주로 연해주에 사니 그럴 리 없다. 그렇다면 시베리아 무덤에서 나온 혼령일까? 그럴 수도 있다. 저 넓은 시베리아에서 억울하게 죽은 사람이 한둘이겠는가. 희미하던 불빛은 더욱 강렬해졌다. 호랑이 눈빛이나 도깨비불은 아니었다. 성화같은 횃불이었다. 어둠 속에 갑자기 나타난 환한 불빛은 열차에게 구세주였다. 열차는 횃불을 등대 삼아 다시 힘을 내 달리기 시작했다.

도대체 저 횃불은 무엇일까? 누군가 길 잃고 헤매는 나를 위해 마중 나온 걸까? 옛날 동구 밖에서 등불을 든 채 밤늦게 돌아오는 나를 기다리던 어머니가 시베리아 벌판에 있을 리는 없다. 우솔레시비르스코예에서 안가르스크를 지나 이르쿠츠크로 가는 밤길을 달리다 보면 반드시 이 정체불명의 횃불을 만난다. 석양은 어둠에 굴복했어도 이 정체불명의 횃불은 어둠에 결코 질 수 없다는 투지가 넘친다. 횃불은 점점 더 많아지면서 어둠이 깔린 시베리아 벌판에 가로등처럼 늘어섰다. 공장 굴뚝 같은 둥근 기둥에서 빨갛게 뿜어져 나오는 횃불은 이제 봉화가 되었다. 열차가 봉화에 다가가자 그 정체가 서서히 드러났다. 철길을 따라 끝없이 이어지는 봉화는 천연가스전에서 나오는 불기둥이었다. 열차는 세계적 규모의 시베리아 천연가스전을 지나고 있었다. 시베리아의

시베리아의 밤을 밝히는 천연가스전의 불기둥

타이셰트 유전과 이르쿠츠크 천연가스전은 북한을 거치는 송유관과 가스관을 통해 우리나라가 수입하려는 시베리아의 에너지원이다. 낮에 액화천연가스를 실은 유조 열차가 줄지어 시베리아 철길을 달리던 모습이 떠올랐다. 밤이 되면 가로등 하나 없는 유령도시 같던 시베리아는 휘황찬란한 불빛 세상으로 변한다.

천연가스전 불기둥 아래로 시베리아 초원에 하얀 안개가 연기처럼 퍼져나갔다. 밤새 추위에 떠는 초원의 풀들을 위해 누군가 덮어주는 안개 이불이다. 다음 날 해가 뜨면 안개는 감쪽같이 사라지고, 깊은 잠에 빠졌던 풀들은 다시 깨어날 것이다. 가스 불기둥이 끝나고 열차는 다시 본래의 시베리아 어둠 속으로 빨려 들어갔다. 그때 또 다른 불빛이 멀리서 반짝반짝 빛났다. 도시를 알리는 가로등이다. 열차는 이르쿠츠크 역에 들어섰다. 밤 9시, 이번 여행의 마지막 기착지 이르쿠츠크에 도착했다. 모스크바에서 이르쿠츠크까지 3박 4일 88시간을 달린 긴 여정이었다.

고춧가루의 비밀 이야기 5

열차에서 만난 한국 유학생에게 조심스레 물어봤다.

"러시아 여자들이 평소 고춧가루를 들고 다닌다던데요?"

"네? 그런 소리 처음 듣는데요? 러시아 사람들은 매운맛을 별로 좋아하지 않아서요."

"아니, 옛날에 그런 소리를 들은 적이 있어서…."

"요즘 러시아 여자들도 외국으로 유학을 많이 가니까 혹시 한국에서 유학한 러시아 여자들이 고춧가루를 좋아할지도 모르겠네요."

젊은 학생에게 더 물어볼 질문은 아니었다. 나는 머리를 긁적이며 엉뚱한 러시아 정치 문제로 화제를 돌렸다.

3 신과 별들의 고향

이르쿠츠크·바이칼호

우리가 아무리 멀리 떨어져 있어도
고리는 영원히 끊어지지 않는다.
마음속에 길을 하나 간직하는 한.

_라이너 마리아 릴케

바이칼 호수 ©Vadim

이르쿠츠크, 시베리아의 파리

이르쿠츠크는 사랑스러운 시베리아의 연인이다. 연인의 품처럼 아늑하고 포근한 도시다. 아무리 돈이 없고 시간이 촉박한 배낭여행자라 해도 이곳에서만큼은 열차에서 내린다. '시베리아의 파리' 이르쿠츠크가 있고, '시베리아의 진주' 바이칼호가 있으며, 역사와 자연이 만나는 진짜 시베리아가 있기 때문이다. 바이칼호는 태곳적 우리 탯줄을 묻은 한민족의 시원이며, 우리 독립운동의 발자취가 있고, 이광수의 소설 《유정》의 무대이기도 하니 단군을 조상으로 둔 사람이라면 결코 그냥 지나칠 수 없다. 나는 이번이 세 번째 방문이다. 이번에는 그동안 이런저런 이유로 가보지 못했던 바이칼호의 올혼섬에 갈 예정이다. '신화와 전설의 고향' 바이칼호와 '신과 별들의 고향' 올혼섬으로 가는 길은 잃어버린 탯줄을 찾아가는 머나먼 귀향길이다.

이르쿠츠크에서의 첫 밤은 뒤숭숭했다. 새벽에 깜짝 놀라 깨어났다. 잠결에 칙칙폭폭, 기차가 출발하는 소리가 들렸기 때문이다. 열차가 나를 떼어놓고 이르쿠츠크 역을 떠나 블라디보스토크를 향해 달려가고 있었다. "스톱! 스톱!" 외치며 열차를 뒤쫓아갔지만 무정한 열차는 목 놓아 부르는 나를 아랑곳하지 않고 멀어져갔다. 나는 허탈해하며 플랫폼에 초라하게 서 있었다. 침대에서 일어나 보니 식은땀이 흐르고 있었다. 꿈이었다. 지난 3박 4일간의 기차 여행 동안 내 귓바퀴에 귀지처럼 똬리를 틀고 앉은 기적소리가 나를 깨운 것이었다.

다시 부족한 잠을 보충하고 오전 8시 아침을 먹으러 호텔 식당으로 갔다. 여기도 이미 중국 단체관광객이 점령해 시끌벅적했다. 중국의 인해전술은 여전히 온 세계 여행지에서 그 위력을 유감없이 발휘하고 있다. 이제 '조용한 아침의 나라' 여행자가 '조용한 아침밥'을 기대할 수 있는 여행지는 세계 어디에도 없다. 아침을 먹고 숙소로 돌아와 커피를 마셨다. 닷새 만에 누리는 여유다. 채 하루도 지나지 않았는데 열차 여행이 먼 옛날 추억처럼 느껴졌다. 시베리아 초원을 달리던 열차가 갑자기 그리워졌다. 그제만 해도 편안한 호텔 잠자리를 얼마나 고대했던가. 사람 마음이 이렇게 간사하다.

다시 돌아온 알렉산드르 3세 동상

이르쿠츠크는 아름다운 안가라강이 흐르고 시내 곳곳에 고풍스러운 분위기의 건물이 많다 보니 걸어서 여행하기 좋은 도시다. 봄날에는 꽃사과나무 가로수의 꽃이 그렇게 아름다울 수가 없다. 이르쿠츠크는 모스크바와 블라디보스토크를 잇는 중간 기착지로, 오래전부터 시베리아의 수도 역할을 해왔다. 전날 도착한 이르쿠츠크 역에는 '355'라고 쓰인 간판이 붙어 있었다. 도시 창건 355주년을 축하하는 광고판이다. 시베리아 정복에 앞장섰던 카자크 기병대가 1661년 안가라강 변에 세운 작은 기지촌이 도시의 출발이다. 17세기 정복의 중심지로 출발한 이르쿠츠크는 18세기에는 시베리아 경제의 중심지로, 19세기에는 대표적 유형지로, 또 20세기에는 러시아 내전의 중심지로 파란만장한 러시아 역사와 함께 흘러왔다. 이런 시대별 발자취가 시내 곳곳에 남아 있다.

시내 구경에 나섰다. 다행히 날씨가 맑았다. 세 번째 방문이니 낯이 익다. 시내 여행의 출발은 안가라강 둑에 있는 알렉산드르 3세 동상이다. 동상 옆으로는 안가라강을 따라 푸른 가로수가 이어지는 가가린 거리가 펼쳐진다. 그 앞으로는 카를 마르크스 거리가 뻗어 있는데, 도시의 중심이다. 이 거리를 걸으면 이르쿠츠

안가라강 변의 알렉산드르 3세 동상

크 역사를 한눈에 볼 수 있다. 2001년에 왔을 때는 알렉산드르 3세 동상 대신 시베리아 정복을 기념하는 오벨리스크가 하늘을 향해 솟아 있었다. 시베리아 횡단철도 건설을 시작한 알렉산드르 3세의 동상은 볼셰비키 혁명 뒤 철거돼 오벨리스크로 대체되었다가 지난 2003년 복원되었다. 알렉산드르 3세 동상은 '이곳은 원래 내 자리였다네!'라며 왼손에 칼을 차고 시선은 멀리 어딘가를 응시하고 있다. 봉건 계급의 상징인 황제의 귀환은 러시아에서 공산주의의 몰락을 보여주는 또 하나의 징표다. 알렉산드르 3세 동상 아래 사각형 기둥에는 시베리아 횡단철도 건설 칙령이 새겨져 있고, 시베리아 개척에 이바지한 코사크 정복자 예르마크, 동시베리아 총독 미하일 스페란스키, 무라비요프아무르스키의 얼굴 부조가 있다.

가가린 거리를 건너 카를 마르크스 거리로 갔다. 입구에 향토박물관이 있다. 붉은색 향토박물관은 옛날 이곳이 슬라브 백인의 땅이 아니라 튀르크계 야쿠트와 퉁구스 예벤키, 몽골계 부랴트, 알타이 등 아시아계 부족의 땅이었음을 알려준다. 동그란 얼굴의 아시아계 원주민은 박물관에 박제로 남아 있고, 거리에는 이주민인 백인들이 활보한다. 시베리아에서 뒷전으로 밀려난 아시아계 원주민을 보면 중남미에서 산악지대로 쫓겨난 인디오 원주민이 떠오른다.

향토박물관에서 조금 걸으니 왼쪽으로 '5군단 거리'가 나타났다. '백두산 호랑이' 홍범도 장군이 통한의 눈물을 흘리며 걷던 좌절의 거리다. 오른쪽으로 보이는 아름다운 건물은 이르쿠츠크 드라마 극장이다. 러시아 사람들은 밥은 굶더라도 연극은 관람한다. 극장 앞에는 체호프를 잇는 유명 극작가 알렉산드르 밤필로프 동상이 서 있다. 이곳 출신으로《오리 사냥》등의 희곡으로 유명한 밤필로프는 우리네 얼굴과 비슷하다. 아버지가 부랴트이기 때문이다. 카를 마르크스 거리의 오른쪽으로는 전통적인 목조 가

이르쿠츠크 드라마 극장

옥이 줄지어 있고, 왼쪽으로는 석조 건물이 대조를 이루며 도시의 길을 양분한다.

이르쿠츠크파 고려공산당과 홍범도의 '좌절의 거리'

첫 번째 사거리에 레닌 동상이 있다. 방향을 틀어 오른쪽 레닌 거리 쪽으로 걸어갔다. 레닌 거리 23번지, 붉은 벽돌의 3층 건물은 지금은 오페라와 연극을 상연하는 밤필로프 청소년 극장이지만 옛날에는 인민회관이었다. 대학 시절 한국 공산당사 강의 시간

이르쿠츠크파 고려공산당 창당 대회 장소였던 밤필로프 청소년 극장

에 배운 '이르쿠츠크파 고려공산당'이 1921년 5월 4일 창당 대회를 연 곳으로, 초기 한국 공산주의 운동의 탄생지다. 이르쿠츠크파 고려공산당은 일제 강점기 우리나라 공산주의 운동의 양대 산맥 중 하나로, 김철훈과 남만춘이 중심이 되어 만들었는데 나중에 여운형과 박헌영도 참여했다. 이에 맞서는 '상하이파 고려공산당'은 며칠 뒤인 1921년 5월 20일 상하이에서 이동휘와 박진순의 주도로 창당했다. 1918년 6월 하바롭스크에서 이동휘와 김알렉산드라 등이 만든 최초의 한인 공산당 '한인사회당'이 모태다.

이들의 분열은 결국 독립운동에 엄청난 재앙의 씨앗이 되는데, 불과 한 달 뒤인 1921년 6월 28일 스보보드니에서 일어난 '자유시 참변'의 원인이 되기도 했다. "진보 진영은 분열로 망하고, 보수 진영은 부패로 망한다"는 말이 어제오늘 생긴 말이 아니다. 시베리아 횡단열차를 타고 가다 보면 하바롭스크에 도착하기 전 스보보드니 역에서 한국 독립운동 최악의 비극을 만난다.

네댓 명의 러시아 젊은이들이 왁자지껄 웃으면서 옛 인민회관 앞을 지나갔다. 그들이 우리 민족의 아픔을 알 리 없다. 나는 안타까운 마음으로 옛 인민회관을 올려다보았다. 이역만리 러시아에 와서까지 같은 민족끼리 치고받고 싸워야 했을까? 러시아에 일찍 정착한 이르쿠츠크파는 러시아 사회주의 건설을 조선 독립보다 우위에 뒀고, 러시아에 상대적으로 늦게 넘어온 상하이파는 조선 독립을 러시아 사회주의 건설보다 우위에 뒀다. 당시 독립운동가들이 사회주의로 급속히 기운 것은 제1차 세계대전 당시 미국 대통령 윌슨의 민족자결주의에 대한 실망 때문이었다. 윌슨의 민족자결주의는 패전국 독일과 오스트리아의 식민지 해방에만 적용되었고, 영국과 프랑스, 미국, 일본 등 승전국의 식민지에는 해당되지 않았다. 일본의 식민지였던 조선에는 그림의 떡이었다. 여기에 러시아 혁명 지도자 레닌이 1920년 제2차 코민테른 대회에서 모든 약소 식민지 국가의 독립을 지지하고 나섰다. 많은 독립운동가가 공산주의를 이념적 차원보다는 민족 해방을 위한 하나의 방편으로 받아들였다. 여운형과 조봉암이 대표적이다. 그런데 1945년 광복 이후 남한에서는 친일파들이 이런 항일투사를 '반공'이라는 이름으로 단죄하기 시작했다. 친일파가 '반공'이라는 우산을 쓰고 애국자로 둔갑한 '친일 반공 애국자'라는 형용모순의 코미디가 벌어졌다.

이르쿠츠크파 고려공산당 창당에 이은 자유시 참변은 봉오동 전투의 영웅 홍범도 장군의 비극으로 이어졌다. 1921년 6월 자유시 참변으로 와해한 한인 독립군은 포로처럼 끌려와 러시아 적군 5군단 아래 '특립고려여단'으로 편입되었다. '5군단 거리'는 옛날 적군 5군단이 있던 자리다. 홍범도는 1921년 6월 자유시 참변 때 이르쿠츠크파 편에 섰으나 결국 휘하 병력 300여 명을 이끌고 이르쿠츠크 소련군 제5군단 특립고려여단 제1대대장으로 들어갔다. 여단장은 26세의 이르쿠츠크파 고려공산당 오하묵이 맡았으니, 천하를 호령하던 홍범도는 거의 서른 살 어린 후배의 지시를 받는 처지가 되었다. 홍범도는 이르쿠츠크에서 자유시 참변으로 체포된 조선인의 재판을 담당하는 재판장으로 활동했는데, 이 재판부에는 이르쿠츠크파 여운형도 참여했다. 홍범도가 1922년 1월 모스크바에서 열린 극동인민대표대회에 참석했다가 레닌에게 권총 한 자루와 금화 100루블을 선물 받은 것도 바로 이 시절이다. 그러나 이것도 오래가지 못하고 1923년 홍범도는 군복을 벗고 연해주 집단 농장 콜호스에서 일하다 스탈린의 한인 강제 이주 정책으로 카자흐스탄 크질오르다로 끌려갔다. 그는 말년에 밤에는 극장 야간수위를 하고 낮에는 정미소 노동자로 일하다 쓸쓸히 생을 마쳤다.

홍범도의 비극은 죽어서도 이어졌다. 그는 분단 이후 조국에서 냉전의 희생양이 되었다. 봉오동 전투와 더불어 일제 강점기 독립투쟁 최대의 승리로 꼽히는 청산리 대첩은 김좌진 장군과 홍범도 장군의 연합 작전으로 이뤄낸 쾌거였다. 하지만 남한에서는 김좌진의 단독 작전으로 가르쳤고, 북한은 홍범도의 단독 작전으로 소개했다. 머슴 출신 홍범도와 명문가 출신 김좌진의 출신 배경과 이념 차이가 엉뚱하게 해방 뒤 분단이란 현실에 휘말렸다. 홍범도는 자유시 참변 이후 사회주의 노선을 따라 소련군에 편입했고, 김좌진은 공산주의에 반대하고 민족주의 노선을 고수하다 고려공산당원에게 살해되었다. 남한 정부는 1962년 홍범도에게 건국훈장을 추서했으나 그동안 소련군 이력을 들어 애써 외면해 왔고, 김일성의 항일 빨치산을 독립운동의 본류로 여기는 북한은 민족주의자 김좌진은 말할 것도 없고 홍범도에 대해서도 굳이 드러내지 않았다. 중국의 동북공정이나 일본의 역사 왜곡을 따지기 전에 우리도 이념의 잣대로 역사를 왜곡하지 않았는지 돌아봐야 한다.

1910년 연해주 블라디보스토크에서 활동하던 이범윤, 김좌두, 권유상 등 독립운동가 일곱 명이 러시아 당국에 체포되어 유배 온 곳도 이르쿠츠크였다. 당시 일본이 러시아에 압력을 넣어 독립운동을 하던 한인들에 대한 체포와 인도를 요구했기 때문이다. 그러나 지금 이들의 흔적은 잊힌 역사처럼 사라져버렸다.

옛 인민회관을 뒤로하고 키로프 광장으로 갔다. 제2차 세계대전 참전용사를 기리는 '꺼지지 않는 불꽃'이 타오르고 있었다. 분수대가 있는 키로프 광장은 시민들의 휴식처답게 많은 사람이 나와 있었는데, 나도 광장 의자에 앉아 음료수를 마시며 쉬었다. 예전에는 거리에 유난히 꽃을 파는 행상이 많았고, 독립운동을 하는 체첸인들의 방화로 불탄 호텔이 그대로 방치되어 있었으며, 택시운전사는 한참 흘러간 팝송 〈원 웨이 티켓One Way Ticket〉을 최신곡인 양 크게 틀고 다녔다.

2001년 이르쿠츠크를 방문했을 때 고려인으로서 유일한 러시아 연방 하원의원이던 유리 텐(정홍식)을 만났다. 사할린에서 태어난 그는 이르쿠츠크에서 사업에 성공한 뒤 정치에 뛰어들어 이르쿠츠크 주지사감으로 오르내렸다. 그는 시베리아 횡단철도와 한반도 종단철도 연결에 관심이 많았는데 "열차를 타고 북한과 남한에 있는 친척을 만나러 가는 것이 꿈"이라고 했다. 그도 북한

키로프 광장의 분수대

과 남한에 친척이 나뉘어 살고 있는 또 다른 이산가족이었다. 그런데 2년 뒤인 2003년 그가 암으로 사망했다는 안타까운 소식을 들었다. 현지 한국인 가이드는 유리 텐의 아들인 고려인 3세 세르게이 텐이 아버지의 뒤를 이어 지금 연방 하원의원을 맡고 있다고 했다. 그나마 반가운 소식이었다.

잠깐의 휴식이 다리에 강력한 질주 본능을 불러왔다. 키로프 광장에서 단숨에 중앙시장으로 달려가 기념품과 과일, 채소, 고기 등을 구경하다 보니 견물생심이라고 식탐이 스멀스멀 일어났다. 아침부터 걸어다녔으니 허기가 느껴질 만도 했다. 잠깐, 중앙 시장에 가면 다른 것은 제쳐두더라도 바이칼 에코백은 하나쯤 사자. 핸드메이드에 디자인도 예뻐 충분히 본전을 뽑고도 남는다.

점심은 국수로 때우기로 했다. 한국 국수도 북한 국수도 아니다. 바로 '고려국시'다. 카를 마르크스 거리를 따라가면 고려인 식당이 있다는 이야기를 듣고 찾아갔다. 고려인 3세가 운영하는 식당인데, 국수사리에 양배추, 토마토, 오이, 지단 등 고명을 얹은 냉국수가 나왔다. 먹을 만했다. 고려인들은 국수를 국시라 부르는데, 내가 자란 충청도에서도 국시라고 불렀다. 국수가 원조일까, 국시가 원조일까? 이르쿠츠크에 가면 고려국시를 먹으며 한국 식당과는 다른, 북한 식당과도 또 다른 고려 식당만의 맛을 즐겨보자.

《전쟁과 평화》, 볼콘스키 박물관

국수로나마 매슬로우의 5단계 욕구 중 가장 낮은 단계인 생리적 욕구를 채운 나는 마침내 이르쿠츠크의 정신을 찾아 나섰다. 카를 마르크스 거리 끝자락에 있는, 시내 최고 명소인 데카브리스트 박물관이 그곳이다. 개척 도시에 불과했던 이르쿠츠크를 오늘날 자유주의에 기반한 문화와 예술, 교육의 도시로 만든 뿌리는 누가 뭐라 해도 데카브리스트이기 때문이다. 1825년 데카브리스트 반란의 주동자였던 볼콘스키와 트루베츠코이가 유배되어 살던 집이 바로 데카브리스트 박물관이다. 볼콘스키는 데카브리스트의 한 축인 남방 결사의 중요 인물이었고, 트루베츠코이는 북방 결사의 리더였다.

먼저 볼콘스키 박물관을 찾았다. 2층 목조 가옥인 볼콘스키 박물관은 세월의 흔적과 함께 많은 사연을 품고 있었다. 세르게이 볼콘스키가 1847년부터 1856년까지 9년간 살았던 집이다. 마당을 지나 나무 계단을 밟고 2층으로 올라갔다. 삐거덕거리는 나무 계단 소리가 그들이 겪었던 시베리아 유배 생활의 신음처럼 들렸다. 2층 복도로 올라가니 볼콘스키가 아니라 톨스토이가 나를 맞았다. 톨스토이 사진이 복도 입구에 걸려 있었는데, 대머리에 흰 수염의 톨스토이가 나를 쳐다보며 물었다. '자네, 혹시 《전쟁과 평화》의 주인공 이름을 아나?' 맞다, 《전쟁과 평화》의 주인공 이름이 볼콘스키였다. 바로 이 집의 주인 세르게이 볼콘스키가 그 모델이다. 세르게이 볼콘스키는 톨스토이의 먼 친척으로, 정확히 말하면 외가 쪽 육촌 아저씨뻘이다. 톨스토이의 어머니가 볼콘스키 가문 출신으로, 톨스토이가 태어나 자라고 묻힌 툴라의 야스나야폴랴나는 볼콘스키 가문의 영지다. 톨스토이는 세르게이 볼콘스키의 이야기를 듣고 《전쟁과 평화》를 썼다. 소설 속 귀족 장교 안드레이 볼콘스키의 차르에 대한 충성과 민중에 대한 애정 사

볼콘스키 박물관

이에서의 고뇌, 죽음 앞에서의 진정한 사랑과 삶에 대한 성찰은 세르게이 볼콘스키의 인생이 그대로 투영된 것이다.

2층 거실에는 볼콘스키의 아내 마리아와 트루베츠코이의 부인 예카테리나 등 유배지에 따라왔던 11명의 데카브리스트 부인들의 초상화가 걸려 있다. 시베리아 유배지를 따라온 데카브리스트 부인들의 이야기는 혁명 속에 피어난 사랑의 이야기로 많은 문학 작품에 등장한다. 귀족의 특권을 버리고 남편을 따라 고난의 길에 나서기란 아무리 혁명가의 아내라 하더라도 결코 쉬운 선택은

볼콘스키 박물관 2층의 피라미드형 포르테 피아노

아니다. 러시아 민중시인 네크라소프가 쓴 서사시 〈데카브리스트의 아내〉는 남편의 발목에 채운 쇠사슬에 입을 맞춘 마리아와 제일 먼저 시베리아로 달려온 예카테리나의 이야기다.

2층에 전시된 물건 중 눈에 띄는 것은 세계적으로 찾기 힘든 피라미드형 포르테 피아노다. 당시 볼콘스키의 집이 음악회가 열리고 시 낭송을 하던 예술과 문학의 장소였음을 보여준다. 피아노 옆 벽에는 푸시킨의 작은 초상화가 걸려 있는데, 피아노의 주인인 마리아는 처녀 시절 푸시킨의 연인이었다. 귀족 출신인 이들 데카브리스트는 러시아 귀족 문화와 프랑스 파리에서 경험한 유럽 문화를 이곳에 전파함으로써 '시베리아의 오지' 이르쿠츠크를 '시베리아의 파리'로 탈바꿈시켰다. 1890년 시베리아를 횡단한 체호프는 "이르쿠츠크는 완전히 유럽이다"라고 말했는데, 데카브리스트들이 짧은 기간에 이르쿠츠크를 얼마나 바꿔놓았는지 알 수 있다. 이들은 일반 범죄자가 아닌 '인민들을 위해 황제의 명령에 저항한' 정치적 양심수였기 때문에 주민들로부터 환대를 받았다. 이르쿠츠크는 데카브리스트뿐 아니라 20세기 초 트로츠키와 몰로토프가 유형 간 대표적 시베리아 유배지였다.

트루베츠코이 박물관은 볼콘스키 박물관과 한 블록 떨어진 곳에 있다. 마당에는 여러 꽃이 활짝 피어 있었다. 데카브리스트들은 저 꽃들을 보며 황량한 시베리아 유배 생활의 적적함을 달랬을 것이다. 2층 거실에는 트루베츠코이의 부인 예카테리나의 앨범과 작은 풍금 같은 개인 소장품이 전시되어 있는데, 볼콘스키 박물관보다는 소박하고 아담했다. 가장 눈길을 끄는 전시품은 지하 전시실의 12킬로그램짜리 족쇄다. 트루베츠코이와 볼콘스키는 저 무거운 족쇄를 차고 네르친스크 은광에서 10년 넘게 강제노동을 했다. 트루베츠코이는 데카브리스트의 리더였는데, 막상 데카브리스트 반란이 일어났을 때는 현장에 나타나지 않았다. 미스터리다. 그렇다고 유배를 피할 수는 없었다. 그는 데카브리스트 대사면으로 31년간의 유배를 마치고 모스크바로 돌아갔으나 남편을 좇아 맨 먼저 시베리아로 달려왔던 예카테리나는 그러지 못했다. 고향으로 돌아가지 못하고 영원히 이르쿠츠크에 남은 데카브리스트와 그 부인들의 이야기는 안가라강 변의 즈나멘스키 수도원으로 이어진다.

트루베츠코이 박물관

즈나멘스키 수도원, 데카브리스트 부인의 순애보

다 듣지 못한 예카테리나의 이야기를 좇아 즈나멘스키 수도원으로 향했다. 안가라강 둑에 아름다운 즈나멘스키 수도원이 있다. 하얀색 벽에 청록색 지붕의 수도원에 들어서자 정면의 쓸쓸한 석관묘가 눈에 들어왔다. 트루베츠코이의 부인 예카테리나의 무덤이다. 그녀의 파란만장했던 삶이 어린 나이에 죽은 세 딸과 함께 묻혀 있다. 볼콘스키와 마리아 부부, 투르베츠코이 등 살아남은 자들은 새로 차르에 오른 알렉산드르 2세의 1856년 대사면으로 모스크바로 돌아갔지만, 1826년 제일 먼저 시베리아로 달려왔던 예카테리나는 귀향자 명단에 없었다. 불행히도 죽음의 전령, 암이 대사면보다 2년 먼저 그녀를 찾아왔다. 파리에서 태어나 러시아로 시집온 그녀는 이곳 이르쿠츠크의 수도원에 잠들어 있다. '자비의 화신'이라고 불릴 만큼 마음이 따뜻했던 그녀는 시베리아의 전설로 남았다.

예카테리나의 묘에는 누군가 놓고 간 꽃다발이 있었는데, 아마도 그녀의 용감한 사랑에 대한 경의의 표시리라. 러시아 관리들의 만류에도 남편을 따라가겠다고 한 그녀의 강인함은 네크라소프의 〈데카브리스트의 아내〉에도 잘 나타나 있다.

"당신은 그 초라한 몸종처럼 남편을 좇고 있군요."

즈나멘스키 수도원에 있는 트루베츠코이의 부인 예카테리나의 묘

"나는 초라한 종이 아닙니다. 나는 한 여자이고 아내란 말이에요!"

예카테리나는 시베리아로 떠나며 외친다.

"갈 겁니다! 난 상관없어요."

지금도 많은 신혼부부나 연인이 그녀의 무덤 앞에서 영원한 사랑을 다짐한다. 차르의 총칼은 데카브리스트 반란을 진압했을지 모르지만, 시베리아의 한파도 그들의 뜨거웠던 사랑을 꺾을 수는 없었다.

다른 한쪽에는 역시 고향으로 돌아가지 못한 데카브리스트들의 묘가 있다. 작은 십자가를 머리에 인 하얀 비석이 그들의 안식처다. 시베리아에 유배 온 120여 명의 데카브리스트 중 살아서 돌아간 자는 고작 19명. 데카브리스트의 육신은 비록 즈나멘스키 수도원에 묻혔지만, 그들이 외쳤던 자유주의 사상은 황석영이 《오래된 정원》에서 말한 "민들레의 씨앗처럼" 퍼져나가 1917년 2월 혁명으로 완성되었다.

그들은 러시아 문학 속에서도 불멸의 영웅으로 살아 숨 쉰다. 톨스토이의 《전쟁과 평화》, 푸시킨의 《대위의 딸》, 네크라소프의 〈데카브리스트의 아내〉 등은 모두 데카브리스트의 자식들이다. 어디 이뿐이랴. 데카브리스트 시인 콘드라티 릴레예프의 시는 김남주가 번역한 시집 《은박지에 새긴 사랑》에 실려 우리에게로 배달됐다. 릴레예프는 데카브리스트 반란으로 교수형에 처해졌을 때 밧줄이 끊어지자 "러시아는 밧줄 하나 제대로 못 만드느냐"라고 차르를 조롱하며 스스로 형장의 이슬로 사라진 당당한 혁명 시인 아니던가.

수도원 묘지에는 예카테리나 묘뿐 아니라 항해를 테마로 꾸며 놓은 독특한 비석이 있었다. 3층 대리석 비석에는 지도와 컴퍼스, 닻, 원고 등이 새겨져 있는데, '러시아의 콜럼버스' 그리고리 셸리호프의 무덤이다. 탐험가 셸리호프는 18세기 말 알래스카를 개척했는데, 당시 알래스카는 '이르쿠츠크의 미국 구역'으로 이르쿠츠크에 편입되었다. 자신이 개척한 알래스카가 미국에 헐값으로 팔려나간 사실을 안다면 셸리호프가 무덤에서 벌떡 일어나지 않을까? 설마 셸리호프가 관에서 나오지 못하게 무거운 3층짜리 대리석을 무덤 위에 올려놓은 것은 아니겠지? 수도원 텃밭에서는 40대와 60대로 보이는 두 명의 수녀가 물을 주며 채소를 가꾸고 있었다.

수도원 예배당으로 들어갔다. 평소에는 예배를 본다고 하는데, 내가 찾았을 때는 수도원 특유의 엄숙한 정적만이 감돌았다. 이 예배당의 황금 석관을 놓쳐선 안 된다. 시베리아 지역 포교에 크게 공헌해 성인의 반열에 오른 이노켄트 대주교(성 인노켄티, 성 인노첸시오)의 미라를 보관하고 있는 곳이다. 시각장애인 여행가 제임스 홀먼은 이곳 이르쿠츠크에 사는 영국 탐험가의 부인에게 이끌려 이노켄트 대주교의 미라 손 부분에 입을 맞추며 눈을 뜨게 해달라고 빌었다. 당시에는 이 미라의 손을 만지면 앞을 못 보는 사람도 시력을 되찾을 수 있다는 믿음이 있었다. 물론 홀먼은 죽을 때까지 눈을 뜨지 못했다. 홀먼은 당시 러시아 제국의 허락을 받지 못해 캄차카반도를 지나 북미 대륙으로 넘어가 세계 일주를 하려던 야심 찬 계획을 포기하고 이곳에서 되돌아가야 했다.

〈제독의 연인〉, 백군 지도자 콜차크

수도원 밖으로 나왔다. 작은 공원에서 뜻밖의 인물을 만났다. 러시아 내전 당시 적군에 맞섰던 백군 지도자 알렉산드르 콜차크 제독의 동상이다. 영화 〈제독의 연인〉의 주인공이다. 군복에 발끝까지 닿을 듯한 트렌치코트를 걸친 콜차크는 뭔가 중대한 결심을 앞둔 다부진 표정으로 서 있었다. 그러나 고개를 숙인 그의 시선은 안가라강을 무심히 내려다보고 있었다. 콜차크는 1920년 처형당해 안가라강에 버려졌고, 그의 죽음과 함께 백군이 갖고 있던 러시아 황실의 금괴도 바이칼호 어딘가로 가라앉았다고 한다. 지금 동상이 서 있는 자리는 누군가 그의 시신을 안가라강에서 건져 옮겨 놓았던 곳이라 한다. 자신의 최후를 바라보는 패배자의 회한이 느껴졌다.

영화 〈제독의 연인〉을 보면, 옴스크에서 시베리아 횡단열차를 타고 이르쿠츠크로 쫓겨 온 콜차크가 체코 군단의 배신으로 붙잡혀 볼셰비키 적군에 넘겨지는 장면이 나온다. 콜차크를 죽음으로 내몬 체코 군단은 식민지 종주국 오스트리아에 의해 제1차 세계대전에 동원된 비운의 군대였다. 체코 군단은 블라디보스토크까지의 안전한 통행을 보장받는 대신 콜차크를 적군에 넘겼다. 체

영화 〈제독의 연인〉의 주인공 콜차크의 동상

코 군단의 꿈은 오직 고향으로 돌아가는 것이었을 뿐 적백 내전은 남의 집 싸움이었다. 체코 군단은 블라디보스토크에서 귀국하면서 무기를 우리 독립군에 넘겨주는데, 체코 군단과 우리 독립군의 이야기는 블라디보스토크항에서 계속된다.

2004년 세워진 콜차크 동상에는 내전 당시 서로를 겨눴던 적군과 백군 병사가 총부리를 내려놓는 모습이 새겨져 있다. 적·백의 화해, 제정 러시아와 볼셰비키의 역사적 통합을 보여주는 것이 아니겠는가. 총부리를 내려놓는 적·백군 병사 위에 서 있는 콜차크 동상에서 우리는 '반역자'에서 '애국자'로 다시 태어난 콜차크를 만난다. 콜차크만 봐도 정말 역사는 돌고 도는 회전의자다. 그 의자에 앉는 주인공이 시대에 따라 바뀌니 말이다. 러시아에서 2008년 만든 〈제독의 연인〉은 콜차크와 부하 장교 부인과의 사랑 이야기다. 실화를 바탕으로 한 영화의 내용보다 더 중요한 것은 러시아에서 콜차크 동상에 이어 콜차크 영화를 만들었다는 사실이다. '반혁명'의 상징이었던 백군 지도자 콜차크가 다시 살아난 것은 알렉산드르 3세 동상의 복원과 더불어 러시아 역사의 대변혁을 보여주는 놀라운 사건이다. 소련 몰락 이후 러시아가 자신의 정체성을 소비에트 공산주의가 아닌 제정 러시아를 포함한 전체 러시아 역사에서 찾겠다는 새로운 역사관을 보여주는 상징이기 때문이다. 이런 새로운 역사관에 따라 이르쿠츠크에는 제정 러시아 황제 알렉산드르 3세와 백군 지도자 콜차크, 볼셰비키 지도자 레닌의 동상이 공존하고 있다.

저녁을 먹고 젊음의 거리인 130지구를 찾았다. 18세기 목조 건물을 복원해놓은 아름다운 카페 거리인데, 이름을 왜 이렇게 멋대가리 없이 지었을까? 낭만과는 멀어도 한참 먼 어느 재개발 지역 같은 촌스러운 이름이다. 어떻든 130지구 입구에는 호랑이를 닮은 전설의 동물 '바브르' 청동상이 수호신처럼 거리를 지키고 있었다. 이르쿠츠크의 상징인 바브르는 사냥에서 잡은 담비를 입에 물고 있는데, 많은 여행자가 그 앞에서 인증 사진을 찍고 있었다. 카페 거리에는 커피숍, 레스토랑, 펍, 기념품점이 즐비했고 야경은 볼만했다. 젊은이들이 많은 카페에 들어가 발티카 맥주를 시켰다. 발티카 맥주 중 알코올 도수가 8도로 가장 독한 '발티카 9'을 마시니 목을 타고 내려가는 묵직한 느낌이 가슴까지 전해졌다. 숙소로 돌아오는 길에 근처 기념품 가게에서 둥근 아기 얼굴이 그려진 러시아 국민 초콜릿 '알룐카'를 왕창 샀다. 즐거운 밤이었다.

젊음의 거리인 130지구는 매일 밤 불야성을 이룬다.

바이칼호, 시베리아의 진주

다음 날 바이칼호 탐방에 나섰다. 언제부터인가 바이칼호를 찾는 것이 성지순례처럼 느껴졌다. 바이칼호가 한민족의 시원이자 '신화와 전설의 고향'이기 때문인지도 모른다. 바이칼호를 즐기려면 이르쿠츠크 시내에서 차로 한 시간 거리인 호숫가 마을 리스트뱐카로 가야 한다. 여행자들이 이르쿠츠크를 찾는 가장 큰 이유는 '시베리아의 진주'라 부르는 바이칼호를 보기 위해서다. 바이칼호는 세계에서 가장 오래되고, 가장 크고, 가장 깊고, 가장 깨끗한 담수호다. 그러나 바이칼호의 진짜 매력은 이런 세계 기록 따위가 아니다. 바이칼호에는 그 크기만큼 많은 신이 있고, 정령과 대화하는 샤먼이 있고, 부랴트와 예벤키, 야쿠트 등 원주민의 삶이 있고, 흑곰이 뛰어노는 자연이 있다. 신과 샤먼이 있는 바이칼호는 어디를 가든 신화와 전설이 흐른다. 부랴트 민속박물관에서 듣는 신화와 전설은 어쩌면 그리도 우리네 이야기와 닮았는지.

오전 10시 느긋하게 호텔을 출발했다. 시 외곽으로 빠지는 골목에 커다란 댐이 보였다. 1956년 건설한 안가라 댐이다. 안가라 댐 건설을 배경으로 한 유명한 소설이 이르쿠츠크 출신 발렌틴 라스푸틴의 《마쪼라와의 이별》이다. 자신이 살던 섬마을이 댐 건설로 수몰되자 노파들이 자기 뿌리를 떠날 수 없어 섬이 물에 잠기는 순간 배를 타고 안개 속으로 사라져버리는 이야기다. 댐 위쪽 안가라강에는 오래된 배 한 척이 전시되어 있다. 시베리아 횡단철도 역사의 산증인인 쇄빙선 '안가라호'다. 1905년 바이칼호를 둘러 가는 환바이칼 철도가 완공되기 전에는 시베리아 횡단열차 승객과 기차를 호수 건너편까지 배로 실어 날랐다. 안가라호는 당시 승객을 실어 나르던 배다. 안가라호의 자매선으로 기차를 실어 나르던 '바이칼호'는 러시아 내전이 벌어지던 1918년 바이칼호에 침몰했다.

탈치 박물관, 풍장용 나무시렁

버스는 안가라 댐을 지나 타이가 숲으로 난 도로를 달렸다. 바이

자작나무 숲 속의 탈치 박물관

칼호로 가는 도중에 탈치 목조건축 박물관에 들렀다. 시베리아 전통 목조 가옥을 전시해놓은 야외 민속박물관이다. 자작나무 숲으로 둘러싸인 탈치 입구에 들어서자 벌써 코끝에 시베리아 향기가 느껴졌다. 체호프가 '자유의 향기'라고 한 타이가 냄새다. 자작나무 사이로 솔솔 불어오는 푸른 공기를 마시니 단번에 정신이 개운해졌다. 자작나무가 편백보다 1.5배나 많은 피톤치드를 사방팔방에서 팍팍 뿜어내고 있었다. 힐링이 따로 없다. 안가라강 언덕에 있는 탈치는 삼림욕 하기에 안성맞춤이다.

옛 시베리아의 다양한 풍습을 소개하는 물건이 곳곳에 있었다. 부랴트족 샤먼의 전통 가옥 '유르트'가 눈에 띄었다. 샤먼의 유르트는 몽골의 게르와 비슷한데, 특이하게도 환기통처럼 뻥 뚫린 방 한가운데에 '투르게'라는 자작나무를 심어놓았다. 샤먼은 이 자작나무를 통해 하늘의 조상신과 대화한다. 하늘과 땅, 하느님과 인간이 만나는 거룩한 '우주 나무(세계수)'다. 시베리아 투르게는 우리네 전통에도 남아 있다. 단군 신화의 환웅이 처음 하늘에서 그 밑으로 내려왔다는 신단수, 신령이 나무를 타고 내려와 머무는 신목, 마을 사람들이 신에게 제사를 지내는 서낭나무가 투르게와 다르지 않다. 시베리아 샤먼이 자작나무를 통해 신탁을 받아 새소리를 내며 공수하듯이 우리 무당도 작두 위에서 공수를 받기도 한다. 하지만 대부분 소나무나 대나무로 신내림을 받아 공수한다.

샤먼의 유르트 옆에 내가 오기만을 기다리는 그분이 있었다. '어서 오시게!' 나를 반갑게 맞이하는 임자는 다름 아닌 풍장용 나무시렁이다. 샤먼이 죽으면 시신을 올려놓는 나무시렁 무덤은 '아란가'라고 부른다. 자작나무로 만든 풍장용 나무시렁은 정말 올라가 눕고 싶을 정도로 매력적이었다. 사람은 누구나 죽기 마련인데, 죽은 뒤에도 이렇게 자연 속에서 피톤치드를 맡으며 누워 있을 수 있다니 얼마나 좋은가. 요가에서도 송장 자세가 가장

탈치 박물관의 풍장용 나무시렁

편한 아사나다. 풍장이야말로 세상에서 가장 낭만적인 장례 풍습이 아닐까? 자작나무 아래에서 태어나 자작나무 집에 살다가 자작나무 위에 잠드는 시베리아 유목민의 삶이 그곳에 있었다. 아등바등 살지만 결국 삶이란 저 나무시렁으로 올라가는 과정이 아닌가. 여행이고 뭐고 다 때려치우고 나무시렁에 올라가 영겁의 침묵 속에 들고 싶었다.

언덕을 내려오니 시베리아 전통 목조 가옥 '이즈바'가 모여 있었다. 겨울에 눈이 많이 내리니 지붕은 뾰족하고, 짧은 여름에 햇볕을 많이 받아야 하니 처마는 거의 없는 구조다. 가옥을 만드는 것은 사람이 아니라 결국 날씨와 자연이다. 통나무 집은 시멘트 집과는 다르게 통풍이 잘되니 언제나 자작나무 향기가 솔솔 들어올 테다.

옛 목공소에서 40대 중반 여성 악사가 만돌린을 연주하면서 노래를 부르고 있었다. 시베리아 숲 속의 세이렌이 나를 유혹하는 듯했다. 자작나무의 구슬픈 소리와 바이칼호의 깊은 소리가 들렸다. 자연의 소리에 이끌려 그녀의 노래가 담긴 CD를 덜컥 샀다. 그녀는 여행자를 유혹하는 방법을 알고 있었다. 안가라강에서 올라온 중년의 시베리아 인어공주다.

체르스키 전망대, 샤먼 바위의 슬픈 전설

탈치 박물관 끝에 안가라강이 있다. 타이가 숲 속에 안가라강이 숨어 있고, 안가라강을 따라 올라가면 바이칼호가 숨어 있다. 탈치 박물관을 떠나 20여 분쯤 달리니 안가라강이 시작되는 바이칼호가 거대한 모습을 드러냈다. 광활한 바이칼호를 한눈에 볼 수 있는 체르스키 전망대로 향했다. 19세기 말 최초로 바이칼호 지도를 만든 시베리아 탐험가 이반 체르스키의 이름을 딴 체르스키 전망대는 걸어갈 수도 있지만 대부분 스키장용 리프트를 타고 올라간다.

리프트 아래로 활짝 핀 분홍바늘꽃, 러시아 사람들이 '이반차이'라 부르는 꽃이 나를 보며 반갑게 인사했다. 줄기 맨 위로 꽃이 피어 있는 것을 보니 이제 여름이 끝나고 있었다. 분홍바늘꽃은 여름이 시작될 무렵 줄기 아래서부터 분홍색 꽃이 피기 시작해 맨 위에 꽃이 필 때쯤이면 여름이 끝난다. 여름을 알리는 꽃이다. 분홍바늘꽃의 꽃잎이 지고 나면 첫눈이 내리고 시베리아의 긴긴 겨울이 시작된다. 바이칼 원주민들은 머리를 좋게 한다고 믿어 이반차이를 차로 끓여 먹는다. 시베리아 횡단열차를 타고 가면서 가장 흔히 볼 수 있는 꽃이니 꼭 기억하자. 꽃이 떨어진 뒤 씨방의 생김새가 바늘처럼 길쭉해서 '바늘꽃'이라 부르는데, 시베리아뿐 아니라 몽골, 알래스카 등 북반구 추운 지대에서 흔히 볼 수 있다. 나비가 사뿐히 내려앉은 듯 수줍은 새색시 모양의 이반차이는 '떠나간 이를 그리워한다'는 꽃말처럼 누군가를 애타게 기다린다. 우리는 모두 떠나간 누군가를 그리워하는 이반차이고, 또 그리움의 대상인 누군가의 이반차이다.

이반차이의 아름다움에 취해 있는 사이 리프트는 벌써 산꼭대기에 도착했다. 리프트에서 내려 조금 걸어가자 체르스키 전망대가 나타났다. 전망대로 가는 길은 샤먼의 세계로 들어가는 통로였다. 전망대 입구에는 신성한 돌무덤 위에 나무로 지붕을 이은 부랴트족 서낭당 '오보'가 있었다. 오보 앞에는 우리네 장승과 같

체르스키 전망대의 부랴트족 서낭당 '오보'

은 '세르게'가 서 있는데, 세르게에는 소원을 비는 오방색 헝겊을 묶은 '잘라아'가 펄럭이고 있었다. 부랴트족의 샤머니즘 문화를 엿볼 수 있었다. 하늘과 땅이 소통하는 체르스키 전망대만큼 샤먼이 하늘신 '텡그리'에게 제사 지내기 좋은 장소도 없다.

전망대에 올랐다. 샤먼이 탐내는 이유를 알 것 같다. 전망대는 작은 돌산에 불과했지만 바이칼호가 한눈에 들어왔다. 그곳에서 내려다보는 바이칼호는 환상 그 자체였다. 《마쪼라와의 이별》을 쓴 라스푸틴은 〈바이칼 송가〉에서 "지구에는 조물주가 아끼는 것이 있다네. 태초에 그의 권능으로 구별 지어놓은, 그것은 추호도 의심 없이 바이칼"이라며 "어떤 상상으로도 다 담을 수 없는 자태"에 감탄했다. 체르스키 전망대는 높은 언덕에서 조감도처럼 바이칼호를 보는 데 최적의 장소다. 망망대해처럼 보이는 왼쪽의 푸른 물은 바이칼호고, 바이칼호에서 흘러나오는 오른쪽 강은 안가라강이다. 바이칼호로 흘러드는 강은 모두 336개지만, 흘러나가는 강은 오직 안가라강 하나뿐이다. 안가라강은 말하자면 바이칼의 무남독녀다. 안가라강 입구 가운데 작은 바위가 그 유명한 샤먼 바위다.

샤먼 바위에는 슬픈 전설이 내려온다. 옛날 옛적에 아버지 바이칼(호수)은 하나뿐인 딸 안가라(강)를 가까운 이르쿠트(강)에게 시집보내려고 했다. 그러나 바다가 보고 싶었던 안가라는 멀리 북극해로 흐르는 예니세이(강)를 사모했다. 예니세이와 결혼하기 위해 밤에 몰래 도망가던 안가라가 아버지 바이칼이 던진 바위에 맞아 죽으면서 지금의 샤먼 바위가 되었다. 겨울에도 안가라강이 얼지 않는 이유는 샤먼 바위의 안가라가 매일 예니세이를 향한 뜨거운 사모의 눈물을 흘려보내기 때문이란다. 지도를 보면 바이칼에서 흘러나온 안가라강은 이르쿠츠크 외곽에서 이르쿠트강(이르쿠츠크라는 이름은 이르쿠트강에서 유래했다)을 만나 합류한 뒤 크라스노야르스크 북쪽에서 예니세이강을 만나 북극해로 흘러간다.

체르스키 전망대에서 바라본 바이칼호. 건너편 선착장이 환바이칼 철도의 포르트 바이칼 역

비록 죽어서나마 안가라는 예니세이와 만나 영원히 함께 북극해로 흐르고 있다.

샤먼 바위는 바이칼 신에게 제사를 올리는 신성한 장소로, 유무죄를 가리는 재판관의 역할도 했다. 밤새 죄인을 바위 위에 올려놓고 다음 날 아침에 돌아와 그 죄인이 없으면 바이칼 신이 죗값으로 수장시킨 것이라 믿었고, 그대로 남아 있으면 무죄라 여겨서 살려주었다. 옛날에는 제법 큰 바위였는데 안가라 댐이 건설되면서 물에 잠겨 거북이 목처럼 작아졌다.

전망대에서 바라보면 건너편 바이칼호 초입에 작은 선착장이 보인다. 옛날에 환바이칼 열차가 다니던 '포르트 바이칼 역'이다. 환바이칼 철도 개설 이전에는 이곳에서 쇄빙선 안가라호와 바이칼호가 호수 동쪽 건너편으로 열차와 승객을 실어 날랐다. 1956년 안가라 댐 건설 이후 내륙으로 직통하는 새로운 철길이 완공되면서 폐쇄되었다가 최근 '환바이칼 관광열차'의 출발지로 다시 인기를 끌고 있다.

체르스키 전망대에서 내려올 때는 리프트 대신 산책로를 따라 걸었다. 체르스키산에는 자작나무와 편백이 무성하고, 이반차이뿐 아니라 노란 미나리아재비, 엉겅퀴, 이질풀, 패랭이꽃, 보라색 용담초 같은 시베리아 야생화가 즐비했다. 고사리, 아욱도 보였다. 우리네 식생과 너무나 닮았다. 하산길은 마치 열대우림을 걸으며 삼림욕을 즐기는 느낌이었다. 고은의 〈그 꽃〉처럼 등산길에 보지 못했던 시베리아의 자연을 하산길에 보았다.

리스트뱐카, 《유정》의 호숫가 마을

바이칼호로 내려왔다. '바이칼의 리비에라'라 부르는 아름다운 호숫가 마을, 리스트뱐카다. 호숫가에 젊은 청년의 얼굴과 이름이 새겨진 하얀 대리석 조형물이 있다. 시내 드라마 극장에서 만났던 극작가 알렉산드르 밤필로프 기념비다. 그가 배를 타고 낚시하다 빠져 죽은 호수 앞이다. 당시 그의 나이 서른넷이었으니

유람선에서 바라본 리스트뱐카

천재들은 왜 그리 빨리 별들에게 가는지 모르겠다. 그 옆으로 바이칼 박물관이 있다. 바이칼은 부랴트어로 '풍요로운 호수'라는 뜻인데, 그 이름답게 바이칼 박물관은 2,500여 종의 동식물을 전시하고 있다. 세계에서 유일한 민물 물개 네르파와 바이칼을 상징하는 물고기 오물이 인상적이다.

리스트뱐카 앞 호숫가에는 순록을 끌고 와 사진을 찍고 돈을 받는 아가씨, 결혼사진을 찍으러 온 신혼부부, 일광욕하는 사람들로 북새통이었다. 각자의 시선으로 저마다의 시간을 만끽하고 있었다. 리스트뱐카는 항구와 재래시장, 호텔, 박물관, 놀이시설이 있어 사시사철 여행자로 붐비는 관광지다. 하지만 옛날에는 아주 작은 호숫가 언덕 마을이었다. 춘원 이광수가 소설 《유정》에서 말한 바이칼호 마을이 바로 이곳일지도 모른다. 조선에서 바이칼호로 도피한 주인공 최석은 서울에 있는 친구에게 이런 편지를 보낸다.

"나는 바이칼호의 가을 물결을 바라보면서 이 글을 쓰오. 나의 조국 조선은 아직도 처서 더위로 땀을 흘리리라고 생각하지마는 고국서 칠천 리 이 바이칼호 서편 언덕에는 벌써 가을이 온 지 오래오. … 지금은 밤중, 부랴트족인 주인 노파는 벌써 잠이 들고 석유 등잔의 불이 가끔 창틈으로 들이쏘는 바람결에 흔들리고 있소. 우루루탕 하고 달빛을 실은 바이칼의 물결이 바로 이 어촌 앞의 바위를 때리고 있소. 어떻게나 처참한 광경이오."

리스트뱐카는 서쪽 언덕에 있는 어촌이니 최석은 이곳 어딘가에 머물렀을지도 모른다. 원주민 부랴트 주인의 통나무집에서 바라본 가을밤 바이칼호의 풍경을 어쩌면 그렇게 잘 묘사했는지. 최석은 왜 시베리아 바이칼호를 도피처로 삼았을까? 세상의 모든 것을 그대로 품어주는 '대지의 어머니' 바이칼호의 넉넉한 자연의 품이 그리웠을 테다. 우리나라 소설에 바이칼호가 등장한 것은 이광수의 《유정》이 최초다. 이광수는 1914년 바이칼호에서 그리 멀지 않은 치타에 반년가량 머물렀는데, 그때 경험을 소설의 배경에 녹여냈다. 이광수가 실제 바이칼호까지 왔는지는 확실하지 않다. 그의 친일 행적은 안타까운 일이지만, 그렇다고 한국 문학에서 이광수의 흔적을 지울 수도 없다.

부둣가 근처에 있는 재래시장을 찾았다. 바이칼 지방에서 많이 나는 차가버섯과 잣, 약초, 호박 보석 등이 넘쳐나고, 각종 과일과 채소가 싱싱한 얼굴을 뽐내고 있었다. 우리네 재래시장을 연상시키는 노천시장인데, 생활에 필요한 모든 것을 파는 '바이칼

리스트뱐카 재래시장에서 파는 바이칼 생선 '오물'

만물상'이다. 재래시장은 사람 냄새를 맡을 수 있는 삶의 현장이다. 유람선에서 먹기 위해 갓 훈제한 오물 몇 마리를 샀다. 연어의 일종인 오물은 시원한 맥주나 보드카와 함께 먹으면 그 담백한 맛이 일품이다. 시장 구경을 마치고 나오는데, 길 한가운데에서 누렁 강아지가 퍼질러 자고 있었다. 자고로 개 팔자가 상팔자라고, 인간은 언제 모든 욕심을 버리고 저 견공님처럼 시장터에서 꿀잠을 즐기는 경지에 도달할 수 있을까?

바이칼호를 제대로 즐기려면 유람선을 타고 호수 깊숙이 들어가야 한다. 1890년 6월 체호프도 당시 '리스트베니츠나야'라 부르던 이곳 리스트뱐카에서 배를 타고 바이칼호를 건너며 감탄을 멈추지 못했다. "바이칼은 수수께끼다. 시베리아 사람들이 이것을 호수가 아닌 바다라고 하는 것도 무리는 아니다."

선착장에서 유람선을 타고 본격적인 바이칼 탐방에 나섰다. 유람선이 호수 안으로 들어가자 바다같이 넓은 바이칼호가 눈앞에 펼쳐졌다. 푸른 물 위에 갈매기가 날고, 저 멀리 병풍처럼 둘러싼 하마르다반산맥의 검은 산이 다가오고, 그 위로 하얀 구름이 덩실덩실 춤을 추며 산맥을 넘어가고 있었다. 한 척의 고기잡이배가 유람선 옆으로 잔물결을 일으키며 유유히 지나갔다. 푸른 호수와 검은 산, 하얀 구름이 하나의 액자에 들어오니 한 폭의 수묵화가 따로 없다. 바이칼은 그림처럼 다가왔고, 나는 그렇게 바이

유람선에서 바라본 바이칼호

칼을 만났다. 호수는 또 얼마나 맑은지 물속에서 헤엄치는 물고기 지느러미와 비늘까지 다 보였다. 지느러미는 말할 것도 없고 비늘까지 어쩌면 저렇게 하나같이 다 다를까? 아, 물고기의 비늘은 인간의 지문이구나.

바이칼호는 형성된 지 2,500만 년으로 세계에서 가장 오래되었고, 저수량 2만 2,000세제곱킬로미터로 담수호 중 가장 크고, 수심 1,637미터로 가장 깊고, 물밑 가시거리 41미터로 가장 깨끗하다. 면적은 남한 면적의 3분의 1인 3만 1,500제곱킬로미터이고, 길이 636킬로미터, 최장 너비 79킬로미터, 최단 너비 27킬로미터, 총 둘레는 2,200킬로미터에 달한다. 호수 안에는 26개의 섬이 있는데, 가장 큰 섬은 길이 72킬로미터의 올혼섬이다. 하지만 바이칼의 진면목은 이런 구구한 숫자보다는 여행자가 직접 눈으로 봐야 느낄 수 있다.

재래시장에서 산 오물을 안주 삼아 '바이칼 보드카' 한 잔을 곁들이니 갑자기 유람선이 춤을 춘다. 그에 맞춰 푸른 물결이 파도타기를 하고 갈매기와 물고기가 노래를 부른다. 하늘에서 선녀가 내려와 호숫가에서 목욕하는 모습이 보이기 시작했다. 온갖 헛것이 눈앞에서 왔다 갔다 한다. 워낙 술이 약한 나는 갑자기 호수에 뛰어들어 수영하고 싶은 충동을 느꼈다. 이제 유람선에서 내려야 할 때가 되었다는, 대뇌의 전전두엽이 보내는 경고 신호였다. 바이칼호에 빠져 물고기 밥이 되기 전에 서둘러 유람선에서 내렸다. 정신을 차리고 바이칼 물에 손을 한번 담갔다. 부랴트인들은 바이칼호에서 손을 씻으면 5년을 더 살고, 세수를 하면 10년이 젊어지고, 수영을 하면 25년이 젊어진다고 믿는다. 나는 호숫물로 손을 씻고 세수를 했다. 앞으로 수명이 15년 늘어나는지 지켜볼 작정이다.

볼시예코티, 샤갈의 눈 내리는 마을

바이칼호는 시간 여유만 있다면 즐길 것이 넘치는 곳이다. 포르트 바이칼 역에서 남쪽 끝 슬류단카를 오가는 환바이칼 관광열차를 타고 옛 시베리아 횡단열차의 멋을 만끽할 수도 있고, 트레킹을 좋아한다면 바이칼호를 끼고 걷는 '그레이트 바이칼 트레일'도 도전해볼 만하다. 리스트뱐카에서 볼시예코티까지 20킬로미터 구간을 걷는 이 트레일은 타이가 숲의 향기를 흠뻑 마실 수 있는 독특한 경험이다. 나는 세 차례 여행을 통해 이런저런 경험을 모두 했다. 세 번이나 찾을 만큼 바이칼호는 여행자에게 화수분처럼 무궁무진한 즐거움을 준다. 아담하고 고요한 호숫가 마을 볼시예코티는 바이칼의 숨은 진주다. 리스트뱐카에서 배로 30분밖에 안 걸리니 반나절 소풍 가듯 다녀올 수 있는 장소다.

오래전 그레이트 바이칼 트레일을 따라 볼시예코티에 갔다. 바이칼 언덕과 강변을 따라 타이가 숲 속을 걷는 트레킹이었다. 자작나무에는 말굽버섯이 덕지덕지 붙어 있고, 그 비싸다는 검은 차가버섯도 매달려 있었다. 솔제니친의 소설 《암 병동》에서 소련 암 환자들이 치료 약으로 사용하는 장면이 소개되면서 널리 알려진 차가버섯을 보니 괜히 암이 예방될 것만 같아 기분이 좋아졌다. 리스트뱐카에서 여섯 시간을 걸어 마침내 볼시예코티에 도착했다. 마을의 풍광은 놀랍도록 아름다웠다. 금광촌이었던 볼시예

리스트뱐카에서 볼시예코티까지 바이칼호를 따라 자작나무와 소나무 숲 속을 걷는 그레이트 바이칼 트레일

코티는 '커다란 부츠'라는 뜻인데, '샤갈의 눈 내리는 마을'이 있다면 바로 이 작은 어촌 마을이다. 마을도 아기자기 예쁘고, 주변 산언저리를 산책하는 재미도 쏠쏠하다.

무엇보다 마을에 하나밖에 없는 작은 가게에서 시원한 맥주와 보드카를 마시는 즐거움이 끝내준다. 바이칼 보드카에 발티카 맥주를 섞어 '보맥'을 만들어 쭉 들이켰다. 그 순간 컴퓨터가 부팅하듯 갑자기 머리가 한 바퀴 도는 느낌이 들었다. 그러다가 위잉,

그레이트 바이칼 트레일을 따라 도착한 볼시예코티 마을

드르륵, 하는 소리가 들리더니 부팅이 뚝 끊기면서 머릿속 회로가 얽혀버렸다. 눈앞에 아지랑이가 보이는가 싶더니 가슴에서 온 우주를 사랑하는 마음이 생기고, 온갖 만물이 나에게 키스하려고 달려드는 환상에 사로잡혔다. 갑자기 자작나무가 뿌리째 달려들고, 호수의 오물도 펄쩍펄쩍 뛰어오르고, 말과 개도 줄지어 나에게 하트를 뿅뿅 날리며 다가왔다. 어느 순간 마을은 샤갈의 추상화 속으로 들어가더니 살바도르 달리와 르네 마그리트의 초현실주의 전시장으로 바뀌었다. 얼큰하게 취한 나는 마을 앞 초원에 누워 푸른 하늘을 올려다봤다. 푸른 하늘이 너무 시려 눈을 감았다. 누군가 나에게 다가와 킁킁거리며 냄새를 맡는 느낌이 들었다. 눈을 떠 고개를 돌려보니 마을의 강아지가 뭐라고 중얼대며 나를 내려다보고 있었다. '어이, 형씨. 그만 추태 부리고 마을을 떠나시지?'

마침 그때 승객을 실을 배가 마을에 도착하는 소리가 들렸다. 마을 어귀에서 강아지가 앞발을 들고 잘 가라며 나를 열렬히 배웅했다. 참 기괴한 경험이었다. 환상인가, 현실인가? 2년 전 그레이트 바이칼 트레일을 따라 볼시예코티까지 갔던 때인데, 정말 내가 그곳에 갔던 걸까? 장자의 나비 꿈을 꾼 것은 아닐 테다. 내 컴퓨터에는 그때 갔던 볼시예코티 사진이 고스란히 남아 있으니. 볼시예코티는 연인끼리 사랑을 확인하러 가기에 안성맞춤이다. 맹숭맹숭 낭만을 모르는 한국 부부라면 제아무리 아름다운 장소라도 십중팔구 철천지원수가 되어 돌아올 테니, 어디든 소개한들 무슨 소용이겠느냐마는.

바이칼호에서의 하루는 왜 이리 짧은지 모르겠다. 붉은 해가 하늘의 신 부르한으로부터 조기 귀환 명령을 받았는지 수많은 전설과 이야기를 뒤로한 채 바이칼호 속으로 빨려 들어갔다. 돌아오는 길에 통나무집 자임카에 들렀다. 여행자들이 바이칼호를 구경하고 시내로 돌아갈 때 저녁 식사도 하고 러시아 전통 사우나 바냐를 하는 곳이다. 러시아에 가면 보드카를 마시는 것이 예의 이듯 시베리아에 왔으면 당연히 바냐를 해야 한다. 저녁 먹고 바냐에서 땀 흘린 뒤 자작나무 가지 다발로 온몸을 때리고 두들겼다. 내 몸이니 누구 하나 그만 때리라고 말리는 이도 없었다. 법적으로도 자기 몸에 대한 학대 처벌 규정은 없으니.

자작나무 가지 다발의 무차별 온몸 구타가 마사지 효과도 있고 혈액 순환에도 좋다더니 정말로 온몸이 뜨거워지면서 엔도르핀이 팍팍 도는 기분이었다. 불덩이처럼 달아오른 몸을 끌어안고 논개처럼 안가라강에 풍덩 뛰어들었다. 어찌나 시원하고 황홀하던지 천국이 따로 없었다. 샤먼 바위의 뜨거운 눈물이 내 몸을 휘감고, 오물이 내 발을 간질였다. 나는 오랜만에 자연으로 돌아갔다. 몸에 걸친 거추장스러운 옷과 함께 가당찮은 가식을 모두 벗어던졌더니 그제야 시베리아가 나를 온전히 품어주었다. 이 맛이다! 내가 바이칼을 찾는 이유는.

올혼섬, 한민족의 시원

세 번째 아침을 맞았다. 기다리던 올혼섬으로 가는 날이다. 샤먼의 고향이자 한민족의 시원인 올혼섬은 신들이 춤추고 별들이 소곤대는 '신과 별들의 고향'이다. 원주민들이 '바이칼의 심장'이라 부르는 올혼섬에는 한민족의 시나이산, 부르한 바위가 있다. 아침 일찍 일어나 안가라강을 바라보며 명상에 잠겼다. 오래전 인도 아쉬람에서 배운 명상 자세를 취했다. 더러워진 정신을 씻어내는 나름의 정화 의식이다. 신성한 올혼섬에 가는데 108번뇌를 가지고 갈 수는 없다. 몸과 마음을 깨끗이 하지 않으면 올혼섬을 지키는 장승 세르게가 출입을 막을지도 모르니.

108번뇌는 우리 머릿속에 원숭이 108마리가 들어 있어 소란스럽게 떠들기 때문이다. 그러니 원숭이를 머릿속에서 내쫓지 않고서는 아무리 기도해도 번뇌가 사라지지 않는다. 오래전 아프리카 배낭여행을 하던 중 내가 들고 있던 바나나를 빼앗기 위해 높은 나무에서 갑자기 뛰어내린 원숭이에게 머리를 세게 강타당한 순간 갑자기 성철 스님의 돈오돈수처럼 깨달은 번뇌의 근원이다. 나는 조삼모사로 원숭이가 머릿속에서 나오도록 유인한 뒤 잽싸게 호텔 방 안에 가둬버렸다. 원숭이가 빠져나간 머릿속은 그렇게 가볍고 상쾌할 수 없었다. 호텔 방 안에서 원숭이 108마리가 지지고 볶는 소리가 들려왔지만, 나는 즐거운 마음으로 배낭을 메고 호텔을 나섰다.

차는 10분도 채 안 걸려 이르쿠츠크 시내를 빠져나왔다. 그 많던 차가 다 어디로 갔는지 시내는 한산했다. 그렇지, 일요일이었다. 그동안 뿌리에 대한 본능이 여러 차례 나를 올혼섬으로 인도했지만, 세 번째 만에 겨우 단군의 자손으로서 면목을 세울 수 있었다. 한 시간쯤 외곽으로 달리자 우스티오르다 마을 표지판이 보였다. 부랴트 민속박물관이 있는 마을이다. 이르쿠츠크 시내에서 불과 75킬로미터 떨어진 곳이다. 입구에 하얀 기마 동상이 서 있는데, 부랴트족이 옛날 시베리아 초원을 지배하던 기마 민족임을 보여준다. 바이칼의 원래 주인 부랴트인들은 예로부터 '숲속에 사는 사람들'로 불렸다.

부랴트 민속박물관에서 만난 몽고점

부랴트 민속박물관에 도착했다. 나무로 만든 아담한 박물관에는 동물 박제와 그림, 샤먼의 옷 등 여러 민속자료가 전시되어 있었다. 부랴트의 얼굴부터 풍습이 우리네와 너무 닮았다. 바이칼 원주민인 부랴트, 에벤키, 야쿠트족은 모두 몽골족의 일원이어서 우리와 생김새가 비슷하다. 종 모양의 통에 두 줄로 된 전통악기 동부라가 있고, 손을 잡고 원을 그리며 노는 부랴트인의 집단놀이는 우리 강강술래와 똑같다.

박물관을 구경하고 야외 민속공연장으로 갔다. 입구에서는 부정한 기운을 막기 위해 간단한 정화 의식을 치른다. 불을 피워놓은 숯불 위를 넘어가게 하고, 우리의 고수레와 같이 마유주를 뿌려 외부의 잡귀가 들어오지 못하도록 한다. 마지막으로 부랴트 아가씨가 얼굴에 숯검정을 한 번 찍어주는데, 힌두교에서 이마에 찍는 붉은 점, 빈디가 떠올랐다.

갑자기 요란한 북소리와 함께 샤먼이 운동장으로 나왔다. 깃털과 방울을 주렁주렁 매단 '샤먼의 코트'를 입었는데, 영국 작가 안나 레이드는 이 코트에 매료되어 시베리아를 여행하고 원주민의 이야기를 담은 《샤먼의 코트》라는 책을 냈다. 샤먼은 시베리

부랴트 민속박물관 야외공연장에서의 전통춤 공연

아 정령을 부르는 춤을 췄다. 다른 남자와 씨름하는 자세를 취하더니 갑자기 곰의 탈을 쓰고 모닥불 주위를 돌기 시작했다. 신을 부르는 의식이다. 접신했는지 샤먼은 "휘유 피쉬 핏핏핏" 새소리를 내더니 공수를 한다. 부랴트는 곰을 '바바가이'라고 부르는데, 조상이란 뜻이다. 곰은 단군 신화에 나오는, 환웅과 결혼해 단군을 낳은 그 웅녀가 아닌가. 부랴트와 한민족은 모두 곰을 숭배하는 부족이었다. 또 다른 부랴트 남자와 여자가 노래를 부르며 춤을 추는데, 어딘지 모르게 익숙한 가락이다. 한이 담긴 절절한 가락에 섬세한 손동작의 춤을 보니 우리 춤을 빼다 박았다.

부랴트 갓난아이의 엉덩이에는 몽고점이 있다. 열 달이 되었는데도 엄마 배 속에 있는 아기의 엉덩이를 빨리 밖으로 나가라고 세게 때리다 보니 문신처럼 남은 삼신할머니의 손바닥 자국 말이다. 올혼섬 앞바다에는 처녀를 제물로 바쳤다는 《심청전》 같은 전설이 있고, 우리의 선녀와 나무꾼 이야기처럼 사냥꾼이 목욕하던 백조의 옷을 감춰 결혼한다는 '백조와 사냥꾼' 이야기가 있다. 새엄마와 새언니의 구박을 받아 죽은 여자아이가 환생한다는 이야기는 우리의 《콩쥐팥쥐전》과 다르지 않고, 손에 손을 잡고 둥그렇게 돌면서 추는 바이칼의 '요호라'는 우리의 강강술래와 쌍둥이다. 손님에게 곰방대로 담배를 권하고, 씨름으로 중대사를 결정짓고, 술이나 음식을 먹기 전 고수레를 하듯 먼저 땅에 뿌리고, 남의 집에 손님으로 갔을 때 문지방을 밟지 않는 풍습은 굉장히 익숙하다. 어쩌면 이렇게 우리 풍습하고 똑같을까? 무슨 설명이 더 필요하랴. 부랴트의 풍습을 그대로 복사하면 그것이 곧 우리 한민족의 풍습이다. 부랴트 마을을 찾아 그들의 얼굴과 문화를 보니 우리 한민족과 같은 뿌리라는 확신이 들었다.

올혼섬으로 가는 초원, 베네통 세상

부랴트 마을을 떠난 차는 올혼섬을 향해 달렸다. 끝없는 시베리아 스텝 초원이 몽골의 초원을 그대로 옮겨놓은 듯했다. 수학의 무한소수처럼 시베리아 초원은 정말 끝을 모르는 무한대의 공간이다. 초원이 다시 초원을 낳고, 지평선이 지평선으로 꼬리를 물고 이어진다. 가축들의 천국이다. 하얀 소, 검은 소, 얼룩소 등 다양한 색의 젖소가 풀을 뜯고, 검은 말과 하얀 말, 갈색 말이 초원을 어슬렁거린다. 젖소와 말을 풀어놓기만 해도 저절로 우유와 마유, 고기가 생산되는 러시아는 복 받은 나라다.

허허벌판에 휴게소가 있어 잠시 쉬었다. 화장실은 옛날 시골 뒷간 그대로다. 구릿한 암모니아 냄새에 어린 시절 뒷간의 추억이 떠올랐다. 휴게소 옆에는 대여섯 명의 할머니들이 산에서 직접 딴 차가버섯을 팔고 있었다.

내륙으로 달리던 차는 바얀다이 지역에서 갑자기 오른쪽으로 방향을 틀어 바이칼호 쪽으로 내달렸다. 체르스키 전망대에 오르며 봤던 이반차이가 벌판에 흐드러지게 피어 있었다. 시베리아 벌판을 온통 분홍색으로 물들인 이반차이 군락지다. 이반차이 군락지를 지나 타이가 숲이 나타나는가 싶더니 다시 스텝 초원이다. 소와 말이 뒤섞여 풀을 뜯거나 어울려 놀고 있다. 오색 소들과 오색 말들이 뒤섞이니 시베리아 초원은 모두 색색의 옷을 입은 베네통 세상이다. 시베리아 초원은 인종이나 피부색을 가리지 않는 동물들의 다문화 사회다. 아프리카 세렝게티 초원에서도 누와 얼룩말, 임팔라, 가젤, 혹멧돼지, 개코원숭이가 어울려 풀을 뜯는다. 인종 차별이니 인종 청소니 하는 말은 동물 세상에는 없고 인간 세상에만 있으니 인간들이여, 회개하고 회개하라. 사부대중이여, 깨닫고 깨달아라.

초원 목장의 언덕 위에 커다란 날개를 편 독수리상이 보였다. 독수리는 샤먼의 시조이며 정령의 아들이다. 아마도 양치기 대신 포식자로부터 가축을 보호하는 허수아비 역할을 하나 보다. 다 익은 밀과 귀리가 바람에 흔들리자 마치 들판이 파도치는 누런 바다로 변한 듯했다. 흑빵 냄새와 맥주의 쓴맛이 들판에서 확 불어왔다. 그때 갑자기 차가 급정거하듯 멈췄다. 소 한 마리가 손도 들지 않고 느닷없이 도로 한가운데로 뛰어들었다. 소 떼의 무단 횡단으로 차는 시도 때도 없이 멈춰서야 했다.

코사야 스텝 지대를 지나 옐란치 마을에서 차는 다시 왼쪽으로 방향을 틀었다. 마침내 작은 시골 마을이 나타났다. 집마다 텃밭을 가꾸고 감자를 심었다. 그러고 보니 부랴트인들은 후식으로 감자를 주로 먹었다. 쌀밥은 안남미처럼 푸석푸석한 맛이지만 감자는 식감이 꽤 좋았다.

잠시 뒤 경찰차가 버스 여섯 대를 호송하며 지나갔다. 정부 고위 방문단인 줄 알았는데, 초등학생들을 태우고 가는 스쿨버스였다. 러시아에서는 스쿨버스 두 대만 움직여도 반드시 경찰차가

시베리아 스텝에서 어울려 풀을 뜯는 다양한 색의 소와 말

호송한다. 본받을 만한 어린이 보호 정책이다. 부랴트인은 아이를 절대로 때리지 않는 등 아이를 귀하게 여기는 전통이 있다. 버스가 주유소에서 기름을 넣을 때도 안전을 위해 모든 승객을 차에서 내리게 하는데, 우리가 배울 만한 교통 법규다. 러시아의 모든 행정이 우리보다 뒤떨어진 것은 아니다.

옐란치 마을에서 올혼섬으로 넘어가는 고갯길은 왠지 고향 언덕길처럼 낯익고 고즈넉했다. 시골 중학교를 졸업하고 도시로 유학 가면서 두고 온 고향 마을 어귀 같았다. 저 멀리 작은 언덕에 형형색색의 소원을 비는 깃발들이 보였다. 도로 옆으로 서낭당 돌무더기 오보가 보이고, 나무에는 헝겊을 묶어 놓은 잘라아가 나부꼈다. 샤먼의 고향에 왔다는 신호다. 고개를 넘어가자 올혼섬으로 들어가는 사휴르타 선착장이 눈에 들어왔다.

신들의 고향

눈앞에 올혼섬이 보였다. 갑자기 배꼽이 당겼다. 올혼섬에서 나를 잡아당기는 마법 같은 에너지가 느껴졌다. 내 배꼽과 올혼섬에 연결된 탯줄을 누군가 잡아당기고 있었다. 내가 태어날 때 탯줄을 끊어준 삼신할머니일까, 아니면 올혼섬을 지키는 샤먼일까, 그것도 아니면 부랴트의 하늘신 부르한과 텡그리일까? 어릴 적 시골에서 본 무당의 칼춤이 떠올랐다. 무당은 시퍼런 작두날 위에서 나비처럼 춤을 추더니 갑자기 내 앞에 장군 칼을 내던졌다. 나는 놀라서 걸음아 나 살려라 줄행랑을 쳤다. 그 뒤로 나는 무당집만 보면 멀리 돌아가는 습관이 생겼다. 그런데 올혼섬으로 들어가는 느낌은 왠지 소설《태백산맥》의 소화 품으로 들어가는 것처럼 편안했다.

'올혼으로 들어가는 관문'이라고 쓰인 바지선에 올랐다. 하늘에서 갈매기 떼가 바지선 위를 선회하며 나를 반겼다. 사냥꾼이 옷을 감췄다는 백조가 직접 마중 나오지 않아 약간 섭섭했으나 그래도 그 친구들인 갈매기라도 나왔으니 얼마나 고마운가. 푸른 호수를 헤치고 나가던 바지선은 10분 만에 올혼섬에 닿았다. 알렉스 헤일리는 자신의 '뿌리'를 찾는 데 250년이 걸렸다는데, 나는 무려 5,000년이나 걸렸다.

올혼섬에 내리자 나를 태우고 갈 고물차 우아직이 보였다. 우아직은 러시아의 유명한 사륜구동 봉고차로, 비포장도로를 주로 달린다. 오래전 몽골에 갔을 때 내 엉덩이를 핏덩이가 되도록 짓뭉갰던 '푸르공'이 그놈의 우아직이다. 흙길을 덜컹덜컹 한 시간쯤 달렸다. 겨울에는 비포장도로 대신 차량이 사휴르타 선착장에서 바이칼호의 얼음 위를 달려 직접 후지르 마을로 간다. 저 푸른 호수가 겨울이면 꽁꽁 얼고 하얀 눈밭으로 변한다니 얼마나 아름다울까? 겨울 바이칼 여행의 백미는 세상에서 가장 아름다운 얼음, 바이칼호의 에메랄드빛 얼음이 아닐까? 겨울에 이곳을 여행한다면 반드시 커다란 톱을 하나씩 들고 와서 초록의 바이칼호 얼음을 뭉텅뭉텅 잘라 에메랄드 보석을 한 아름씩 들고 갈 일이다.

부르한 바위가 있는 후지르 마을에 도착했다. 가는 길은 지루하지 않았다. 엉덩이는 위아래로 널뛰기하며 고문당했지만, 눈은 분에 넘치는 호사를 누렸다. 짙푸른 호수와 하얀 모래사장이 펼쳐지고, 푸른 초원 위로 젖소와 말이 뛰어다니고, 갈매기가 연안을 날고, 푸른 호수 뒤로 하얀 산이 버티고 있었다. 풍광이 굉장히 아름다웠다. 초원에는 빨랫줄 같은 자전거 길이 있어 많은 여행자가 자전거를 타며 하루를 즐기고 있었다. 사람과 동물, 자연이 함께 어울려 사는 태초의 모습 그대로였다. 올혼섬은 신들의 고향다웠다.

부랴트인이 운영하는 전통 목조 주택 이즈바 숙소에 짐을 내려놓았다. 한때 '늑대의 민족'이라 불리며 말을 타고 시베리아 초원을 달리던 부랴트인의 기상은 어디로 사라지고 온순한 양으로 변한 숙소의 순박한 여주인을 바라보고 있노라니 머릿속이 복잡해졌다. 다음 생에 저 부랴트 여인의 삶은 어떻게 펼쳐질까? 붓다의 윤회는 있는 것인가? 니체의 영겁회귀는 존재하는 것인가? 에라, 모르겠다. 복잡한 철학이 여행을 망치겠다 싶어 머리를 쥐어뜯었다. 그러고는 침대에 벌렁 드러누워 한참 동안 미라가 되었다.

부르한 바위, 한민족의 시나이산

해가 멀리서 뉘엿뉘엿 지기 시작할 무렵 한민족의 뿌리를 찾아 나섰다. 샤먼의 고향이자 한민족의 시원인 부르한 바위는 언덕 너머 호숫가에 있다. 숙소를 나서자 마치 기다리기라도 했다는 듯 숙소 입구에서 어슬렁거리던 강아지 한 마리가 앞장서 나를 인도했다. 강아지는 꼬리를 흔들며 언덕길로 안내했다. 얼마나 많은 여행자가 부르한 바위로 갔으면 동네 강아지도 여행자의 발길이 어디로 향할지 훤히 알고 있을까. 서당 개 3년이면 풍월을 읊는다는 말이 빈말이 아니었다. 호숫가 갈매기들도 까악 까악 울며 마치 파랑새처럼 하늘 위에서 나를 이끌었다. 나뭇가지에 앉은 청설모도 '어디 가는지 알지롱!' 하는 표정으로 나를 쳐다봤다. 후지르 마을의 강아지도 갈매기도 청설모도 저 언덕 너머에 무엇이 있는지 알고 있었다.

젊은 여행자들이 늦여름 수영을 즐기는 사라이스키 해변을 지나 후지르 마을 언덕 꼭대기에 다다랐다. 언덕배기에서 유유히 풀을 뜯던 소 떼는 나를 힐끔 쳐다보더니 안 봐도 비디오라며 '가는 곳이야 뻔하지!' 하는 표정을 지었다. 소 떼 뒤로 언덕 꼭대기에는 독수리 모형의 장승 세르게가 우뚝 솟아 있다. 마을의 수호신인 독수리 세르게는 하늘의 제왕답게 위엄을 풍겼다. 부랴트인은 독수리를 샤먼의 시조이자 샤먼의 보호자, 올혼섬 정령의 아들로 여긴다. 여러 새와 동물 모형의 솟대들이 언덕 아래로 길을 따라 늘어서 있다. 나무에는 빨간색, 파란색, 노란색, 하얀색, 녹색을 띤 잘라아가 매달려 있다. 오색 잘라아는 마침 불어온 바람에 펄럭이며 덩실덩실 춤을 췄는데, 샤먼의 성지에 온 것을 환영한다는 인사 같았다.

저 멀리 호숫가에 한민족의 시나이산, 부르한 바위가 보였다. 낙타의 쌍봉을 닮은 신성한 바위다. 하늘과 땅을 연결하고 싶은

지 산봉우리처럼 우뚝 솟아 있고, 육지와 호수를 잇고 싶은지 곶처럼 호숫가로 쭉 뻗어 있다. 멀리서도 심상치 않은 기운이 느껴졌다. '부르한'은 텡그리와 같이 '하늘신'을 의미하며 부르칸(불칸), 최남선이 말한 불함문화不咸文化의 '불함'과 같은 뜻이다. 언덕을 내려가 부르한 바위로 가는 길목에 들어섰다. 수문장 역할을 하는 열세 개의 커다란 세르게가 "잠시 검문이야!"라며 나를 막아 세웠다. 세르게에는 오색의 잘라아가 칭칭 감겨 있었는데, 샤먼의 성소인 부르한 바위에 함부로 들어갈 수 없다는 텡그리의 지엄한 명령을 충실히 따르고 있었다. 세르게는 하늘의 신과 땅의 인간을 연결하는 나무 기둥으로, 우리네 장승과 솟대, 신목과 같은 역할을 한다.

입구에는 부르한 바위에 얽힌 전설과 신화를 소개하는 안내문이 있다. 세르게는 하늘 세계(상계, 천상), 지상 세계(중계, 현실), 지하 세계(하계, 죽음)라는 세 개의 세계를 이어주는 '생명의 나무'라고 한다. 우주가 수직으로 세 개의 세계, 즉 상계, 중계, 하계로 구성되어 있다는 몽골과 스키타이 등 유라시아 유목민의 우주관이 세르게에 들어 있다. 세르게는 그냥 땅에다 아무 막대기나 꽂아 놓은 것이 아니다. 부르한 바위는 아시아에서 가장 성스러운 아홉 곳 중 하나이며, 열세 개의 세르게는 텡그리의 열세 아들의 후손인 부랴트족 열세 부족을 의미한다. 가장 왼쪽의 세르게는 힘이 장사인 첫째 아들 신으로 샤먼의 시조신이며, 그 옆에 형제 순으로 아름다움, 안녕, 지혜 등을 관장하는 열세 부족의 아들 신이 나란히 서 있다. 부랴트 열세 부족 모두가 나서 입구를 지킨다는 사실은 부랴트족이 부르한 바위를 얼마나 신성시하는지 잘 보여준다.

가장 왼쪽 대장 세르게 앞으로 갔다. 두 손을 앞으로 모아 예의를 갖춘 뒤 방문 목적을 설명했다. "단군의 후예로 조상의 뿌리를 찾아 제사를 지내러 왔소." 그러자 세르게의 잘라아가 가볍게 흔들렸다. 긍정적인 신호였다. 아침에 나름의 정화 의식도 치르고 경건한 마음으로 왔다는 말도 덧붙였다. "번뇌를 일으키는 머릿속 원숭이 108마리도 호텔 방 안에 가둬두고 깨끗한 마음으로 찾아왔소." 대장 세르게가 만족했는지 잘라아가 크게 흔들렸다. 나머지 열두 개 세르게의 잘라아도 춤을 추듯 덩달아 나부꼈다. 만장일치로 나의 출입을 허락한다는 표시였다.

출입문을 통과한 나는 곧바로 급경사 내리막길을 따라 부르한 바위로 내달렸다. 거센 바람이 호수 밑에서 돌풍처럼 불어왔다. 《오즈의 마법사》에서처럼 회오리바람에 휘감겨 순식간에 호숫가 끝으로 실려 갔다. 눈앞에 영험한 기운을 내뿜는 부르한 바위가 우뚝 솟아 있었다. 우리 민족의 시원이다. 우리 민족의 탯줄이 묻힌 나의 뿌리가 바로 여기다. 그리스 시인 콘스탄티노스 카바

부르한 바위 입구를 지키고 있는, 부랴트 13개 부족을 상징하는 13개의 세르게

피스는 시 〈이타카〉에서 "언제나 이타카를 마음에 두라"고 했다. 나는 언제나 부르한 바위를 마음에 두었다. 내 핏속에 흐르는 단군의 유전자가 그렇게 이끌었다. 내가 뿌리를 찾아오는 5,000년 동안 시조 할아버지 단군도 죽었고, 고주몽도 죽었고, 대조영도 죽었고, 왕건도 죽었고, 세종대왕도 죽었고, 김구도 죽었고, 우리 영산 김씨 아버지도 죽었다.

고개를 들어 부르한 바위를 쳐다봤다. 붉은 기운이 하늘로 치솟아 올라가고 있었다. 매서운 시베리아 추위에 바위가 혹시 감기몸살이라도 날까 봐 어머니 자연이 붉은 이끼로 겹겹이 옷을 입혀놓았다. 붉음은 샤먼의 상징색이다. 붉은 이끼로 덮인 부르한 바위에 붉은 노을이 질 때면 붉은 옷을 입은 샤먼이 하늘신을 만나기 위한 의식을 펼친다. 부르한 바위로 다가가려는데, 하늘 위를 날던 갈매기 두 마리가 갑자기 까악 까악 울며 나를 쏘아봤다. 어디서 날아왔는지 순식간에 다섯 마리가 합류해 바위 주위를 경호 비행한다. 아차, 깜박했다. 신성한 성지에 다가가는데 목욕재계는 못 할망정 손 정도는 씻어야 했다. 재빨리 호숫물로 손을 깨끗이 씻고 돌아오니 놀랍게도 그렇게 울어대던 갈매기 떼는 어디론가 가버렸다. 갈매기들이 내 머리 위로 새똥을 쏘지 않은 것만 해도 다행이었다.

젊은 서양 여성이 바위를 향해 서서 두 손을 모으고 열심히 기도하고 있었다. 기를 모으는 의식인지, 아니면 명상을 하려는 것인지 모르지만, 그 자세만큼은 샤먼 못지않게 진지해 보였다. 중년의 한국 여성은 흥이 났는지 손을 흔들며 덩실덩실 아리랑 춤을 추었다. 무당이 바람을 날리는 회신무를 추는 듯도 하고, 살포시 승무를 추는 듯도 하다. 나는 바위를 앞에 두고 가부좌하고 앉아 지그시 눈을 감았다. 인도에서 배운 위파사나 묵언 명상에 빠져들었다. 바이칼호의 물소리가 들려오더니 세상의 모든 자연의 소리가 들려왔다. 부르한 바위에서 강렬한 기가 느껴졌다. 높은 바위는 42미터, 낮은 바위는 30미터로 그다지 큰 바위는 아니지만,

뿜어나오는 기는 오래전 백두산에서 느꼈던 기에 못지않았다. 바위의 에너지가 하늘로 연기처럼 올라가는 느낌이었다.

부르한 바위는 부랴트의 하늘신 텡그리의 장남이 하늘에서 내려와 살던 곳으로, 바위 뒤쪽 동굴에는 칭기즈칸의 무덤이 있다는 전설이 내려온다. 스탈린이 1만 2,000여 샤먼을 집단 학살할 때 샤먼의 은신처였으며, 지금도 샤먼들이 찾아와 신내림을 받거나 신을 부르는 의식을 치르는 성스러운 곳이다. 영적 순례자들이 찾는 부르한 바위는 그래서 '샤먼 바위'라고도 부른다. 하늘과 땅이 소통하는 샤먼의 성지다. 바위 전체가 철광석으로 이뤄졌으니 무당들이 가슴에 주렁주렁 달고 있는 쇠 무구와 손에 들고 있는 방울을 부르한 바위가 끌어당기는 힘이 느껴졌을 테다. 그리하여 부르한 바위는 무당들에게 우주의 모든 에너지를 끌어당기는 신성한 장소로 받들어졌으리라.

조심스레 눈을 떴다. 멀리서 봤을 때 낙타 쌍봉처럼 보이던 바위는 가까이서 보니 영락없이 둘로 나뉜 남북 분단의 현장이었다. 5,000년 전 선조들이 이곳을 떠날 때 분명 하나였던 바위는 허리가 잘린 듯 움푹 패어 처참하게 둘로 나뉘었다. "아이고, 조상님들 얼굴 뵐 면목이 없습니다. 신체발부 수지부모라 했거늘 조상님들이 물려주신 신성한 몸을 외세가 반쪽으로 쪼개는데도 이 못난 후손들이 막지 못했으니 천벌을 받아 마땅하옵나이다."

나는 조상님께 빌고 또 빌었다. 부르한 바위의 두 봉우리는 왕방울만 한 눈물만 뚝뚝 흘렸다.

여기저기 비바람에 땅으로 떨어진 돌들은 상처투성이였다. 바위도 이곳저곳 갈라져 틈이 벌어지고 허물어지기 일보 직전이다. 우리 민족의 상처가 그 바위에 고스란히 배어 있었다. 오랜 세월 풍파를 맞으면서도 부르한 바위는 집 나간 탕아를 기다리는 아버지처럼 꿋꿋이 그 자리를 지키고 있었다. 돌아온 탕아처럼 나는 부르한 바위 앞에 섰다. 부르한 바위 앞에 서서 용서를 구하고 나니 마음이 그렇게 평온해질 수 없었다. 부르한 바위는 정녕 나의 먼 아버지, 나를 낳아준 어머니였다. 바위 뒤쪽 칭기즈칸의 무덤이 있다는 동굴은 나를 잉태한 어머니의 자궁이었다. 육지와 부르한 바위를 연결하는 좁은 길은 나의 탯줄이 굳은 한민족의 흔적이었다.

부르한 바위에 땅거미가 지기 시작했다. 붉은 이끼 옷을 입은 부르한 바위에 붉은 해가 드리우자 영묘한 분위기를 자아냈다. 갑자기 타임머신을 타고 5,000년 전 과거로 돌아갔다. 우리 선조들은 붉은 기운에 놀라 부르한 바위로 몰려들었다. 하얀 수염이 풍성한 족장이 바위 위로 올라가더니 한울님(하느님)으로부터 계시를 받아 외쳤다. "남쪽으로 내려가라. 바다가 둘러싼 조용한 아침의 나라에 정착하라." 어쩌면 모세가 유대인을 이끌고 가나안

바이칼호로 뻗어 있는 한민족의 시원 부르한 바위

으로 가기 전 시나이산에서 십계명을 받은 것과 같았으리라. 하늘과 땅에서 붉은 기운이 솟구쳐 오를 때 우리 선조들은 서둘러 부르한 바위 밑에 한민족의 탯줄을 묻은 뒤 족장을 앞세우고 머나먼 한반도를 향해 바이칼을 떠났다. 《몽골비사》에는 몽골족 조상들이 '내륙의 바다'를 건너왔다고 하는데, 이 '내륙의 바다'가 바이칼호다. 백석은 바이칼을 떠나 시베리아와 만주를 거쳐 한반도에 다다른 우리 민족의 대장정을 시 〈북방에서〉에서 "자작나무와 이깔나무의 슬퍼하든 것"을 뒤로하고 "범과 사슴과 너구리를 배

반하고 / 송어와 메기와 개구리를 속이고 나는 떠났다"라고 묘사했다. "가마귀도 긴 족보를 이루"던 아득한 옛날이다.

붉은 해가 바이칼호 너머로 떨어지기 전에 서둘러 부르한 바위를 떠났다. 바위 주위를 나는 갈매기에게 조만간 다시 찾아오겠다는 인사말을 남겼다. 우리 선조들이 개구리와 너구리를 속였듯 나도 갈매기에게 기만적 인사를 남기고 말았다.

별들의 마실

부르한 바위에 다녀오니 오래 묵은 숙제를 한 듯 마음이 한결 가벼워졌다. 저녁을 먹고 숙소에 딸린 바냐에서 사우나를 했다. 땀과 함께 마음의 찌꺼기가 뭉텅뭉텅 빠져나가는 느낌이었다. 모두가 잠든 자정, 조용히 방문을 열고 도둑고양이처럼 슬금슬금 밖으로 나갔다. 신문지 몇 장을 들고. 방 안 화장실 놔두고 야외에서 몰래 일을 보려는 것도, 도둑질을 하려는 것도 아니다. 여행할 때마다 늘 만나는 야밤의 친구를 만나러 가는 길이다. 특히 북반구나 남반구의 고위도 지역을 여행할 때면 나는 반드시 이 친구를 만나기 위해 쏟아지는 졸음을 참는다. 그 친구는 바로 으슥한 밤이면 마실 오는 밤하늘의 별자리다. '밤을 잊은 그대'라면 여행에서 별자리를 찾는 재미가 꽤 쏠쏠하다. 오래전 몽골과 아프리카, 남미 대륙의 끝 파타고니아를 여행하면서 보았던 밤하늘의 별 무리를 잊을 수 없다. 밤하늘의 별자리와 은하수는 언제나 첫사랑 만큼 설렌다. 첫사랑의 첫 키스는 별처럼 반짝였고 은하수처럼 달콤했으니까.

올혼섬의 밤하늘을 올려다보았다. 북극에 가까운 밤하늘은 역시 달랐다. 벌써 반짝이는 별 무리와 눈처럼 하얀 은하수가 떼로 마실 나와 여기저기서 재잘대는 소리로 소란스러웠다. 올혼섬의 낮과 밤은 놀라운 변신을 보여주었다. 낮에는 푸른 바이칼호가 덩실덩실 춤을 추고, 밤에는 붉은 별들의 바다가 하늘을 둥둥 떠다녔다.

여행하면서 별자리를 즐기려면 최소한 북두칠성이나 북극성, 카시오페이아자리, 페가수스자리, 견우별과 직녀별은 단박에 찾을 수 있어야 한다. 지금부터 밤하늘의 별자리를 찾는 방법을 공짜로 알려주겠다. 먼저 신문지를 땅바닥에 깔고 그 위에 팔자로 덜렁 드러눕는다. 별자리를 보는 최고의 방법은 동서고금 장소불문 누워서 하늘을 쳐다보는 것이다. 임을 봐야 뽕을 따고, 하늘을 봐야 별을 따는 법. 땅에 누워 하늘을 쳐다보기만 해도 밤하늘의 세계 지도가 한눈에 들어온다.

별자리 찾기는 시험 문제 풀 때와 같다. 일단 가장 쉬운 별자리부터 찾아야 한다. 가장 찾기 쉬운 별자리는 북쪽에 있는 국자 모양, 바로 큰곰자리의 북두칠성이다. 시베리아 초원에 누워 시선을 북쪽 끝에 고정한 뒤 눈알을 한두 번 왔다 갔다 하면 일곱 개별의 북두칠성이 눈에 쏙 들어온다. 북두칠성은 우리 조상들에게 굉장히 친숙한 별자리다. 시골의 어머니는 달 밝은 밤에 장독대에 정화수를 떠놓고 하늘의 칠성님께 빌었고, 할아버지는 죽어서 칠성판 위에 누워 저승으로 갔다.

러시아에도 북두칠성을 우리처럼 국자로 보는 전설이 있다. 옛날 가뭄이 심하게 든 어느 마을에 병으로 누워 있는 어머니에게 주려고 한 소녀가 새벽이슬을 털어 모은 물을 나무 국자에 담았다. 소녀가 집으로 오는 길에 목말라하는 개와 할머니를 만나 그 물을 주었는데, 그러자 할머니는 마을에 단비를 뿌려주고 국자를 하늘의 별로 만들어주었다. 올혼섬에 가면 바이칼호의 수호신 북두칠성이 자신이 살던 고향 마을을 지그시 내려다보고 있는 장면을 볼 수 있다.

여기까지는 식은 죽 먹기다. 다음으로 북두칠성을 왼쪽에 두고 오른쪽으로 비스듬히 내려오면 W 모양의 카시오페이아자리를 찾을 수 있다. 그 둘 사이 가장 빛나는 작은곰자리의 북극성은 덤으로 이미 눈 안에 들어와 있다. 벌써 중요한 별자리 세 개를 찾았다. 이때쯤이면 눈이 밤하늘에 익숙해진다. 눈알을 한 번 굴리면 별자리 하나, 두 번 굴리면 별자리 둘, 자동판매기처럼 눈알 굴리는 횟수에 따라 별자리가 쏙쏙 눈 안으로 들어온다. 별 중에 가장 가여운 오빠와 언니 별을 찾아보자. 목동 견우별과 베 짜는 직녀별 말이다. 카시오페이아자리에 걸쳐 있는 은하수를 따라 북쪽에서 남쪽으로 내려가다 보면 오른쪽에 사각형 별자리 페가수스가 선명히 보인다. 그 바로 아래 독수리자리의 견우별이 외로이 반짝반짝 빛난다. 하얀 밀가루를 뿌려놓은 은하수 건너편 왼쪽으로는 거문고자리의 직녀별이 있다. 두 별은 그리움에 눈물을 뚝뚝 떨어뜨리고 있다.

나는 직녀별을 뚫어지게 쳐다봤다. 혹시 나에게 어떤 신호를 보내지 않을까? 그러나 찌지직 하는 소리도, 광선 같은 외계 신호도 포착할 수 없었다. 영화 〈콘택트〉에서는 26광년 떨어진 저 직녀별이 보낸 신호를 받고 조디 포스터가 웜홀을 통해 죽은 아버지를 만나는 멋진 우주여행을 했는데, 내게는 그런 행운이 오지 않았다.

외계 신호 포착에는 실패했지만 그날따라 유난히 별자리가 선명하게 보였다. 그믐이었다. 달이 어두울 때 별이 잘 보인다는 초등학교 선생님 말씀이 생각났다. 내 방의 불을 꺼야 가로등 불빛이 보인다. 초등학교 수업 시간은 이렇게 수십 년이 흘러도 쓸모가 있다. 초등학교 수업 시간에 선생님 말씀 잘 들어 손해 볼 일 없다.

내친김에 알퐁스 도데의 별도 찾아보기로 했다. '성 쟈크의 길'

은하수와 '영혼들의 수레' 북두칠성, '마글론' 직녀성은 이미 찾았다. 마글론은 프로방스의 피에르(토성)를 쫓아 7년 만에 한 번씩 결혼하는 목동의 별이다. 나머지 '목동의 시계' 오리온자리와 '별들의 횃불' 시리우스, '작은 꼬마별' 마차부자리는 아무리 찾아도 보이지 않았다. 늦여름 북반구 밤하늘에서는 볼 수 없는 별들이다. 알퐁스 도데의 〈별〉에서 목동이 아름다운 주인집 딸 스테파네트 아가씨에게 잘 보이려고 꾸며낸 이야기이니 그냥 웃어넘기자. 큐피드의 화살이 꽂혀 눈에 콩깍지가 씌면 없는 별자리도 이렇게 만들어낸다. 그게 사랑이니라.

밤하늘의 별자리는 우리를 동심으로 데려간다. 어른이 무슨 별이나 쳐다보느냐고 하지 마라. 우리는 저 별에서 왔고 아이보다 어른이 먼저 저 별로 가야 하기에 어른들은 자기가 돌아갈 별을 미리미리 봐둬야 한다. 여행 중 하룻밤은 밤하늘의 별자리를 위해 비워두자. 시베리아 여행이라면 두말할 필요 없다. 나는 그날 밤 "별들 중에서 가장 아름답고 빛나는 별 하나가 길을 잃고 내려와 내 어깨에 기대어 잠들어 있는" 꿈을 꿨다. 내가 그 별의 머리를 쓰다듬으려 손을 뻗자 이불에 그린 세계 지도가 클로즈업되면서 꿈에서 깨어났다. 꿈으로나마 잠시 어린 시절로 돌아갔다. 유치한 꿈이었지만, 괜찮다. 유치한 것은 순수한 것이니까. 여행은 어차피 어른에서 아이로 돌아가는 시간 여행이다.

호보이곶, '만국의 샤먼이여, 단결하라!'

아침이 왔다. 이제 올혼섬을 떠나 이르쿠츠크로 돌아가는 날이다. 올혼섬까지 와서 호보이곶을 보지 않고 그냥 떠날 수는 없다. 후지르 마을에서 북쪽 끝 호보이곶까지 가는 데는 거의 두 시간이 걸린다. 아예 도로가 없는 산길도 달려야 한다. 그래도 차를 빌려 호보이곶으로 달렸다. 자작나무는 거의 찾아볼 수 없는 대신 잎갈나무가 유난히 많고 소나무가 틈틈이 그 사이로 얼굴을 내밀었다. 어느 여행자의 사진을 보니 봄에는 진달래도 핀다. 바이칼에는 소나무와 진달래, 민들레, 질경이가 많다. 에델바이스, 패랭이, 용담, 톱풀 등 야생화도 지천에 깔렸다. 어쩐지 올혼섬의 모든 것이 낯설지 않다. 땅이며 나무며 꽃이며, 심지어 바람의 결조차도 익숙한 느낌이다. 아주 오래전 우리 선조들이 올혼섬에서 보았던 기억들이 나의 DNA에 살아 있었다.

호보이로 가는 길은 마냥 지루하지만은 않다. 왼쪽 건너편 연안으로 바이칼의 영혼이 깃들어 있다는 프리모르스키산맥의 하얀 바위들이 사람의 얼굴, 코, 입, 수염 모양을 하고 병풍처럼 호수를 둘러싸고 있다. 사자 바위와 악어 바위, 제2차 세계대전 당시 포로수용소였던 페시안카, 우주르 몽돌해변, 사랑의 바위, 독수리 삼 형제 바위, 그리고 바위 절벽에 구멍이 난 통천문도 구경했다. 이 중 사랑의 바위는 그 생김새가 재미있고 묘하다. 두 갈

래로 갈라지는 사랑의 바위는 하트 모양을 닮았다고 하는데, 아무리 봐도 하트 모양은 아니고 여자가 두 다리를 벌린 채 드러누운 모양이다. 사랑의 바위에 가본 사람이면 어느 설명이 더 와 닿는지 알 것이다. 두 바위 가운데 불룩한 둔덕에는 잡초들이 자라고 있었다. 19금 자연 형상이 어디 한둘인가.

'사간후순'이라 불리는 독수리 삼 형제 바위에는 우리의 선녀와 나무꾼 이야기와 비슷한 '백조와 사냥꾼' 전설이 내려온다. 옛날 하이도리라는 사냥꾼이 이곳 바이칼호에 내려앉아 목욕하는 백조의 깃털 옷을 몰래 숨겨 그 백조와 결혼했으나 결국 백조는 하늘로 날아갔다는 이야기다. 올혼섬 동쪽 이지메이곶 주변은 바이칼호에서 1,637미터로 수심이 가장 깊고 풍랑이 센 곳으로 바이칼 판 《심청전》 전설이 전해진다. 뱃사람들이 거센 풍랑을 잠재우기 위해 호수에 제물로 바친 처녀가 금빛 비늘을 가진 물고기로 환생해 신들의 세계인 바이칼에 살게 됐다는 이야기다. 공양미 300석에 팔려 인당수에 몸을 던진 심청이 떠오르지 않는가? 신들이 사는 올혼섬에는 이런 전설이 많다.

어디나 땅끝은 쉽게 오지 않는다. 산 너머 무지개를 좇아 몇 개의 언덕을 넘어서야 호보이가 나타났다. 호보이 입구에는 부르한 바위에서 봤던 수많은 세르게가 서 있고, 소나무 가지에 묶인 오색의 잘라아가 바람에 펄럭이고 있었다. 잘라아의 흔들림은 마치

나무에 핀 댕기 꽃이 춤추는 듯했다. 우리 오방색에 각각의 의미가 있듯 잘라아의 오색도 풍요, 안전, 화합 등 나름의 뜻이 있다. 호보이 끝자락에는 커다란 세르게가 오색의 잘라아를 갑옷처럼 겹겹이 껴입고 장수처럼 당당하게 홀로 서 있었다. 부르한 바위와 함께 샤먼들이 가장 신성시하는 영험한 곳, 샤먼의 최후 성지를 지키는 세르게가 외치는 소리가 들리는 듯했다. "만국의 샤먼이여, 단결하라!"

그 세르게의 소리에 이끌려 성큼성큼 호보이곶까지 내달렸다. 절벽이었다. 자칫 발을 잘못 디디면 바로 황천길로 가는 무시무시한 낭떠러지였다. 그 앞으로 바다같이 넓은 호수가 펼쳐졌다. 남아공 희망봉에 다다랐을 때 대서양과 인도양이 만나는 남쪽 바다를 보며 느꼈던 새로운 세계의 광활함이 가슴속으로 파도처럼 밀려들었다. 호보이는 '송곳니'라는 뜻인데, 그 뜻처럼 뾰족뾰족한 바위들이 하늘을 향해 솟고 호수를 향해 뻗어 있다. 나는 호수를 바라보며 세르게 옆에 앉아 명상 자세를 취했다. 마음의 찌꺼기를 숨을 통해 내뱉자 바이칼호의 맑은 공기가 순식간에 갈비뼈로 빨려 들어왔다. 부르한 바위와 더불어 올혼섬에서 가장 영험한 곳이다 보니 호보이곶은 최고의 명상 장소로 유명하다.

삶과 죽음이 걸려 있는 천 길 낭떠러지에 걸터앉아 명상에 깊이 빠져드는 순간, 갑자기 호숫가에서 강한 바람이 위로 불어왔

호보이곶 끝자락에서 오색의 잘라아를 갑옷처럼 두른 세르게

다. 세르게에 영이 깃들었는지, 무당이 방울 흔들듯 장수 세르게가 잘라아를 흔들고 있었다. 샤먼의 신령이 나를 자꾸 바이칼호로 잡아당기는 기운이 느껴졌다. 벌떡 일어나 과감히 발길을 돌렸다. 호보이에서 삶과 죽음은 찰나이며, 나는 살날이 지나온 날보다 더 많이 남았다. 그리고 뒤도 돌아보지 않고 저승으로 가는 입구, 호보이곶을 떠났다.

언덕의 방랑자상

왔던 길을 되돌아가려 우아직은 우악스럽게 산길과 비포장도로를 질주했다. 순식간에 후지르 마을에서 선착장으로 넘어가는 언덕에 도착했다. 우아직이 언덕 꼭대기에서 멈춰 섰다. 언덕에는 돌을 쌓고 그 위에 나무 제단을 갖춘 서낭당, 오보가 있었다. 오보 옆 당산나무에는 오색의 잘라아가 마을의 평화와 여행자의 안녕을 기원하며 펄럭였다. 차에서 내려 바이칼 신에게 소원을 담아 기도했다. 서낭당 제단에는 누군가 바이칼 신에게 바친 쌀과

후지르 마을 입구의 서낭당 '오보'

빵, 과자, 동전, 담배 그리고 선글라스까지 놓여 있었다. 젊은 러시아 연인은 배낭에서 보드카와 쌀을 꺼내 고수레하듯 제단에 뿌렸다. 부랴트인들은 예로부터 오보에 쌀이나 술, 동전을 뿌렸다. 제단 옆에 서 있는 자작나무 장승이 나를 떠나보내기가 아쉬운지 침울한 표정을 지었다.

올혼섬과의 작별이다. 어제 탔던 바지선에 올라 바이칼호를 건넌 뒤 사휴르타 선착장에서 버스로 갈아타고 이르쿠츠크를 향해 달렸다. 5분쯤 가다 보니 오른쪽 작은 언덕에 독특한 동상이 서 있었다. 추레해 보이는 떠돌이 동상이다. 전날 올 때는 도로 건너편에 있어 보지 못했다. 그 흔한 영웅의 동상이 아니라 맨발에 다 헤진 옷차림이 영락없는 거지의 모습이다. 거지를 기리는 동상도 있나? 러시아 사람들은 차를 세우고 거지상을 배경으로 기념사진을 찍느라 분주했다. 가이드에게 물어보니 러시아 민요 〈바이칼의 황량한 대초원〉을 기념해 2013년 세운 높이 4미터의 청동 방랑자상이란다. 19세기 말 시베리아 유형수들이 작곡한 이 노래는 '방랑자'라고도 부르는데, 수용소를 탈출해 배를 타고 바이칼호를 건너 고향으로 돌아가는 죄수의 마음을 그리고 있다. 언덕 위의 방랑자상은 수용소를 탈출해 고향으로 가는 어느 유배자의 모습이다. 청동상 옆에는 가사가 담긴 노래비가 있다.

시베리아 수용소를 탈출해 바이칼호를 건너 고향으로 가는 방랑자상

"방랑자는 바이칼호에 다가가
어부의 나룻배를 청하여 타고
구슬픈 노래를 실어서 가네.
고향을 그리는 슬픈 노래를."

유배자가 고깃배를 얻어 타고 바이칼호를 건너 고향으로 가는 장면이 떠오르며 감미로운 발랄라이카 선율을 타고 흐르는 애잔한 노랫소리가 들리는 듯했다. 방랑자상을 보니 제2차 세계대전

당시 시베리아 강제노동수용소에 수용됐다 탈출한 포로 이야기를 다룬 영화 〈마지막 한 걸음까지〉와 〈웨이 백〉이 생각났다. 자유를 향한 인간의 의지는 황량한 시베리아도, 아무리 깊은 바이칼호도 막지 못했다. 영웅의 동상에 질린 여행자라면, 초라하지만 강인한 맨발의 이 방랑자상에 동지애 같은 애착이 갈 것이다.

버스가 기름을 넣으러 주유소에 들렀다. 러시아 교통 법규에 따라 모든 승객이 버스에서 내렸다. 어디선가 전선이 바람에 부딪히며 내는 윙윙 소리가 들렸다. 하지만 어디에도 전봇대는 없었다. 하늘을 나는 곤충의 날갯짓 소리였다. 마치 헬리콥터의 프로펠러 소리 같다. 한 놈이 울어대자 다른 놈이 따라 하는데, 한여름 말매미 떼창처럼 우렁찼다. 우리네 메뚜기는 비교도 안 될 만큼 큰 시베리아 풀무치였다. 펄 벅의 소설 《대지》에서 농작물을 초토화하는 그 곤충이다. 시베리아 풀무치는 그 비싸다는 시베리아 차가버섯을 먹었는지 힘과 소리가 장난이 아니었다.

오후 7시 이르쿠츠크에 이르렀다. 이미 해가 저물고 안가라강에는 수많은 강태공이 낚싯대를 드리우고 있었다. 어둠이 깔릴 무렵 안가라강은 낚시꾼들의 천국이다. 저녁 밥상에 올라올 싱싱한 물고기에 벌써부터 강태공들이 입맛을 쩍쩍 다시는 소리가 들렸다.

마지막 날 저녁은 노래가 곁들여진 즐거운 시간이었다. 카자크계 러시아 혼성 4인조 앙상블이 아코디언과 발랄라이카, 탬버린을 연주하며 귀에 익은 〈카추샤〉를 불렀다. 앙상블의 노래는 〈스텐카 라진〉〈백학〉〈백만 송이 장미〉로 이어졌다. 나도 모르게 어깨가 들썩이고 흥이 났다. 이러다 작두 위로 올라가지는 않을까? 설마 올혼섬의 샤먼이 나에게 신내림을 준 것은 아니겠지? 다행히도 작두는 타지 않고 어깨춤만으로 마무리됐다. 이르쿠츠크 여행은 이렇게 끝이 났다.

해 질 무렵 안가라강에서 낚시하는 사람들

고춧가루의 비밀 이야기 6

이르쿠츠크 가이드는 러시아 여자와 결혼해 현지에서 사는 한국 남자였다. 나에게는 호박이 넝쿨째 들어온 셈이었다. 한국과 러시아 문화를 두루 아는 사람이니, 고춧가루의 비밀을 푸는 데 이만한 사람을 만나기도 쉽지 않다.

바이칼호 구경을 끝내고 잠시 쉬고 있는 가이드에게 다가갔다.

"뭐 하나 물어보려고 그러는데요."

"러시아 여행 많이 다녔다면서 아직도 궁금한 게 있나요?"

"저… 러시아 여자들이 고춧가루를 들고 다닌다던데, 그 이유가 뭐죠?"

"그동안 러시아 여행 헛다녔군요."

"네?"

"여기 이르쿠츠크에 북한 벌목공이 많이 사는데요, 벌목공들 밥해주는 북한 여자들이 고춧가루를 많이 들고 다니죠."

말문이 막혔다. 뭐라고 다시 물어봐야 할지 당황스러웠다. 결국 또 뒷머리만 긁적이며 가이드에게서 물러났다.

4 별들이 자작나무로 내려앉다

울란우데·치타·스보보드니

희망이란
본디 있다고도 할 수 없고, 없다고도 할 수 없다.
그것은 마치 땅 위의 길과 같은 것이다.
본래 땅 위에는 길이 없었다.
한 사람이 먼저 가고 걸어가는 사람이 많아지면,
그것이 곧 길이 되는 것이다.

_루쉰

자작나무숲

평양행 기차에 오를까?

먼저 독자들께 양해를 구해야겠다. 지금껏 아무도 해보지 않은 여행기를 시도해볼 참이다. 여행기는 으레 여정 순서대로 써야 한다는 고정관념을 한번 깨보려 한다. 앞서 얘기했듯 나는 15년 동안 세 번에 걸쳐 시베리아 횡단열차를 완주했다. 두 번은 모스크바에서 이르쿠츠크 방향으로 달리는 열차를 탔고, 한 번은 거꾸로 블라디보스토크에서 출발해 이르쿠츠크에 도착하는 열차를 탔다. 지금까지는 모스크바에서 이르쿠츠크 방향으로 여행기를 썼는데, 나머지 구간을 실제 여정대로 블라디보스토크에서 이르쿠츠크 방향으로 쓴다면 독자들이 갑자기 거꾸로 달리는 열차에 탄 것 같은 심한 차멀미에 시달릴지도 모른다. 그래서 편의를 위해 이르쿠츠크에서 블라디보스토크로 가는 방향으로 여행기를 쓰려고 한다. 지난 2001년 첫 번째 시베리아 횡단열차 여행은 울란우데에서 몽골로 빠졌기 때문에, 정확히 말하면 울란우데에서 블라디보스토크까지가 방향을 바꿔 쓰는 구간이다. 열차의 방향만 다를 뿐 실제 눈으로 본 사실은 변함이 없으니 여행자가 직접 경험한 사실을 기록하는 기행문의 본질에는 차이가 없다. 이 기행문의 목적은 어느 방향에서 출발하든 러시아 여행자들에게 한 숟가락의 즐거움이나마 더해주는 것이니까.

이르쿠츠크에서 충분히 여행을 즐겼다면, 이제 나머지 동쪽의 러시아 도시들을 방문하기 위해 시베리아 횡단열차에 올라야 한다. 나머지 구간인 이르쿠츠크에서 블라디보스토크까지는 4,103킬로미터, 쉬지 않고 달리면 72시간이 걸린다. 바이칼호와 셀렝가강, 실카강, 제야강, 아무르강, 우수리강 등 크고 작은 강들이 열차와 함께 달리며 다양한 풍경과 식생이 펼쳐지는 구간이다. 나는 중간에 하바롭스크에서 내려 아무르강에서 유람선도 타고, 김알렉산드라를 비롯한 우리 독립운동가들도 만날 예정이다. 지금부터는 2014년 블라디보스토크에서 이르쿠츠크까지 시베리아 횡단열차를 탔던 이야기다. 대부분 여행자가 나처럼 몇 년에 걸쳐 단계별 여행을 통해 시베리아 횡단철도를 완주한다. 모스크바에서 블라디보스토크까지 한 번에 완주하려면 시간도 시간이지만 강행군에 몸이 남아나지 않아 자칫 여행의 즐거움을 잃어버릴 수도 있다.

이르쿠츠크에서 블라디보스토크로 가는 시베리아 횡단열차는 반드시 낮에 출발하는 열차를 타야 한다. 한 시간 반 뒤에 만나는, 시베리아 횡단철도에서 가장 아름다운 구간인 바이칼호 구간의 풍경을 봐야 하기 때문이다. 이르쿠츠크 역에 처음 도착했던 2001년이 떠올랐다. 이르쿠츠크 역 2층에 '국제 열차 판매소'가 있었는데, 북한 평양행 열차표를 판매하고 있었다. 당시 이르쿠츠크에서 평양까지의 요금이 2,900루블(12만 원)이었다. 지금도 한 달에 두 번씩 평양과 모스크바를 오가는 국제 열차가 이르쿠츠크에 선다. 북한 사람들이 바이칼호로 여행 올 리는 없고, 누가 평양행 열차표를 살까? 시베리아에서 일하는 북한 벌목공이다. 시베리아 북한 벌목공은 한때 2만 명에 달할 정도로 외화벌이의 최전선이었다. 현지 가이드에 따르면 아직도 이르쿠츠크에 북한 벌목공 1,500명가량이 있다고 한다. 러시아 사람들은 해가 지면 일을 안 하는데, 북한 노동자들은 새벽부터 한밤까지 일하니 수요가 많다고 한다.

모스크바에서 블라디보스토크를 오가는 시베리아 횡단열차를 타면, 열차 맨 끝에 '일반 침대'라는 한글과 함께 '평양-모스크바'라고 쓰인 녹색의 북한 열차를 만날 수도 있다. 시베리아 횡단

플랫폼에서 바라본 이르쿠츠크 역

열차는 기관차와 식당차를 포함해 보통 24량의 장대 열차로 운행하니 일부러 열차 꽁무니까지 가보지 않으면 북한 객차가 붙어 있는지도 모른다. 평양행 기차에 오를까? 아서라, 이르쿠츠크 역에서 평양행 기차표를 샀다고 북한에 갈 수 있는 것은 아니다. 평양행 열차에는 별도의 북한 승무원이 있어 사전 입국 비자가 없는 승객은 아예 탑승을 막으니 괜히 비싼 차비만 날린다.

이르쿠츠크 역 플랫폼에서 한 인물을 떠올렸다. 1902년 이르쿠츠크 북쪽 우스티쿠트 마을에 유배됐다가 탈출한 스물세 살 젊은이가 이곳 플랫폼에서 기차를 기다리고 있었다. 영국 런던에 망명 중인 레닌을 만나러 가는 길이다. 이르쿠츠크 역에서 표를 살 때 매표원이 이름을 물었다. 그는 체포를 피해 '레프 다비도비치 브론시테인'이라는 본명 대신 엉뚱한 이름을 댔다. 오데사 감옥에서 자신을 담당했던 간수의 이름 '레온 트로츠키'. 레온 트로츠키란 이름으로 열차에 오른 그는 런던에서 레닌을 만나 러시아 혁명의 지도자가 되었다.

이곳은 또한 여운형이 김규식과 함께 모스크바 극동인민대표대회에 참석하기 위해 1921년 11월 시베리아 횡단열차를 탔던 곳이다. 또 1925년 6월 '박철환'이란 가명을 쓴 죽산 조봉암이 그해 4월 창당한 조선노동당을 승인받기 위해 모스크바로 가다가 잠시 열차에서 내려 코민테른에 자신의 출발을 알리는 전보를 쳤던 곳이다. 그러고 보니 기차역은 혁명으로 가는 길이었구나.

가장 아름다운 철길

이르쿠츠크 역을 떠나는 아쉬움을 뒤로하고 열차는 동쪽으로 달리기 시작했다. 안가라강을 따라 시내를 달리던 열차는 오른쪽으로 방향을 틀더니 구불구불 철길을 달렸다. 작은 어촌의 간이역 쿨툭에 이르자 갑자기 열차 여기저기서 "와우!" 하는 탄성과 함께 승객들이 일제히 복도로 몰려나와 창밖을 내다본다. 푸른 바이칼호다. 바이칼호를 끼고 달리는 이 철길은 시베리아 횡단철도

시베리아 횡단열차를 타고 가면서 바라본 바이칼호

에서 가장 아름다운 구간이다. 쿨툭에서 시작해 바이칼호 남쪽 끝의 슬류단카, 바이칼스크, 탄호이, 미소바야, 보야르스키, 바이칼스키 프리보이 역을 지나는 200여 킬로미터는 말 그대로 환상의 구간이다. 세 시간 동안 이어지는 바이칼호의 장관은 꿈에도 잊지 못할 장면이다. 블라디보스토크 방향에서 올 때도 마찬가지다. 그간 시베리아 횡단열차의 지루함을 단박에 날려주는 청량제 역할을 한다. 40대 아버지와 여섯 살 무렵의 아들이 작은 돛단배를 타고 바이칼호에서 고기를 잡고 있었다. 어촌의 평화로운 모습에 덩달아 여행자의 마음도 평온해진다.

때로는 열차가 바이칼호와 겨우 3, 4미터 거리를 두고 달리는데, 손을 뻗으면 호수가 닿을 것만 같다. 그럴 때면 열차가 호수로 빨려 들어가는 느낌이다. 저 멀리 수평선에서 푸른 물과 하얀 구름이 만나는 바이칼호는 뱃사공을 유혹하는 세이렌처럼 여행자를 유혹한다. 사얀산맥의 끝자락과 하마르다반산맥의 경치가 빼어나다. 마치 마법의 철길을 달리듯 열차는 바이칼호와 산맥 사이를 달린다. 전에 이 철길을 달릴 때는 5월 말이었는데도 사얀산맥 정상에 하얀 눈이 그대로 쌓여 있고, 바이칼호에는 군데군데 얼음이 남아 있었다. 사얀은 몽골어로 '하얗다'라는 뜻인데, 사얀산맥 정상에 오랫동안 눈이 쌓여 있어 그런 이름이 붙었다.

시베리아 횡단철도 완공 이후 바이칼호는 오랫동안 여행자들을 매료시켰다. 1936년 독일 베를린 올림픽에 참가하기 위해 시베리아 횡단열차를 타고 가던 손기정도 바이칼호의 아름다움에 빠졌다. 1946년 시베리아 횡단열차를 타고 돌아오던 이태준은 "스위스 풍경의 그림" 같다고 감탄했고, 1949년 모스크바로 가던 백남운은 겨울의 눈 덮인 바이칼호를 "찰랑거리는 파문도 없는 잠든 설해雪海"라고 표현했다. 가을에 이 구간을 달리면 얼마나 아름다울까. 푸른 호수를 한쪽에 끼고 알록달록 단풍 숲을 지나는 열차 안에 있노라면 한 폭의 풍경화 속으로 빨려 들어가는 느낌일 테다. 고지식한 유교 양반이었던 민영환도 바이칼호의 장엄한 가을 풍경 앞에서 감성적인 시인이 되었다. 1896년 9월 중순 화륜선을 타고 바이칼호를 건넌 그가 《해천추범》에 남긴 시가 있다.

"백 리가 너무 맑은 바이칼호에
돛단배에 안부를 묻고 산길로 들어섰네.
가을빛을 친밀히 바라보며 느리게 기차가 가는데
몸은 어촌에 있으나 누런 잎이 그림 같네."

민영환은 한국인 최초로 세계 일주를 한 인물인데, 일부 구간이긴 하지만 시베리아 횡단열차를 처음 타본 인물이기도 하다. 그 옛날 민영환이 말했듯 지금도 바이칼호 구간은 사시사철 카메라를 꺼내 찍으면 바로 풍경 엽서가 된다.

차창으로 바라보는 호숫가 철길은 야생화의 천국이자 천연 식물원이다. 자작나무 한 그루가 바이칼호를 바라보며 외로이 서 있다. 하얀 자작나무와 푸른 바이칼호는 천생연분이다. 철길을 따라 이반차이는 물론이고 돌 틈에 피어 있는 바위솔, 노란 꽃 무더기의 솔나물, 앙증맞은 분홍색 큰솔나리, 자주꽃방망이, 패랭이, 산비장이, 쑥국화, 제비고깔, 두메부추, 노루발, 미나리아재비, 사랑초, 엉겅퀴, 이질풀, 자운영, 쥐오줌풀, 톱풀, 해당화 등이 저마다의 자태를 뽐낸다. 꽃들의 시선이 모두 바이칼호를 향해 있다. 들꽃이 있으니 나비가 날아다니고 벌들이 바이칼호를 배경으로 춤추며 비행한다. 시베리아 횡단철도에 이 구간이 없다면 끝없이 이어지는 자작나무 숲에 그만 질려버릴지도 모른다. 바이칼호는 시베리아 횡단철도의 오아시스다.

바이칼호와 함께 달리는 이 환상의 코스를 절대 놓쳐서는 안 된다. 그래서 모스크바에서 블라디보스토크까지 직행하는 '로시야 열차'를 타면 안 된다. 로시야 열차는 양방향 모두 한밤중에 이 구간을 지나기 때문이다.

기차를 놓친 '독일 곰바우'의 기적

쿨툭 역을 지나 30분쯤 달렸을까? 슬류단카 역에 도착했다. 하얀 대리석으로 만든 화려한 슬류단카 역은 옛날 서울 중앙청 건물을 생각나게 하는데, 시베리아 횡단철도에서 가장 아름다운 역으로 꼽힌다. 환바이칼 열차가 출발하는 역이기도 하다.

오래전 추억이 엊그제 일처럼 떠올랐다. 슬류단카 역은 바이칼호가 바로 코앞이니 여행자라면 누구라도 잠시 내려 열차가 정차하는 동안 호숫가로 달려가고 싶은 충동을 느낀다. 하지만 참아야 한다. 호수는 가까이 있는데 기차는 멀리 떠나는, 땅을 치고 통곡할 상황이 벌어질 테니. 이 농담 같은 일이 실제로 이곳에서 일어났다. 가장 기억에 남는 여행 경험 가운데 하나다. 때는 2001년 5월 중순. 당시 나는 이르쿠츠크에서 몽골을 거쳐 베이징까지 가는 중국 열차를 탔는데, 이곳 슬류단카 역에서 열차가 잠시 정차했다. 55세의 독일 은행원 어위 슈스터는 열차가 정차하자 캠코더를 들고 내렸다. 플랫폼 주변의 풍경을 찍던 그는 더 멋진 장면을 찍기 위해 철길 위 육교로 올라갔다. 높은 육교에 올라가면 바이칼호를 찍을 수 있으리라 기대했던 듯하다. 그런데 10분간 정차하기로 했던 열차는 러시아어와 중국어로 "두 시간 지연으로 예정보다 일찍 출발한다"는 안내 방송을 남기고 5분만 머물다 바로 출발했다. 열차가 출발 신호를 울렸지만 마침 정차해 있던 다른 러시아 열차의 기적 소리로 착각했는지 그는 돌아오지 않았다. 중국 열차는 출발했고, 그제야 멀리 육교에서 그가 허겁지겁 뛰어오는 것이 보였다. 무심한 시베리아 횡단열차가 여행자의 딱한 사정을 알 리 없다. 모처럼 시베리아 여행을 즐기려던 그는 졸지에 닷새 뒤 오는 다음 열차를 기다려야 하는 시베리아의 방랑자가 되었다. 슬류단카 역의 아름다움과 그의 호기심이 부른 대참사였다.

열차 승객들은 모두 독일 여행자의 딱한 사정을 안타까워했다. 그는 48일의 여름 휴가 중 18일을 열차 여행 일정으로 잡았다고 했다. 승객들은 시베리아 방랑자 신세로 전락한 그를 '독일 곰바우'라 불렀다. 열차는 다섯 시간을 더 달려 몽골 횡단철도로 빠지는 울란우데 역에 도착했다. 그때 놀라운 일이 일어났다. 정말 믿기지 않는 반전이었다. '독일 곰바우'가 울란우데 역 플랫폼에서 열차가 멈추기를 기다리고 있는 게 아닌가? 그는 열차에 냉큼 올라타며 싱글벙글 웃었다. 여기저기서 승객들이 박수를 치며 곰바우에서 영웅으로 귀환한 그를 축하했다. '총알 탄 사나이'가 아니라면 불가능한 일이 일어났다. 그의 귀환 얘기에 승객들은 박장대소했다. 그는 열차를 놓친 뒤 역 앞으로 달려가 지나가던 택시를 붙잡고 "돈은 얼마든 줄 테니 다음 역까지 전속력으로 데려다 달라"고 부탁했다. 그렇게 러시아 총알택시를 잡아타고 330킬로미터 거리를 세 시간 반 만에 달려왔다. 열차가 바이칼호를 끼고 곡선 길을 달리는 동안 택시는 지름길로 달려왔다. 그는 주머니에 넣어두었던 비상금 150달러를 택시비로 전부 줬다고 했는데, 그에게 돈이 대수였으랴. 보르헤스와 마르케스의 환상적 리얼리즘이 현실에서 일어났다.

지금도 슬류단카 역을 지날 때면 열차 안을 온통 웃음바다로 만들었던 독일 곰바우가 떠오른다. 독일 곰바우와 함께 찍은 기념사진이 아직도 내 사진첩에 고스란히 남아 있으니 나에게도 잊을 수 없는 추억이다. 시베리아 횡단열차 기행문은 내가 아니라 독일 곰바우가 써야 하는데, 불행인지 다행인지 그는 은행원이고 나는 저널리스트 출신이다. 세계를 배낭여행 하다 보면 이처럼 소설보다 더 환상적인 현실을 경험하게 된다.

슬류단카를 지나면 얼마 안 돼 간이역 바이칼스크 역을 만난다. 바이칼 최대의 스키장으로 유명한 곳인데, 바이칼호의 설원을 바라보며 슬로프를 내려오는 상상만 해도 아찔한 쾌감이 든다. 아름다운 어촌 비드리노와 탄호이 역을 거쳐 미소바야 역을 지나간다. 미소바야 역이 있는 지역은 애초 미숍스크라 불렀으나 이 역에서 살해당한 러시아 사회주의 혁명가 이반 바부시킨을 기리기 위해 1941년 바부시킨으로 이름을 바꿨다. 지명은 바부시킨으로 바뀌었으나 역 이름은 옛날 그대로 미소바야 역이다.

바부시킨의 미소바야 역은 시베리아 도로 역사에서 빼놓을 수 없는 곳이다. 시베리아 횡단열차가 완공되기 이전부터 바이칼호 서쪽에서 배를 타고 동쪽으로 올 때 내리는 선착장이었다. 오랜 옛날부터 연해주로 가는 마차 우편 도로(시베리아 간선 도로 트락트)가 이곳을 따라 발달했고, 1905년 환바이칼 철도가 완공되기 전에는 호수 서쪽 포르트 바이칼 역에서 동쪽 미소바야 역까지 쇄빙선 바이칼호와 안가라호가 열차와 승객을 실어 날랐다. 1896년 화륜선을 타고 바이칼호를 건넌 민영환은 미소바야에서 내린 뒤 다시 마차로 갈아탔다. 1903년 겨울 쇄빙선을 타고 바이칼호를 건넌 영국 언론인 조지 린치는 기행문《제국의 통로》에 이런 글을 남겼다.

"정오에 쇄빙선이 미소바야를 출발했다. 이 배에 열차 3량이 실렸다. 두께가 2피트쯤 되는 얼음이 배가 지나가면서 뒤집히고 잠기고 했는데, 정말이지 대단한 구경거리였다. … 쇄빙선 뒤쪽으로 열린 수면으로는 눈 덮인 산이 비쳐 들었다. … 배가 전진하면서 얼음은 차츰 얇아졌고, 우리는 맑고 출렁이는 물 위를 떠가게 되었다. 보랏빛 안개가 끼고 눈 덮인 산이 수면에서 반짝이는 모습은 장관이었다."

쇄빙선도 얼음을 깨지 못하는 한겨울에는 얼음 위에 레일을 깔고, 기관차는 말이 끌고 승객은 썰매를 타고 건넜다.

1900년대 초 만주와 한반도의 지배권을 놓고 러시아와 신경전을 벌이던 일본은 조만간 환바이칼 구간이 완공된다는 정보를 입수했다. 일본은 환바이칼 철도가 완공되기 전에 결판을 내기로 했다. 1904년 2월 시작된 일본과 러시아의 전쟁, 러일 전쟁이다. 시베리아 횡단철도가 완공되지 않아 모스크바에서 만주까지 군수물자 수송에 어려움을 겪은 러시아는 결국 환바이칼 철도가 완공되기 한 달 전인 1905년 9월 일본에 항복했다. 해상에서는 발트 함대가 영국의 방해로 수에즈 운하를 통과하지 못하고 멀리 남아공 희망봉을 돌아오는 바람에 기진맥진해지고, 육지에서는 열차가 바이칼호에 막혀 제때 군수물자를 수송하지 못하는 이중고에 시달린 러시아는 일본과 제대로 싸워보지도 못하고 백기를 들어야 했다.

여기는 몽골인가? 불교 도시 울란우데

바부시킨의 미소바야 역을 떠난 열차는 바이칼스키 프리보이 역을 지나면서 아쉽게도 바이칼호와 작별했다. “만남은 너무 짧았고, 밤이 되자 기차가 그녀를 멀리 데려가 버렸지.” 열차는 〈백만 송이 장미〉의 아픔을 아는지, 바이칼과의 이별의 고통을 달래느라 한동안 몸서리치는 듯 흔들렸다. 마음을 추스른 열차는 다시 뱀이 기어가듯 구불구불 흘러가는 셀렝가강을 따라 달리기 시작했다. 열차도 이별에 이렇게 아파하는데, 사랑하는 사람을 떠나보내야 하는 사람의 심정이야 오죽하겠는가. 바이칼호에서 바뭅스카야까지는 야블로노비산맥과 스타노보이산맥 언저리 사이를 달린다.

울란우데 역

'불교의 도시' 울란우데에 도착했다. 열차에서 내리자 플랫폼에 있는 어미 곰 한 마리와 새끼 곰 두 마리 조형물이 나를 반긴다. 두 발로 선 곰들은 나를 보더니 '우리 동네 사람들하고 얼굴이 비슷하네' 하며 놀라는 표정이다. 부랴트 공화국의 수도 울란우데는 몽골의 어느 역에 온 듯한 착각을 불러일으킨다. 울란우데는 사람들의 생김새, 불교 사원, 동양식 건축물이 영락없는 몽골의 도시 풍경이다. 러시아 연방에는 세 개의 불교 자치공화국이 있는데, 주로 몽골계 주민들이 사는 부랴트 공화국, 투바 공화국, 칼미크 공화국이다. 시내 광장에 세워진 8미터 크기의 거대한 레닌 두상이 유명한데, 상상으로만 그려본다.

울란우데는 시베리아 횡단철도에서 몽골 울란바토르로 빠져 중국 베이징으로 연결되는 국제 열차의 분기점이다. 우다강을 따라 조금 달리다 보면 철도 분기점을 만난다. 시베리아 횡단철도 하면 모스크바에서 블라디보스토크까지 달리는 러시아 노선만 생각하지만, 국제 노선으로 모스크바에서 몽골 울란바토르를 거쳐 중국 베이징까지 가는 몽골 횡단철도TMGR, 모스크바에서 치타를 지나 중국 하얼빈을 거쳐 베이징까지 달리는 만주 횡단철도TMR가 있다. 몽골 횡단철도는 모스크바에서 울란바토르까지 6,304킬로미터 거리를 99시간에 달리고, 베이징까지는 7,826킬로미터 거리를 134시간에 달린다. 만주 횡단철도는 모스크바에서 하얼빈을 거쳐 베이징까지 8,961킬로미터 거리를 146시간에 달린다. 여기에 모스크바에서 우수리스크를 거쳐 두만강을 건너 평양까지 연결하는 한반도 종단철도TKR는 1만 214킬로미터로 현재 세계 최장 거리 노선이다. 모스크바에서 평양까지는 무려 9박 10일, 218시간이 걸린다. 남북한 철도가 연결되어 모스크바에서 부산까지 바로 연결되는 노선이 생긴다면 1만 521킬로미터로 새로운 세계 최장 거리 노선이 된다.

유럽 여행자들은 모스크바에서 울란바토르를 거쳐 베이징까지 가는 몽골 횡단철도를 많이 이용한다. 나는 2001년 이 노선을 따라 여행했는데, 이 노선이야말로 러시아, 몽골, 중국 세 나라의 다양한 풍광과 정취를 경험할 수 있는 환상적인 코스다. 러시아의 자작나무 숲을 달리는 시원함과 몽골의 초원과 고비사막을 지나는 경이로움, 중국의 만리장성을 따라 달리는 장엄함을 한꺼번에 경험할 수 있으니 가히 최고의 열차 여행 코스다. 과거에는 베이징에 도착하기 전 바다링(팔달령)을 넘어가면서 기관차가 전진하여 오른 뒤, 다시 그 기관차가 뒤에서 꼬리 객차를 밀고 올라가는 스위치백 운행을 하는 흥미로운 장면도 볼 수 있었다. 몽골과 중국 국경에서는 몽골의 광궤에서 중국의 표준궤로 열차 바퀴를 교체하는 대차 작업도 볼 수 있다.

울란우데에서 출발한 열차는 우다강과 우다 계곡을 따라 달린다. 체호프가 "유럽에서 전혀 보지 못한 방식으로 생명이 존재한다"고 한 극동 시베리아 지역으로 들어섰다. "황제는 너무 멀리, 신은 너무 높이 있다"는 러시아 속담은 바로 이곳을 말한다. 평원 너머로 나무가 별로 없는 완만한 언덕이다. 자작나무 숲 속에서 이따금 고풍스러운 통나무집들이 얼굴을 내밀고, 셀렝가강의 지류인 힐로크강이 구불구불 흐르고, 들판에는 야생화가 한창이다. 열차는 야블로노비산맥을 넘을 때 힘이 부치는지 속도를 줄이고 헉헉거리며 숨을 몰아쉬었다. 모고존 지역을 지나 시베리아 횡단 철도에서 가장 높은 해발 1,040미터 지점을 넘어가고 있었다. 시베리아 횡단철도의 에베레스트를 무사히 넘었다.

치타, 춘원 이광수와 모윤숙, 그리고 이극로

야블로노비산맥의 암석 사이로 난 철길을 아슬아슬하게 통과한 열차는 치타강을 만난다. 치타 역에 도착했다. 치타는 이르쿠츠크와 더불어 데카브리스트 유형지로 유명하지만, 마지막 차르의 황금에 얽힌 이야기도 흥미를 자아낸다. 백군이 갖고 있던 황제의 금괴는 콜차크가 죽으면서 바이칼호에 수장된 것이 아니라 열차에 실려 치타까지 왔는데, 당시 치타를 점령한 일본군이 그 '황금 기차'를 가로채 연해주로 끌고 갔다는 이야기다. 《코르토 말테제—시베리아 횡단열차》는 이런 전설을 차용해 주인공 말테제가 결국 황금 기차를 탈취해 수력발전소 건설 자금으로 사용한다는 내용이다.

치타에 오면 춘원 이광수가 떠오른다. 평북 오산학교 선생을 그만두고 상하이로 간 이광수는 미국 샌프란시스코에서 발행하는 《신한민보》의 주필로 가기 위해 1914년 러시아 배를 타고 블라디보스토크로 간 뒤 만주의 동청철도를 타고 치타까지 왔다. 당시 그의 나이 22세. 이광수는 이곳에서 독립운동 단체인 대한인국민회의 기관지 《대한인정교보》 주필을 맡는 등 나름대로 독립운동에 기여했다. 치타의 대한인국민회는 도산 안창호가 미국에서 주도한 대한인국민회의 시베리아 지부로, 이광수가 주필을 맡기로 한 샌프란시스코의 《신한민보》 역시 미국 대한인국민회의 기관지였다. 톨스토이를 흠모했던 이광수는 애초 시베리아 횡단열차를 타고 모스크바와 유럽을 거쳐 미국으로 가려 했으나 마침 제1차 세계대전이 터지면서 철길이 막혀 결국 조선으로 돌아갔다.

치타에 있을 때 이광수는 한인 집에 고용된 조선인 '머슴'을 만났다. 독립운동을 위해 군사학을 배우러 상트페테르부르크로 가려다 돈이 모자라 머슴살이를 하고 있는 스물한 살의 젊은이였다. 서간도 환인현(환런셴)에서 단재 신채호를 만나고 하얼빈까지 걸어온 이 머슴은 하얼빈에서 간신히 동청철도를 타고 치타로 올 수 있었다. 이 머슴은 그 뒤 상하이로 돌아갔다 독일 유학을 한 뒤 귀국해 조선어학회를 설립하고 《조선말큰사전》을 펴낸다. 영화 〈말모이〉의 주인공인 한글학자 이극로가 바로 그 머슴이다. 마산 창신학교에 다니던 이극로는 1910년 경술국치 이후 학과 시간표의 '일어'가 '국어'로, '국어'가 '조선어'로 바뀐 것을 보았다. 그리고 다짐했다. 반드시 '조선어'를 '국어'로, '국어'를 '일어'로 다시 바꿔놓고 말겠다고. 그리고 1912년 독립운동을 위해 서간도로 갔다.

이광수는 당시 치타 부근 어느 역에서 본 노점상의 풍경을 이렇게 묘사했다. “얼굴이 붉고 투실투실한 아라사 부인들이 고기 삶은 것이며, 빵이며, 순대며, 이런 먹을 것을 프랫포옴에 벌여놓고 팔았다.” 오늘날의 풍경이나 100여 년 전이나 별로 다르지 않다. 일제 강점기에 시베리아를 우리나라 대중에게 소개한 인물도 바로 이광수다. 치타에서의 경험을 바탕으로 쓴 1933년 작 《유정》은 우리나라 소설 최초로 ‘시베리아’와 ‘바이칼호’가 등장한다. 이광수는 《나의 고백》에서 “눈 덮인 몽고 사막과 흥안령을 넘어서 시베리아로 달리는 감상은 비길 데 없이 광막하여서 청년 나의 꿈을 자아냄이 많았다. 나의 소설 《유정》은 이 길을 왕복하던 인상을 적은 것이다”라고 했다. 1940년 10월 월간지 《삼천리》에도 자신의 시베리아 여행 경험을 기행문으로 쓰려다 소설화한 것이 《유정》이라고 밝혔다.

이광수가 《유정》을 발표하고 3년이 지난 1936년 시인 모윤숙은 하얀 눈으로 뒤덮인 시베리아를 배경으로 하는 산문 《렌의 애가》를 발표했다. “시몬, 그대는 들리는가 낙엽 밟는 소리를….” 중년 남성 시몬에게 바치는 청순한 아가씨 렌의 애달픈 노래인데, 여기서 시몬은 이광수이고 렌은 모윤숙이니…. 《유정》의 여주인공 남정임도 모윤숙이 모델이라고도 한다.

톨스토이의 《부활》의 카추샤가 유배를 떠난 시베리아를 이광수는 “옛날의 애인 카추우샤를 따라서 눈이 푸실푸실 내리는 시베리아로 떠나가던 그 마당", 모윤숙은 "카츄샤가 눈 깔린 벌판으로 쇠사슬을 끌고 가던 그 끝없는 벌판"이라고 했다. 그렇다면 이광수와 모윤숙의 '카추샤'도 모윤숙인가? 1930년대 이광수와 모윤숙은 시베리아를 사랑의 유배지로 만들었다. 당시 모윤숙은 이광수를 자주 찾았고, 이광수는 시베리아에 대해 많은 이야기를 들려주었을 터. 열여덟 살 차이에도 서로 사랑했던 그들은 백석처럼 "눈이 푹푹 쌓이는 밤 흰 당나귀 타고" 시베리아로 떠나고 싶었는지도 모른다. 이광수와 모윤숙의 '바리키노'도 시베리아였구나. 그런데 모윤숙도 친일파이니, 이것 참…. 당시 시베리아 상황이 이광수의 기록에 자세히 나와 있으니 이를 인용하지 않을 수도 없고…. 여행하다 너무 샛길로 빠졌다. 다시 여행 이야기로 돌아가자.

치타는 중국 하얼빈으로 빠지는 만주 횡단철도의 분기점이다. 1916년 시베리아 횡단철도 완공 이전에 이미 1901년 러시아의 동청철도 완공으로 치타는 만주와 조선반도를 연결하는 교통의 요충지가 되었다. 동청철도는 치타에서 만주 하얼빈을 지나 러시아 우수리스크를 거쳐 블라디보스토크까지 철길로 연결했다. 굳이 블라디보스토크에서 출발하지 않더라도 경성에서 평양과 신의주를 지나 심양(선양)과 하얼빈을 거친 뒤 치타에서 시베리아 횡단열차를 타고 모스크바와 유럽으로 가는 길이 열렸다.

최초의 스웨덴 유학생인 신여성 최영숙은 이화학당을 졸업하고 1926년 7월 하얼빈을 거쳐 치타에서 시베리아 횡단열차를 타고 모스크바를 지나 스웨덴으로 유학을 갔고, 손기정도 1936년 베를린 올림픽에 참가하기 위해 치타에서 시베리아 횡단열차를 타고 모스크바를 지나 베를린으로 갔다. 이광수가 1914년 8월 조선으로 돌아간 길도 치타-만저우리-하얼빈으로 이어지는 만주 횡단철도 노선이었다. 역사에서 가정이란 부질없는 짓이지만, 만약 이광수의 미국행이 성공했더라면 말년의 친일 행적 오점은 없었을지도 모른다. '머슴' 이극로는 독일행으로 애국의 길로 나아갔으나, 애국의 길을 떠났던 이광수는 치타에서 매국의 길로 돌아왔으니….

그 옛날 만주와 시베리아는 마음만 먹으면 머리 식히러 한반도에서 기차 타고 마실 가듯 한걸음에 달려갈 수 있는 옆 동네였다. 1900년대 초 이미 조선반도는 사방팔방으로 철도가 연결되어 시베리아로 유럽으로 내달리던 대륙 국가였다. 그런데 지금은 분단이란 이념의 괴물이 가로막고 있으니 한반도는 영락없는 물리적·심리적 섬이 되어버렸다.

분단이란 두통거리를 아는지 모르는지 치타를 떠난 열차는 인고다강과 실카강을 따라 다시 신나게 달렸다. 다섯 시간쯤 달려 프리스코바야 역에 도착했는데, 근처에 우리가 잘 아는 네르친스크 조약의 그 네르친스크가 있다. 네르친스크는 이르쿠츠크에서 만난 데카브리스트 볼콘스키와 트루베츠코이가 발목에 족쇄를 차고 은광에서 강제 노동한 유형지이기도 하다. 한때 러시아와 중국, 몽골 세 나라의 중계 무역으로 번성했으나 시베리아 횡단 철도가 남쪽으로 10킬로미터 비껴가면서 톰스크처럼 급격히 쇠퇴한 비운의 도시다.

네르친스크 이야기가 나왔으니 역사 이야기를 건너뛸 수 없다. 1630년대 우랄산맥을 넘어 시베리아를 차지한 러시아는 내친김에 만주까지 공짜로 꿀꺽 삼키려 했다. 그런데 당시 청나라 황제는 그 유명한 '3대 성군' 강희제였으니 러시아가 상대를 잘못 골랐다. 회담장인 네르친스크에 러시아가 병력 1,000여 명을 데리고 나오자 강희제는 1만 5,000여 명의 대규모 병력을 파견해 초장부터 러시아의 기를 팍 죽여놓았다. 강희제가 러시아에 이렇게 대차게 나올 수 있었던 배경에는 이미 '작은동생' 조선이 '큰형님' 청나라의 부탁으로 두 차례 나선(러시아) 정벌을 통해 러시아의 코를 납작하게 만들어놓은 역사적 사실이 있었음을 잊어서는 안 된다.

결국 러시아는 섭정하던 소피야의 주도로 1689년 8월 27일 치욕적인 네르친스크 조약을 체결하게 되는데, 러시아가 이미 헤이룽강 유역에 개척한 땅에서 물러날 뿐 아니라 오늘날의 하바롭스크와 블라디보스토크 등 연해주 전체를 모두 중국 영토로 인정한다는 조약이었다. 청나라가 서구와 체결한 최초의 조약이자 가장 평등한 조약이었다. 한 달 뒤인 1689년 9월 22일 이복 누나 소피야를 몰아내고 실권을 장악한 표트르 대제는 뒤늦게 이를 알고 '이건 무효!'라며 펄쩍 뛰었으나 이미 조약서의 잉크는 단단히 굳어 있었다. 중국 용에게 일격을 당한 러시아 곰은 뿌드득 복수의 이를 갈았다.

어린 왕자가 혜성의 꼬리를 타고 지구별로 내려오다

열차는 러시아 스타노보이산맥과 중국 대싱안링大興安嶺산맥 사이의 낮은 언저리를 따라 북쪽으로 계속 올라갔다. 대싱안링산맥은 아주 먼 옛날 따뜻한 남쪽 나라를 찾아 내려오던 우리 선조들이 넘은 아리랑 고개다. 구석기 시대 바이칼호에 살던 우리 선조들은 해빙기를 맞아 남쪽으로 내려왔는데, 바로 저 대싱안링산맥을 넘어 만주를 거쳐 한반도로 이동했다. 우리 선조들이 넘어온 지 한참이 흘러 10세기에는 요나라를 건설한 거란족이 발흥한 곳이기도 하다.

지금은 열차가 지나가는 대싱안링산맥에는 슬프고도 아름다운 만주족의 신화가 깃들어 있다. 어느 날 하늘나라 천신은 땅 위의 사람들이 많은 문제를 일으키자 노아의 방주처럼 대홍수를 일으켜 아예 인간을 없애버리려 했다. 이를 본 천신의 막내딸 '흰 구름 공주'는 인간을 가엾게 여겨 구해주기로 다짐했다. 공주는 아버지 천신의 보물상자에 있는 가루를 훔쳐 홍수로 뒤덮인 지상에 뿌렸는데, 그 가루가 흙이 되어 쌓이면서 만들어진 것이 바로 대싱안링산맥이다. 아버지의 뜻을 거역한 흰 구름 공주가 땅으로 도망가자 천신은 화가 나서 지상에 세찬 눈보라를 몰아치게 했다. 숨을 곳이 없는 흰 구름 공주는 하얀 눈을 뒤집어쓴 채 점점 은빛 자작나무로 변해갔다. 그리스·로마 신화에 인간을 위해 불을 훔친 프로메테우스가 있다면, 만주족 신화에는 사람을 위해 가루를 훔친 흰 구름 공주가 있다. 시베리아 횡단열차를 타고 대싱안링산맥과 자작나무를 만나거든 가엾은 흰 구름 공주를 생각하자. 가을은 말을 살찌우지만 신화는 여행을 살찌운다.

위도가 높아지면서 밤에 이 구간을 지나는 여행자는 환상적인 별 무리를 보게 된다. 자정에 열차 복도로 나와 창문을 열고 밤하늘을 보았다. 올혼섬에서 봤던 별 무리가 하얀 자작나무에 사뿐히 내려앉고 있었다. 아, 흰 구름 공주가 밤이 되면 외로울까 봐 별들이 말동무가 되어주려고 자작나무로 내려오는 것이구나. 호기심 많은 어느 별은 겁도 없이 달리는 열차 지붕 위로 내려오고 있었는데, 혹시나 충돌 사고가 나지 않을까 걱정되었다. 요즘 로

드킬이 얼마나 많은가. 다행히 별들은 아무런 사고 없이 시베리아 벌판에 안전하게 연착륙했다. 어느새 시베리아 자작나무들은 온통 크리스마스트리로 변했다. 손을 내밀면 딸 수 있을 만큼 내 머리 위에 별들이 촘촘히 매달렸다. 사방이 별들로 둘러싸인 열차 안에 쿵쾅거리는 기차 소리가 맞물리니 사이키 조명과 미러볼이 도는 노래방에 온 듯한 착각이 들었다. "저 별은 나의 별, 저 별은 너의 별, 별빛에 물들은…." 나도 모르게 콧노래를 흥얼거렸다. 그리고 '밤같이 까만 눈동자'를 가진 그녀가 생각났다.

시베리아 밤하늘을 보는 데는 천체망원경이 따로 필요 없다. 북두칠성을 품은 큰곰자리, 북극성을 꼬리에 단 작은곰자리, 은하수를 사이에 둔 견우성과 직녀성, 카시오페이아자리, 페가수스자리가 각각의 액자 속으로 들어가 한 폭의 그림이 되었다. 저 멀리 하늘에 촘촘히 박힌 수많은 별 사이로 하얀 우유를 뿌려 놓은 길이 보였다. 은하수다. 은하수를 향해 달려가는 시베리아 횡단열차는 어릴 적 보았던 '은하철도 999'다. 몽골 초원을 달리는 열차에서 본 해넘이 풍경만큼이나 시베리아 횡단열차에서 본 별 무리의 장관은 잊을 수 없는 추억이다.

마침 잠도 오지 않아 이왕 별자리를 찾는 김에 머릿속에 떠오르는 이런저런 별들을 찾아보기로 했다. 그러나 아기 예수가 태어난 베들레헴의 마구간으로 동방박사를 인도한 별은 끝내 찾지 못했다. 내 눈이 나빠서가 아니다. 《마태복음》에는 세 동방박사가 하늘의 '별'의 인도를 받았다는 이야기만 있지, 그 별의 이름이나 별자리에 대해서는 전혀 나와 있지 않다. 그러니 밤하늘의 수많은 별 중 어느 별이 동방박사를 인도했던 별인지 알 도리가 없다.

'어린 왕자'가 사는 별은 단박에 찾았다. 저 멀리 은하계 끝자락에 홀로 희미하게 빛나고 있었다. 자상한 생텍쥐페리는 《마태복음》과 달리 어린 왕자가 사는 별 이름 '소행성 B612'뿐 아니라 그 별에 화산과 바오바브나무, 장미가 있다는 정보까지 자세히 알려주었다. 어린 왕자는 오래전 싸우고 떠났던 장미와 사이좋게 지내고 있었는데, "별이 아름다운 것은 보이지 않는 꽃이 있기 때문이야"라는 어린 왕자의 말처럼 정말 소행성 B612의 울긋불긋한 장미꽃은 그렇게 예쁠 수가 없었다. 소행성 B612는 한 시간 넘게 열차를 계속 따라왔다. 멀리 은하계에서 어린 왕자가 지구로 내려오는 모습이 보였다. 과거 철새들의 이동을 따라 여행을 떠났던 어린 왕자는 이번에는 혜성의 꼬리를 잡고 2단 로켓처럼 내려오고 있었다. 어린 왕자도 이번에는 시베리아 횡단열차를 타고 지구 행성을 여행하고 싶은 것이 분명했다. 시베리아 횡단열차 여행이라면 나는 어디 내놓아도 빠지지 않으니, 어린 왕자의 가이드가 되어주리라는 기대에 부풀었다.

그때 열차가 레일 사이를 지나는지 꽝 하는 소리가 들렸다. 느닷없는 굉음과 함께 나의 달콤한 상상은 산산이 부서지며 별똥별이 되어 시베리아 밤하늘로 날아가 버렸다. 허망했다. 침대칸으로 돌아와 잠을 청했으나 너무 억울해서 잠은 안 오고 몸만 뒤척였다. 왜 현실이란 어른은 이렇게 상상이란 어린이를 못살게 구는지 모르겠다. 어느 시인은 "어린이는 어른의 아버지"라 했고, 《마태복음》에도 "너희가 생각을 바꾸어 어린이와 같이 되지 않으면 결코 하늘나라에 들어가지 못할 것이다"라는 말씀이 있다. 여행도 동심, 어린이의 마음으로 해야 한다. 비록 나이는 어른이더라도 어린이와 같은 마음으로 여행할 때 산과 강이 나에게 다가오고, 별과 은하수가 나에게 내려온다.

열차는 밤사이 많은 간이역을 지나쳤다. 19세기 극동 시베리아로 유형 당한 러시아 문학가 니콜라이 체르니솁스키의 이름을 딴 체르니솁스크-자바이칼스크 역에는 그의 도금된 동상이 서 있다. 러시아 문학의 고전이 된 체르니솁스키의 소설 《무엇을 할 것인가》는 레닌에게 영향을 미쳐 동명의 혁명 지침서를 낳았다. 체르니솁스크-자바이칼스크 역과 바부시킨처럼 아직도 차르 시대 혁명가의 이름을 딴 역과 지명이 남아 있다. 겨울에 영하 60도까지 내려가는 모고차 역도 지났다. 성처럼 아기자기 예쁜 예로페이 파블로비치 역도 지났는데, 이 역은 17세기 아무르강 탐험가였던 예로페이 파블로비치 하바로프의 이름을 땄다.

다음 날 아침, 틈틈이 열차 밖 풍경을 즐기며 시간을 보냈다. 얼마 지나지 않아 조그만 바몹스카야 역이 나타났다. 바이칼-아무르 철도와 연결되는 지선으로 틴다로 이어진다. 털매머드에 관심 있다면 여기서 열차를 갈아타고 야쿠츠크로 달려가야 한다. 야쿠츠크는 상트페테르부르크 자연사박물관에 보관된 그 유명한 베레조프카 털매머드가 발굴된 곳으로, 멸종동물 복원 작업을 벌이는 학자들이 시베리아 영구동토층에서 4만여 년 전 죽은 털매머드 사체를 발굴한 곳이다. 바몹스카야에서 하바롭스크까지는 스타노보이산맥과 소싱안링산맥의 언저리를 달린다. 이따금 아름다운 강들이 불쑥불쑥 얼굴을 내밀며 인사한다. 간이역인 레댜나야 역에는 러시아의 보스토치니 우주기지가 새로 건설되고 있었는데, 조만간 시베리아 횡단열차를 타고 가면서 하늘로 솟아오르는 우주선을 보게 될지도 모른다. 호기심 많은 어린이라면 열차를 타고 가다 마침 하늘로 발사한 우주선의 꼬리를 잡고 어린 왕자처럼 별들을 여행할 수도 있으리라.

스보보드니, 독립운동 최악의 참변

레댜나야 역을 떠난 열차는 30분을 더 달려 스보보드니 역에 정차했다. 한적한 시골 마을의 깔끔한 3층 건물이다. 열차는 이 낯선 간이역에 번갯불에 콩 구워 먹듯 2분만 머물다 가지만, 우리 민족에게는 '자유시'란 이름으로 100년의 고통이 흐르는 아픔의 현장이다. 러시아어로 '자유로운'이라는 뜻의 스보보드니. 그래서 일제 강점기 우리 선조들이 '자유시'라 불렀던 바로 그곳이다. 이 작은 간이역은 그 아픔을 알까? 우리 독립운동 최대의 비극 '자유시 참변'의 현장에 나는 시베리아 횡단열차라는 타임머신을 타고 왔다. 소련 볼셰비키의 배신과 함께 한인 항일무장부대의 지휘권을 둘러싼 이르쿠츠크파 고려공산당과 상하이파 고려공산당의 파벌 싸움이 빚은 대참사였다. 1921년 6월 일어난 자유시 참변은 '흑하사변'이라고도 하는데, 우리끼리 싸우는 과정에서 독립군 100여 명이 사망하고 800여 명이 포로가 되었다.

당시 중국 만주와 러시아 연해주 무장독립군은 청산리 대첩 이후 일본의 대대적인 토벌 작전에 밀려 자유시로 몰려들었다. 약소 식민지의 독립을 지지한다는 소련의 약속을 굳게 믿었기 때문이다. 자유시에는 만주 계열 홍범도의 대한독립군(대한독립군단 소속)과 러시아 계열 오하묵의 고려혁명군 및 박일리야의 사할린의용군 등이 집합했다. 만주 계열과 러시아 계열의 통합독립군 지휘권을 둘러싸고 러시아 고려공산당 내 이르쿠츠크파와 상하이파에 뿌리를 둔 오하묵과 박일리야 사이에 갈등이 빚어졌다. 여기에 소련 볼셰비키 적군이 오하묵의 이르쿠츠크파 편을 들면서 사달이 났다. 소련 적군과 이르쿠츠크파 오하묵의 고려혁명군이

한 편이 되어 상하이파 박일리야의 사할린의용군을 무장 해제시키는 과정에서 비극이 일어났다. 날벼락도 이런 날벼락이 없었다. 자유시 참변으로 소련과 손잡고 연해주를 중심으로 무장투쟁을 하려던 1세대 항일무장투쟁 세력은 흔적도 없이 역사 속으로 사라졌다. 그 뒤 항일무장투쟁은 10여 년이 지난 1932년에 김일성의 조선인민혁명군이 이어받는다.

이 사건은 민족사에 엄청난 비극의 씨앗을 뿌렸다. 공산당에 대한 불신은 독립운동가들 사이에 사상적 분열을 불러왔다. 중국의 국공합작과 달리 김구의 민족주의와 여운형의 사회주의 세력의 연대가 무산되고, 오하묵을 지지했던 홍범도는 소련 적군에 편입되어 버리고, 김좌진은 공산주의 계열 조선인에게 암살당했다. 해방 뒤 좌우합작 실패에 이어 친일파의 득세, 한국 전쟁이라는 비극까지 불러왔다. 만약 자유시 참변이 없었다면, 민족주의 세력과 사회주의 세력을 통합한 대한독립군단은 일본에 선전포고하고 해방 뒤 승전국의 지위로 당당히 한반도로 들어왔을지도 모른다. 제2차 세계대전 때 영국에 망명해 자유프랑스군을 이끈 드골이 종전 뒤 승전국의 지위로 파리로 돌아왔던 것처럼. 그러면 분단도 없고 동족상잔의 전쟁도 없었을 것이다. 한민족의 운명은 그렇게 갈렸다.

강대국을 믿지 마라. 우리 역사에서 강대국을 믿었다가 코피

터진 적이 어디 한두 번인가? 일본은 1895년 청나라에 조선의 독립을 요구하며 우리를 편드는 척하다 시모노세키 조약으로 아예 꿀꺽 삼켜버렸고, 1896년 러시아는 일본과의 비밀 협상을 통해 조선의 38도선 분할 점령에 합의했다. 1902년 영국은 일본과 영일 동맹을 맺고 청나라와 조선에서의 이권을 서로 묵인했고, 1905년 미국은 일본과 가쓰라-태프트 밀약을 맺고 필리핀과 조선을 나눠 먹기로 했다. 1907년 러시아는 일본과의 러일 협약을 통해 만주와 조선을 각자의 영역으로 챙겼고, 미국과 러시아는 1945년 얄타 회담을 통해 한반도를 38도선으로 확실하게 두 동강 내어 삼켜버렸다. 에라, 이 제국주의 도둑놈들아. 해방 뒤 유행한 "미국 놈 믿지 말고, 소련 놈에 속지 말라. 일본 놈 다시 일어난다"는 경고가 그냥 생긴 말이 아니었다. 오랫동안 강대국에 짓밟히고 배신당한 우리 선조들이 우리에게 물려준 소중한 유언이다. 남이든 북이든 모두 정신 차리자. 서로 내가 잘났니 네가 잘났니 하면서 아웅다웅할 상황이 아니다. 우리는 너 나 할 것 없이 몸뚱이가 두 동강 난 '휴전선의 고아' 신세가 아닌가?

여행을 마치고 온 뒤에 옛 고려인 마을에 자유시 참변 기념 표지석을 세웠다는 뉴스를 봤다. 표지석에는 한국어로 "다시는 우리끼리 싸우는 일이 없기를"이라는 문구를 새겨 넣었다. 얼마나 한이 되었으면 저런 글을 새겼을까. 강대국의 배신도 민족 내부의 분열이 있기에 가능했으니 누구를 탓하랴. 우리끼리 싸우지 말자는 얘기가 나왔으니 말인데, 어느 시골 초등학교에서 통일 포스터 그리기 대회를 개최했는데 최우수상으로 뽑힌 작품이 큰 화제가 되었다. 어른들 머리에서는 절대 나올 수 없는 기발하고 창조적인 작품이었다. "포스터 그리기 지겹다. 빨리 통일해라!"

스보보드니 역을 출발한 열차는 옛 수라젭카 역을 지났다. 수라젭카 건너편으로 자유시 참변 현장인 급수탑이 보였다. 급수탑 뒤편이 박일리야의 사할린의용군 주둔지였다. 옛날 증기기관차용 급수탑은 마치 억울하게 죽어간 독립투사의 영혼을 위로하는 위령탑처럼 서 있었다. 열차는 급수탑을 지나 아무르강의 지류인 제야강을 건넜다. 지금은 맑고 잔잔하게 흐르는 저 강물 위로 독립투사들의 석류 같은 붉은 피가 폭포처럼 쏟아졌다니….

제야강이 멀어졌다. 한 시간쯤 달린 뒤 벨로고르스크 역에 섰다. 무려 40분이나 머문다. 이 작은 도시에 왜 이렇게 오래 정차하는지 모르겠다. 열차 승무원에게 잘못 물어봤다가 쓸데없이 내정 간섭하지 말라는 핀잔을 들을까 봐 그냥 입을 다물었다. 플랫폼에 내려 이곳저곳 돌아다니며 구경했다. 플랫폼에는 오른손을 든 레닌 동상이 있는데, 표정이 그리 밝아 보이지 않았다.

"어이, 레닌 형님. 뭐 불편한 일이라도 있소?"

"자네도 젊었을 때는 나를 꽤 좋아하지 않았나? 그런데 요즘

자유시 참변이 일어난 옛 수라젭카 역 건너편 급수탑(출처: 독립기념관)

내 형편이 말이 아니야. 러시아 곳곳에 흑곰보다 많던 내 동상이 철거되어 고물상으로 간다는 소식이 들리니 말이야. 내가 어쩌다 고철 신세가 됐는지 모르겠네."

레닌의 사회주의는 이미 자본주의의 밥이 되어 이렇게 박제된 동상으로밖에 만날 수 없으니 레닌의 신세 한탄도 이해할 만했다. 나는 딱히 위로의 말을 찾을 수 없어 레닌 동상에서 고개를 돌리려다 잠시 멈췄다. 그리고 대머리 형님을 뚫어져라 쳐다봤다.

"약소 식민지의 독립을 지지한다던 소련 사회주의가 자유시 참변을 막지 못했다니 실망이요. 형님 생각은 어떻소?"

벨로고르스크 역

그 말 많던 레닌은 아무 말 못 하고 먼 산만 바라봤다.

레닌 동상 뒤에 있는 역 건물 간판에는 러시아어 키릴 문자와 함께 영어로 벨로고르스크라고 쓰여 있었다. 이런 시골 역까지 '제국주의 언어' 영어로 병기를 하다니, 세계화의 물결이 시베리아까지 스며들었다. 나 같은 여행자가 자유시 참변을 가지고 시비를 걸고 영어 이름까지 뒤통수를 근질근질하게 하니, 이래저래 레닌 형님은 가슴이 답답하고 속이 쓰리다.

벨로고르스크에 오래 정차하는 이유가 있었다. 우리가 역사책에서 배운 아이훈 조약이 체결된 중국의 아이후이로 가는 교통의 요충지였다. 남쪽으로 100여 킬로미터 떨어진 아무르(헤이룽)강 건너편에 지금은 아이후이로 이름이 바뀐 아이훈이 있다. 아이훈은 헤이룽장성 헤이허(만주 흑하)에 있는 작은 마을이다. 제2차 세계대전 때 소련군 포로가 된 일본의 만주 관동군은 하얼빈을 지나 이곳 만주 흑하를 거쳐 아무르강 건너편의 블라고베셴스크로 끌려와 시베리아 포로수용소로 갔다. 이 관동군 포로 중에는 수많은 조선인이 있었다. 네르친스크 조약으로 굴욕을 당한 러시아는 청나라가 영국과의 아편 전쟁으로 그로기 상태에 빠지자 1858년 네르친스크 조약을 파기하는 아이훈 조약을 체결했다. 러시아는 이 조약으로 아무르강 서쪽을 장악해 지금의 하바롭스크 지역 대부분을 차지할 수 있었다. 2년 뒤 1860년에는 베이징 조약으로 마침내 극동의 부동항 블라디보스토크를 비롯한 연해주 전체를 삼켰다. 동네북 신세가 된 청나라를 협박한 공갈 조약이었다.

곰의 탐욕은 여기서 그치지 않았다. 청일의 시모노세키 조약에 대한 삼국 간섭을 통해 1896년 만주의 동청철도 부설권을 얻었으며, 1898년에는 뤼순, 다롄 등 랴오둥(요동)반도까지 조차했다. 러시아는 1900년 의화단 운동이 일어나자 만주에 20만 병력을 주둔시키고 극동총독부를 설치해 쑹화강과 고비 사막을 새로운 국경으로 삼아 만주 전체를 먹으려 했다. 그러나 1905년 러일 전쟁에서 일본에 패배하면서 물거품이 됐다. 일본의 승리는 결과

적으로 중국에게는 천운이었다. 오늘날 중국과 러시아 국경은 이렇게 해서 만들어졌다. 전쟁 위기까지 갔던 1969년의 중소 국경 분쟁은 아이훈 조약과 베이징 조약이란 불평등 조약에 그 뿌리를 두고 있다.

당시 베이징 조약으로 엉뚱하게 피를 본 나라가 있었으니, 바로 멍청한 조선이다. 청나라는 우수리강과 두만강 동쪽 땅을 모두 러시아에 넘겨줬는데, 이 와중에 엉뚱하게 우리 땅이던 두만강 하구 녹둔도가 러시아로 딸려 갔다. 녹둔도는 이순신이 1586년 부임해 처음 백의종군한 역사적 장소다. 가관인 것은 조선은 자신의 땅이 러시아로 넘어갔다는 사실을 거의 30년이 흐른 뒤에야 알았다는 점이다. 청나라와 러시아의 베이징 조약은 1860년 철종 때 체결됐는데, 녹둔도가 그 조약에 포함된 사실은 1889년 고종 때에야 알았다. 깜짝 놀란 조선은 청나라와 러시아에 반환을 요청했으나 청나라는 꿀 먹은 벙어리고 러시아는 콧방귀도 뀌지 않았다. 조선은 이리 치이고 저리 치이는 불쌍한 호구 신세였다.

톨스토이가 단편 〈사람에겐 얼마만큼의 땅이 필요한가〉에서 허망한 욕심을 경고했건만 러시아의 땅 욕심은 끝이 없었다. 러시아의 면적은 1,709만 8,246제곱킬로미터로 한반도의 77배가 넘는다. 옛말에 "아흔아홉 섬 가진 놈이 한 섬 가진 놈의 것을 노린다"고 했는데, 러시아는 동방의 작은 나라의 코딱지만 한 녹둔도까지 빼앗아갔다. 러시아에도 "금 가진 놈이 구리를 탐한다"는 속담이 있다. 정말 사람의 욕심은 메울 수 없는 것일까?

컵라면과 초코파이는 시베리아 횡단열차를 타고 온다

벨로고르스크 역에서 기억나는 또 한 가지는 우리나라 초코파이와 컵라면이다. 역 매점에서 낯익은 초코파이와 컵라면을 팔고 있었다. 내가 처음 시베리아 횡단열차를 탔던 2001년에는 역 매점에서 간혹 볼 수 있었는데, 이번에 보니 시베리아 철길뿐 아니라 재래시장까지 초코파이와 컵라면이 점령하고 있었다. 오리온 초코파이는 러시아의 국민 간식이고, 팔도의 컵라면 '도시락'은 러시아의 국민 식품으로 러시아인의 입맛을 사로잡았다. 초코파이와 컵라면이 러시아에서 이런 사랑을 받는 데는 시베리아 횡단철도가 한몫했다. 초코파이와 컵라면은 1991년 소련이 붕괴한 뒤 한국을 드나들던 러시아 보따리상들 사이에서 인기를 끌다 시베리아 철길을 따라 퍼져갔다.

〈은하철도 999〉에서 철이는 틈만 나면 기차역에서 내려 라면집을 찾아간다. 라면집 딸이었던 기계인간 '눈의 여왕'은 어릴 적 먹은 라면 맛의 추억을 잊지 못해 영원한 생명을 포기한다. 열차 여행 중 라면만큼 간단하고 맛있게 먹을 수 있는 음식은 없다. 컵

우리나라 초코파이와 컵라면 등을 파는 벨로고르스크 역 플랫폼 매점

라면은 태어날 때부터 열차 음식이었다. 시베리아 횡단열차에서 라면을 먹을 때 철이와 눈의 여왕을 떠올려보자. 최근에는 '햇반 컵반'도 열차 식품으로 인기를 끌고 있다. 한류는 단순히 K-팝에 그치지 않고 K-푸드로까지 이어지고 있다. 사랑은 비를 타고 오듯 초코파이와 컵라면은 시베리아 횡단열차를 타고 온다.

열차는 벨로고르스크 역을 떠나 하바롭스크를 향해 나아갔다. 시베리아허스키 한 마리가 역에서 꼬리를 흔들며 나름의 격식을 갖추고 나를 환송했다. 하바롭스크까지는 이제 열두 시간 남았다. 하룻밤 자고 나면 열차는 아무르강이 흐르는 하바롭스크 역에 도착할 것이다. 밤사이 열차는 아르하라에서 오블루체 사이에 있는 가장 긴 2킬로미터 터널을 지나고, 스탈린이 유대인 자치주로 만든 '스탈린의 시온' 비로비잔을 거쳐 러시아 내전의 중요 전투지였던 볼로차옙카를 뒤로 밀어내며 달려갔다.

시베리아 철길 주변의 구불구불한 크고 작은 강과 고풍스러운 통나무집 이즈바가 인상적이다. 여행자의 눈을 즐겁게 하는 것은 단연 들판에 핀 야생화다. 바이칼호의 이반차이는 어김없이 철길을 따라 여기까지 따라온다. 시베리아 겨울의 혹독한 추위를 이겨내고 활짝 피어 있는 이반차이를 보니 그 강인한 생명력이 감탄스럽기도 하지만 아직도 '떠나간 이를 그리워하는' 그 모습이 안쓰러웠다. 왜 사랑은 이렇게 어긋날까? 누군가는 무심하게 떠나고, 또 누군가는 애타게 기다린다. 셰익스피어가 시베리아를 방문했다면 《한여름 밤의 꿈》에서 이반차이에게 사랑의 묘약을 주어 짝을 찾아줬을 텐데.

외로운 이반차이만 있는 것은 아니다. 씩씩한 들꽃도 많다. 열차 여행이 지루할 때쯤이면 층층잔대, 애기똥풀, 금불초, 쑥국화 등 북방계 식물들이 자작나무 사이로 힐끔힐끔 얼굴을 비춘다. 아무리 목석같은 사람도 들꽃을 보면 피식 웃게 된다.

5 아무르강은 흐른다

하바롭스크·우수리스크

가장 미친 짓은
현실에 안주하고
꿈과 이상을 포기하는 것이다.

_세르반테스, 《돈키호테》

아무르강 ©Alexxx1979

하바롭스크, 말이 없는 아무르강

아침 햇살에 눈을 떴을 때 아무르 철교가 멀리서 다가왔다. 열차 창문을 활짝 열어젖혔다. 아무르강에서 불어오는 시원한 바람이 자작나무 향기를 풍기며 얼굴을 덮쳤다. 이게 바로 시베리아의 냄새다. 아무르강 바람으로 아침 세수를 하고 자작나무 향기로 이를 닦으니 그렇게 상쾌할 수가 없다.

아무르 철교는 시베리아 횡단철도 건설의 화룡점정이었다. 아무르 철교가 1916년 10월 개통되면서 마침내 모스크바에서 하바롭스크를 거쳐 블라디보스토크까지 온전히 러시아 땅을 잇는 시베리아 횡단철도 노선이 완공되었다. 1891년에 시작된 25년간의 대장정이었다. 아무르 철교는 시베리아 횡단철도의 상징으로 러시아 최고액권인 5,000루블의 한 면을 당당히 차지하고 있다.

길이 2.6킬로미터의 아무르 철교를 지나 하바롭스크 역에 도착했다. 하바롭스크 역에 내리면 그 맛있다는 아무르강의 철갑상어와 연어가 마중 나오리라 내심 기대했다. 그러나 어디에도 보이지 않았다. 대신 엉뚱한 '하바로프 동상'이 나를 맞이했다. 이 도시 이름이 자기 이름에서 따온 거라고 자랑이라도 하듯 역 광장에 우뚝 서 있다. 예로페이 파블로비치 하바로프는 1651년 하바롭스크 지역을 처음으로 탐험했는데, 러시아에서는 탐험가로 불리지만 실제는 모피 장사꾼이었다. 어떻든 그의 탐험으로 러시아인들이 이곳 아무르강에 발을 디디게 되었으니 이 도시의 개척자라 할 수 있다. 예로페이 파블로비치 하바로프의 이름은 시베리아 횡단철도의 작은 마을 '예로페이 파블로비치 역'으로 남았고, 성은 대도시 '하바롭스크'로 남았다. 러시아는 땅따먹기에서 영토를 확장한 인물에게는 지명으로 확실하게 보상해준다. 하바로프 동상은 왼손에 지도 같은 두루마리를 꽉 쥐고, 오른손으로는 어깨에서 흘러내린 외투 자락을 쥐고 있다. 아직도 연해주 지역에 먹을 땅은 없는지 눈에 불을 켜고 찾고 있는 듯하다. 정복자 하바로프는 중소 국경 분쟁의 씨앗을 뿌리고, 조선의 나선 정벌을 촉발한 인물이다.

하바롭스크 역

말갈족이 말 달리던 땅

아무르강 언덕에 세운 하바롭스크는 이르쿠츠크만큼이나 걸어서 여행하기 좋은 도시다. 아름다운 아무르강과 고풍스러운 건물, 멋진 공원이 어우러진 전원풍의 도시다. 여기에 역사까지 있으니 여행의 참맛을 느낄 수 있다. 도시 전체가 러시아 역사뿐 아니라 한국, 중국, 일본 역사까지 한꺼번에 볼 수 있는 동아시아 합동 박물관이다. 한국은 김알렉산드라, 김유천, 조명희의 유적이 있고, 북한 김일성 빨치산 부대 주둔지도 있다. 중국은 국경 분쟁을 겪은 볼쇼이우수리스크(헤이샤쯔)섬이 있고, 마지막 황제 푸이의 수용소가 있다. 일본은 제2차 세계대전 일본군 포로수용소와 중앙 묘지 그리고 그들이 건설한 댐과 철도가 있다. 여행자들은 시내 우쵸스 전망대에서 아름다운 아무르강을 내려다본 뒤 각 나라의 유적지를 찾아 나선다. 우쵸스 전망대에서 시내 중심도로인 무라브요바아무르스코고 거리를 걷다 보면 하루가 어떻게 흘러갔는지 모를 정도로 훌쩍 지나간다.

나는 아무르강이 보이는 인투리스트 호텔에 묵었다. 호텔에서 그리 멀지 않은 아무르강 변의 향토박물관을 찾았는데, 박물관 앞에 허리 잘린 비석을 등에 업고 있는 거북 모양 석상이 있었다. 어딘가 낯익다 싶었는데, 오래전 우수리스크 공원에서 봤던 돌거북과 똑같다. 우수리스크의 12세기 금나라 유적지에서 두 개의 돌거북이 발견됐는데, 하나는 우수리스크 시내 시민공원에 있고 다른 하나는 이곳으로 옮겨왔다. 경주의 태종무열왕릉비와도 닮았다. 비석의 몸통은 사라지고 거북 모양 받침돌과 비석의 머리만 남았다. 금나라는 발해의 영향을 받았으니 돌거북상도 우리와 비슷할 테다. 하바롭스크는 원래 흑수말갈이 아무르강 언덕에서 말달리며 뛰어놀다 가끔 친구가 그리우면 우수리강을 따라 이웃 발해로 마실 가던 땅이었다.

향토박물관 1층에는 박제된 철갑상어와 털매머드, 시베리아 호랑이 등이 전시되어 있다. 그러나 박물관이 여행자에게 진짜 보여주고 싶은 것은 2층에 있는 한 장의 그림이다. 1858년 아이

향토박물관 앞에 놓인 12세기 금나라의 돌거북상

훈 조약 서명 장면을 그린 그림인데, 왼쪽의 러시아 대표 무라비요프아무르스키 백작의 얼굴은 부각하고, 오른쪽의 청나라 대표 이산 장군은 간신히 뺨만 보이는 뒷모습으로 그렸다. 단박에 누가 승자이고 누가 패자인지 알 수 있다. 그림 옆에는 두 사람이 서명한 아이훈 조약문 사본을 보란 듯이 전시해놓았는데, 하바롭스크의 역사가 이 한 장의 조약문에 다 들어 있다. 중국 여행자들은 이 그림을 보면 미치고 환장할 노릇일 테다. 저 종잇장 하나 때문

향토박물관 2층에 전시된 1858년 아이훈 조약 서명 장면을 담은 그림

에 그 넓은 하바롭스크 땅을 모두 잃어버렸으니.

또 다른 그림이 눈에 들어왔다. 러시아 내전 당시 볼셰비키 적군이 1922년 2월 백군으로부터 하바롭스크를 해방한 볼로차옙카 전투를 그린 그림이다. 이 전투에는 고려혁명의용군이 적군과 함께 참여해 열두 명이나 전사하는 희생을 치렀는데, 얄밉게도 조선인 얼굴을 한 군인은 한 명도 보이지 않았다. 볼로차옙카에 있는 희생자 추모 기념물에도 한인 참여 사실은 기록이 전혀 없다고 한다. 모스크바시 외곽에 묻힌 사회주의 독립운동가 강상진이 바

볼로차옙카 전투를 그린 그림

로 이 전투에 참여해 큰 공을 세웠다. 러시아 내전 당시 연해주 곳곳에서의 승리에는 조선인 빨치산의 공로가 큰데 철저히 숨기고 있다. 나는 그림에다 대고 냅다 한마디 내질렀다. "야 이 로스케 곰탱이들아, 얼굴을 가린다고 역사적 진실이 사라지냐!"

우쵸스 전망대, 김알렉산드라의 최후

향토박물관에서 가까운 우쵸스 전망대로 걸어갔다. 무라비요프 아무르스키 동상이 아무르강을 내려다보며 흐뭇한 표정으로 서 있었다. 동상 기단에 새겨진 글귀를 보라. "아무르강 변을 최초로 밟았던 러시아의 자랑스러운 아들들에게." 이 글귀가 인물에 대해 모든 것을 말해주고 있지 않은가? 극동 시베리아 전체를 러시아 영토로 만든 아이훈 조약과 베이징 조약을 체결한 무라비요프아무르스키는 동시베리아의 개척자이자 시베리아 횡단철도 건설을 차르에게 건의한 인물이다.

당시 동시베리아 총독이었던 니콜라이 니콜라예비치 무라비요프는 아이훈 조약의 공적으로 '아무르스키' 백작 작위를 받아 '니콜라이 니콜라예비치 무라비요프아무르스키'라는 시베리아 횡단철도만큼 긴 이름을 갖게 되었다. 러시아가 그에게 안긴 찬사는 이뿐만이 아니다. 하바롭스크에는 그의 이름을 딴 거리가 있고, 블라디보스토크에는 그의 이름을 딴 반도가 있으며, 블라디보스토크와 블라고베셴스크, 치타, 나홋카 등에는 그의 동상이 있고, 러시아 최고액권인 5,000루블 지폐의 앞면에는 그의 동상이 그려져 있다. 우쵸스 전망대 아래 아무르강 변 산책길 바위에는 "1858년 제13 시베리아 전열대대가 하바롭스크에 교두보를 설치했다"라는 문구와 함께 네 명의 원정대 얼굴이 새겨진 기념 동판이 붙어 있다. 무라비요프아무르스키와 함께 아무르강을 따라 진출했던 당시 원정대에 대한 헌사다. 하바로프의 경우처럼 영토를 확장한 인물에 대해서는 묻지도 따지지도 않고 확실하게 국가가 명예를 보장해주겠다는 러시아식 포상이다.

마침내 우쵸스 전망대에 섰다. 한강보다 훨씬 넓은 아무르강이 도도히 흐르고, 관광객을 태운 유람선 한 척이 지나간다. 강변 모래사장에는 늦여름인데도 해수욕을 즐기는 사람들이 제법 눈에 띄었다. 러시아는 '아무르강'이라 부르고, 중국은 '헤이룽강(헤이허강)', 몽골과 퉁구스는 '하라무렌'이라 부른다. 헤이룽黑龍강과 하라무렌 모두 '검은 강'이라는 뜻으로, 강물이 유난히 검어서 붙은 이름이다. 실제로 아무르강은 검은 용이 몸을 휘감듯 검푸르죽죽한 물빛을 띠는데, 강물에 부식물이 많아서 그렇다. '흑수말갈'은 말갈인의 피부색이 검어서가 아니라 바로 이 검은 강(흑수) 주변에 살았다고 해서 붙은 이름이다.

아무르강의 아무르는 '평화'라는 뜻의 몽골어 아마르에서 왔는데, 아무르강은 '여러 강이 합쳐 평화롭게 흐르는 강'이란 의미다. 실제로 아무르강은 몽골 오논강에서 발원해 러시아의 실카강과 합류한 뒤 아르군강, 제야강을 품고 중국의 쑹화강과 우수리강을 합쳐 북쪽 오호츠크해로 4,350킬로미터나 흘러간다. 아무르강은 하바롭스크까지 중국과 러시아를 가르는 국경으로, 그 위는 시베리아, 그 아래는 만주다. 아무쪼록 아무르강이 그 이름의 뜻대로 한반도와 만주, 연해주 지역에 평화를 가져오기를 기대해 본다.

우쵸스 전망대 아래를 내려다보았다. 아찔했다. 가파른 절벽이다. 여기 조선의 한 여성 혁명가의 비극이 자리하고 있다. '시베리아의 로자 룩셈부르크'라 불리는 당찬 조선인 여성 김알렉산드라. 우랄산맥의 페름에서 만났던 한인 최초의 공산주의자, 그녀의 비극이 서린 곳이다. 우랄 지역에서 하바롭스크로 돌아온 그녀는 1918년 4월 이동휘와 함께 최초의 한인 공산당인 '한인사회당'을 창당하고 볼셰비키 하바롭스크 시당 비서, 극동인민위원회 외무위원장 자리에까지 올랐다. 그녀의 본명은 알렉산드라 페트로브나 김. 어릴 적 '알렉산드라 페트로브나'는 러시아 이름이었고, 조선 이름은 '애리'였다. 그녀는 스탄케비치라는 폴란드인과 결혼하면서 '알렉산드라 페트로브나 김 스탄케비치'라는 긴 이름을 갖게 되었다. 조선 소녀 애리는 그 긴 이름만큼이나 기구한 운명에 빠져들었다.

나는 1999년 하버드 대학에서 유학할 때 보스턴에서 우연히 구입한 중국 조선족 학자 정판룡의 책에서 그녀를 처음 만났다. 대학 시절 님 웨일스의 《아리랑》에서 조선인 독립혁명가 김산을 만났을 때와 같은 감동이었다. 그 뒤로 아무르강은 나에게 김알렉산드라고, 김알렉산드라는 언제나 아무르강이었다.

김알렉산드라를 생각하며 눈을 감았다. 순식간에 타임머신을 타고 1918년 9월 16일로 날아갔다. 헝겊으로 두 눈을 가린 채 아무르강 언덕으로 백군에 끌려온 김알렉산드라는 갑자기 눈가리

개를 벗어 던졌다. 그리고 아무르강 쪽으로 열세 걸음을 걸어갔다. 정판룡이 쓴《세계 속의 우리 민족》(중국 료녕민족출판사, 1996)에 나오는 김알렉산드라의 최후다.

"이제 금방 내가 열세 걸음을 걸은 것은 조선의 13도를 나타내기 위한 것입니다.

전 조선 13도에 자유와 독립의 날이 하루속히 올 것을 바라는 것입니다.

조선 13도의 청년들이여!

조선의 자유와 독립을 위해 용감히 싸우십시오.

조선 독립 만세!

소비에트 정권 만세!

볼셰비키당 만세!

세계 혁명 만세!"

그녀의 마지막 유언이다. 그와 동시에 백군의 총알이 불을 뿜고, 그녀의 붉은 피는 수천 마리의 나비가 되어 아무르강 절벽으로 날아갔다. 백군은 그녀의 뜨거운 시체를 아무르강에 던져버렸다. 불꽃 같던 그녀의 짧은 33년은 그렇게 검은 강으로 흘러갔다. 조선의 독립을 위해 볼셰비키와 손잡은 그녀는 러시아 내전에서

한인 최초의 공산주의 여성 혁명가 김알렉산드라가 최후를 맞이한 우초스 전망대에서 바라본 아무르강 변

일본과 손잡은 백군과 싸우다 이렇게 최후를 맞았다. 하바롭스크의 조선인들은 오랫동안 그녀의 시체가 떠내려간 아무르강에서 고기를 잡지 않았다. 독립운동가이자 역사학자인 계봉우는 상하이에서 발행된 1920년 4월 17일 자 《독립신문》에서 김알렉산드라를 "혁명 사상으론 대한여자의 향도관, 사회주의로는 대한여자의 선봉장, 자유 정신으론 대한여자의 고문관, 해방 투쟁으론 대한여자의 사표자師表者"라고 칭송했다. 모스크바 노보데비치 묘

지에 잠들어 있는 독립투사 김규면은 비망록에서 "최후 마지막 시기까지 태연한 기색으로 서서 불덩이 같은 의분을 토하면서 적을 꾸짖었다"라며 김알렉산드라의 기개를 찬양했다.

정판룡의 《세계 속의 우리 민족》은 김알렉산드라가 최후를 맞은 곳이 아무르강 언덕이라고 기록했는데, 우리 독립기념관은 아무르강을 건너다 백군에 체포된 김알렉산드라가 다른 한인사회당 간부들과 우쵸스 전망대로 끌려온 것은 맞지만 김알렉산드라가 심한 고문을 받고 처형된 곳은 '죽음의 골짜기'라고 한다. 죽음의 골짜기는 시 외곽 공항으로 빠지는 카를 마르크스 거리와 데즈네바 거리가 만나는 곳으로, 시베리아 내전 당시 빨치산 희생자 추모탑이 서 있는 곳이다. 어떻든 우쵸스 전망대는 김알렉산드라와 한인 독립투사들의 최후를 상징하는 전설로 남았다. 그녀는 사회주의 혁명가로 러시아 볼셰비키를 위해 싸웠고, 독립운동가로 조선의 해방을 위해 싸웠다. 2009년 대한민국 정부는 독립운동에 기여한 공로로 김알렉산드라에게 건국훈장 애국장을 수여했다. 평양의 조선혁명박물관에도 그녀의 초상화가 걸려 있다고 하니 그녀는 드물게 남북한과 러시아 모두에서 영웅으로 인정받는 인물이다.

아무르강과 함께 흘러간 이름 없는 영혼들을 위로하고 우쵸스 전망대를 떠났다. 내가 방문하고 몇 달 뒤 우쵸스 전망대 오른쪽 입구에 2001년 8월 이곳을 찾은 북한 김정일 위원장의 방문 기념비가 세워졌다. 김정일은 항일투쟁을 하던 아버지 김일성과 어머니 김정숙을 따라 이곳 하바롭스크 북동쪽 바츠코에의 동북항일연군 주둔지에서 세 살 때까지 살았으니 이곳이 제2의 고향이나 마찬가지다. 어릴 적 아무르강에서 발가벗고 물장구치며 놀았을 테니 김정일이 우쵸스 전망대에서 바라본 아무르강의 감회는 남달랐을 터.

2001년 러시아 방문 당시 김정일을 수행했던 콘스탄틴 풀리코프스키가 쓴 《동방특급열차》에는 김정일과 관련한 재미있는 에피소드가 많다. 다음은 풀리코프스키가 전해준 김정일이 한 말들이다.

"나는 전 세계적인 비난의 대상이다. 그러나 모두가 나를 비난한다 해도 정녕 나는 올바른 길을 가고 있다고 생각한다."

"내겐 외교관이 될 자질이 없다. 외교관은 검은 것을 희다고 하고 맛이 없어도 맛있다고 할 수 있어야 하는데, 나는 항상 직설적으로 말하기 때문이다."

"오늘날 조상들을 비난하는 것이 마치 유행처럼 되어버렸지만 그래서는 안 된다. 그들은 자신의 시대를 살았던 사람들이다."

"소련에서 아주 나쁜 것이 하나 들어왔어요. 글쎄 이혼율이 눈에 띄게 증가했지 뭡니까."

"나는 김대중 대통령이 평양에 왔을 때 김치를 세계화시킨 것은 남조선 인민들의 큰 업적이라고 말했습니다."

"북조선과 남조선은 말이 상당히 다르다는 점을 알아야 합니다. 내가 김대중 대통령과 대화를 하던 중 그의 말을 약 80퍼센트밖에 알아듣지 못했습니다. 남한 사람들은 영어 차용어를 많이 사용합니다."

김치의 세계화를 남한의 업적으로 치켜세운 김정일은 열차 여행을 하면서 커피를 자주 마셨다고 한다.

콤소몰스카야 광장으로 올라갔다. 좌우 두 개의 러시아정교회 성당이 인상적이다. 왼쪽으로 아름다운 파란색 돔의 성모승천 성당(우스펜스키 성당)이 있고, 오른쪽으로 황금색 돔의 성모영면 성당이 있다. 성모영면 성당 앞에는 제2차 세계대전 참전 희생자 추모비가 있는데, 희생자 추모비에는 김КИМ씨 성을 가진 우리나라 사람도 세 명이나 있어 나를 안타깝게 했다. 리, 박 같은 다른 고려인 성도 눈에 띄었는데, 얼마나 많은 조선인이 희생됐을까. 이뿐이 아니다. '고려인 포로 아리랑'도 있지 않은가. 제1차 세계대전 당시 러시아군에 강제 징집되어 참전했다가 1917년 독일 포로수용소에 수감된 고려인 포로들이 부른 〈아리랑〉 말이다. 이미

콤소몰스카야 광장의 제2차 세계대전 참전 희생자 추모비

제1차 세계대전 때부터 시베리아 조선인들이 러시아군의 총알받이로 징집됐음을 알 수 있는데, 조선인 포로들은 독일 수용소에서 러시아 민요가 아닌 조선 민요를 불렀다. 희생자 추모비 앞에는 꺼지지 않는 '영원의 불꽃'이 훨훨 타고 있지만, 과연 그 불꽃이 조선인 희생자들을 얼마나 위로할까.

조명희, 김알렉산드라, 김유천을 찾아서

정교회 성당 안을 획 한번 둘러보고는 뒷길로 나와 콤소몰스카야 거리 80번지를 찾아갔다. 단편소설 〈낙동강〉으로 유명한 한국 근대문학의 선구자 조명희가 처음 살던 집이다. 도로 쪽 건물에는 은행이 들어서 있었는데, 조명희는 뒤편 이층집에서 러시아 작가 알렉산드르 파제예프와 함께 살았다. '작가의 집'이라 부르는 붉은 벽돌의 2층 다세대 주택이다. 파제예프는 《궤멸》 등의 소설을 쓴 꽤 유명한 작가로, 조명희를 소련작가연맹 회원으로 추천하고 자신이 살던 이 집에 머물도록 했다. 건물 앞 동판에는 "파제예프가 1935년부터 1936년까지 살면서 창작 활동을 했다"라는 설명과 함께 '국가가 보호하는 건축물'이란 문구가 있다.

충북 진천 출신인 조명희는 이기영, 한설야와 함께 조선프롤레타리아예술가동맹KAPF의 핵심 멤버로 활동한 민중문학 선구자였다. 남한 민간단체 대표단이 북한을 방문하면 주로 상대하는 북한 아태평화위원회 부위원장 리종혁은 바로 소설 《두만강》으로 유명한 월북 작가 이기영의 아들이다. 조명희는 일제의 탄압을 피해 1928년 러시아로 망명한 뒤 블라디보스토크 신한촌을 거쳐 우수리스크에 머물다 이곳 하바롭스크로 옮겼다. 이곳에서 《동포신문》 편집을 맡는 등 활발한 활동을 펼쳤으나 스탈린 시절인 1938년 간첩이라는 엉뚱한 누명으로 이곳 주르사 감옥에서 처형

조명희가 살았던 콤소몰스카야 거리의 '작가의 집'

되었다. 그의 나이 44세였다. 그 시절 그렇게 억울하게 사라져간 조선인이 어디 조명희뿐이랴.

2004년 우즈베키스탄 타슈켄트를 방문했을 때 나보이 문학박물관에 마련된 조명희 기념실을 찾아갔다. 연해주 고려인 강제이주 때 그곳으로 끌려간 조명희의 딸 조발렌티나가 주도해 마련한 작은 공간이었다. 기념실 정면에는 조명희의 흉상이 있고, 그 위에는 소설 〈낙동강〉에 나오는 "그러나 필경에는 그도 멀지 않아서 잊지 못할 이 땅으로 돌아올 날이 있겠지 락동강"이라는 구절이 쓰인 작은 액자가 걸려 있었다. 그러나 조명희는 끝내 '이 땅' 고국으로 돌아오지 못했다.

연해주에서 '한인 사회의 고리키'라고 불린 조명희는 카를 마르크스 거리의 하바롭스크 시립공동묘지에 묻혔고, 흐루쇼프 등장 이후인 1956년 묘지 위로 뒤늦은 복권장이 날아들었다. 일제가 싫어 망명한 작가에게 일본의 첩자라는 누명을 씌운 스탈린식 괴이한 숙청이 애꿎은 조선인 작가를 죽음으로 몰고 갔다. 예전 조명희가 살던 이 '작가의 집'은 주소가 콤소몰스카야 거리 52번지였으나 재건축하면서 지금은 주소가 80번지로 바뀌었다. 일부 언론이나 인터넷 글을 보면 옛 주소인 52번지로 잘못 찾아가 '빈터만 남았다'며 감상적 회고를 남기곤 하는데, 말 그대로 번지수를 잘못 찾았을 따름이다.

소설 〈낙동강〉에서는 주인공 박성운이 죽자 동지들이 "용사는 갔다. 그러나 그의 더운 피는 우리의 가슴에서 뛴다"라는 만장을 내걸었는데, '고려인 문학의 아버지' 조명희가 살던 '작가의 집'에는 그를 나타내는 어떤 문패나 안내문도 없었다. 그가 마지막으로 살았던 콤소몰스카야 89번지 집은 오래전 허물어져 빈터만 남았고, 그의 시신이 묻힌 시립공동묘지의 기도실 오른편에 있는 스탈린 시대 희생자들을 기리는 검은색 추모비에 키릴 문자로 '조명희'라는 이름만이 남아 있을 뿐이다. 남의 땅 연해주에 있는 항일 유적은 어디서나 이런 푸대접을 받고 있다.

김알렉산드라가 근무한 볼셰비키당 하바롭스크시 위원회 사무실이 있던 건물. 지금은 백화점이다.

이번에는 김알렉산드라의 발자취를 찾아 나섰다. 먼저 옛 '한인민회 회관'이었던 칼리니나 거리 15번지로 갔다. 김알렉산드라가 이동휘와 함께 만든 한인사회당이 창당한 곳인데, 건물은 사라지고 빈터만 남았다. 그녀의 흔적은 무라브요바아무르스코고 거리와 칼리니나 거리가 교차하는 모퉁이 붉은색 3층 건물에서 찾을 수 있었다. 김알렉산드라가 근무했던 볼셰비키당 하바롭스크시 위원회 사무실인데, 지금은 백화점이 들어서 있다. 예전에는 김알렉산드라의 얼굴 부조도 있었다고 하는데 지금은 사라지고, 건물 외벽에 러시아어로 다음과 같은 글귀가 있는 작은 하얀 철판만이 남아 있다. "하바롭스크시 인민위원회 외무위원이었던 김알렉산드라가 근무했던 건물. 1918년 러시아 백군에 의해 살해됐다." 옛 주소는 카를 마르크스 거리 24번지였으나 지금은 주소가 무라브요바아무르스코고 거리 22번지로 바뀌었다. 조명희 집처럼 옛 주소로 찾아갔다가는 낭패 보기 십상이다. 김알렉산드라의 얼굴이 사라진 건물을 보니 하바롭스크에서 우리 독립운동사의 발자취가 하나둘 지워지는 것 같아 안타까움이 밀려왔다.

레닌 광장으로 걸어갔다. 레닌 동상 앞에는 부모들과 함께 놀러 온 러시아 아이들이 비둘기에게 먹이를 주고 있었다. 아이들이 던져주는 먹이를 쪼아대던 비둘기 한 마리가 배가 부른지 어른 어깨 위로 날아 앉았다. 비둘기는 레닌 동상을 뚫어지게 쳐다보더니 꽤 심오한 철학적 질문을 던지는 듯 보였다. '당신이 꿈꾸는 세상은 아직도 오지 않았소?' 레닌은 같잖은지 오른손을 바지 주머니에 넣은 채 입을 굳게 다물고 있었다. 비둘기는 뾰로통한 표정을 짓더니 휙 날아가 버렸다.

레닌 동상 앞 푸시킨 거리를 따라 카를 마르크스 거리를 건넜다. 마지막 한인의 발자취를 찾아가는 길이다. 한 블록 뒷길에 '김유천 거리(울리차 김유체나)'가 있다. 한인 동포 김유천을 기리

레닌 광장의 레닌 동상

는 거리다. 1948년 12월 신병 치료차 모스크바로 가기 위해 하바롭스크에 들렀던 월북 시인 오장환도 이 거리를 찾아 감동에 젖었다. "낯선 동무야 이곳은 김유천 거리, 아 듣고 보면 김유천 거리." 오장환의 소련 기행 시집 《붉은 기》에 나오는 내용이다. 이미 사회주의에 푹 빠진 오장환에게 길 위에 새겨진 사회주의 영웅 동포의 이름이 얼마나 자랑스러웠겠는가. 그것도 시내 한복판에 카를 마르크스 거리와 나란히 있었으니.

연해주 독립운동사를 연구한 박환 교수의 《시베리아의 조선인 항일영웅들》에 따르면, 김유천의 원래 이름은 '김유경'인데 러시아어 표기 때 잘못 읽혀 '김유천'이 되었다고 한다. 김유천은 1920년대 중소 철도 전쟁의 한인 영웅으로, 러시아가 건설한 만주 동청철도(1911년 신해혁명 뒤에는 중동철도, 1931년 만주사변 뒤에는 북만주철도라 불렸다)를 빼앗으려는 중국 군벌과 싸우다 1929년 만주에서 전사한 한인 출신 소련군 중위다. 우리에게는 거의 알려지지 않은, 그러나 러시아에서는 영웅 대접을 받는 김유천은 누구인가?

학술지 《북한》(323호, 1998)에 실린 허만위의 〈하바로프스크의 김유천 거리에 얽힌 역사〉에 따르면, 김유천은 1900년 연해주 수이푼 구역 차피고우 마을에서 빈농의 아들로 태어나 젊은 나이에 항일 빨치산 투쟁에 나섰다. 1921년에는 빨치산 연합 부대장 김경천의 부하로 적군과 연합하여 백군과 일본군을 상대로 싸운 이만(달네레첸스크) 전투에 참여했다. 김경천은 김유천에 대해 "명사수이고 용감하며 성실한 투사"라고 말했다. 그 뒤 소련군에 편입되어 공산당원이 된 김유천은 중위로 승진해 소련군의 최일선 소대장이 되었다.

1929년 10월 동청철도를 둘러싼 중소 무력 분쟁 때 소련군 소대장으로 출동한 김유천은 러시아인 소대장 콘스탄틴 자파린 중위와 함께 중국 군벌 장쉐량의 군대를 상대로 용감하게 싸우다 전사했다. 러시아 애국출판사가 출판한 10권짜리 《기억의 책》에도 영웅으로 기록된 김유천은 자파린과 함께 하바롭스크의 거리 이름으로 다시 태어났다. 김유천 거리가 시내를 남북으로 관통하는 도로라면, '자파린 거리(울리차 자파리나)'는 도심을 동서로 관통하는 도로다. 콤소몰스카야 광장에서 레닌 광장으로 가는 무라브요바아무르스코고 거리를 걷다가 중간에 있는 자파린 거리를 만나면, 이제 거꾸로 김유천, 아니 김유경을 생각하자. 동청철도 전쟁의 두 영웅 김유천과 자파린은 오늘도 하바롭스크 시내에서 세로와 가로로 만나고 있다. 김유천 거리에 대해 고려인들은 자부심이 대단하다. 러시아 전체를 통틀어 고려인의 이름을 딴 거리는 이곳이 유일하기 때문이다.

여기서 재미난 사실 하나. 당시 만주 길림 육문중학교에 다니던 김일성은 1929년 동청철도 사건 때 반제청년동맹단원들과 함께 소련 옹호 투쟁에 나섰다. 반공을 내세운 국민당 정부와 반동 군벌의 동청철도 탈취 사건은 제국주의자들로부터 차관을 얻기 위한 반소 책동이라고 비난했다. 레닌 사후 안팎으로 어려움에 처해 있던 스탈린으로서는 중국 내부에서 벌인 김일성의 소련 옹호 투쟁이 얼마나 눈물겹도록 고마웠겠는가. 이래저래 이런 밑천들이 해방 뒤 김일성이 소련의 지지를 받아 북한에서 권력을 장악하는 데 도움이 되지 않았을까?

김유천 거리를 떠나 옆에 있는 재래시장인 중앙시장으로 갔다.

내 코가 벌써 개 코가 되어 킁킁거리며 시장에서 풍기는 낯익은 냄새를 찾아가고 있었다. 아니나 다를까, 시장 입구에 중년의 고려인 여성이 김치를 팔고 있었다. 공산당의 붉은 기보다 더 빨간 김치였다. 반만년 단군의 그 입맛이 어디 가겠는가. 단군의 후예, 우리 민족은 김치의 민족이 아니던가. 김치를 보니 쌀밥 생각이 절로 났다. 저 통김치를 쩍쩍 찢어서 하얀 밥을 가득 뜬 숟가락 위에 올린 뒤 입안으로 쏙 밀어 넣으면…. 입맛이 당기고 군침이 돌았다.

하바롭스크 기차역에 마중 나오지 않은 철갑상어와 연어를 중앙시장에서 만났다. 연어는 말린 채로 팔고, 철갑상어 알(캐비아)은 통에 담아 팔고 있었다. 연어와 철갑상어가 이처럼 고인이 된 줄도 모르고 속 좁은 나는 마중도 나오지 않았다고 원망하기만 했다. 철갑상어 알은 러시아에서도 꽤 비쌌다. 나는 그래도 철갑상어의 장례식을 경건하게 치러주고 싶어서 입맛 다실 정도의 코딱지만 한 철갑상어 알을 샀다. 연해주에 와서 철갑상어 알을 안 먹어보고 그냥 갈 수는 없다. 벨루카 보드카에 철갑상어 알은 최고의 궁합이다. 어쨌든 나는 철갑상어 알을 보드카와 함께 꿀꺽 삼키는 음복 의식으로 나름 정성스럽게 철갑상어의 장례를 치를 계획이다. 예전 아프리카 마다가스카르를 여행할 때 들었던 재미난 이야기가 떠올랐기 때문이다. 마다가스카르에는 아이를 할례 할

중앙시장에서 파는 철갑상어 알(위쪽 가운데)

때 음경에서 떼어낸 포피를 할아버지나 아버지가 '토카'라는 술과 함께 꿀꺽 삼키는 풍습이 있다. 아이의 포피에 마술적인 힘이 있다고 믿는다나?

숙소로 돌아오는 길에 '하바롭스크의 하이드 파크'라 부르는 디나모 공원을 산책했다. 호수가 있는 푸른 숲속을 걸으니 머리가 한결 맑아졌다. 하바롭스크도 이제 여행자들의 발길이 잦아지면서 여행자를 겨냥한 대중적인 펍이 많이 늘어났다. 대표적인 곳이 콤소몰스카야 광장 입구에 있는 유명한 수제맥줏집 '파니 파짜니'다. 놀이동산에 온 것만 같은 요란한 체코풍 수제맥줏집 파니 파짜니에서 진한 흑맥주를 한잔 마셔보자. 알프스 처녀 같은 종업원이 새끼 돼지를 보조로 데리고 다니면서 서빙하는 재미난 장면도 볼 수 있다. 2층에는 시샤(물담배)를 피울 수 있는 아랍풍 술집 '술탄 바자르'가 있고, 3층에는 한식당 '반찬'이 있다. 동서양, 중동 각국의 음식과 술을 맛볼 수 있는 배낭여행자의 천국이다.

아무르강, 저승으로 가는 삼도천

저녁은 러시아 식당에서 먹었다. '주걱'이라는 뜻의 여성 공연단 베숄카가 러시아 전통 공연을 펼쳤다. 저녁을 끝낸 뒤 바로 아무르강으로 갔다. 이미 노을은 저만치 물러갔고, 어둠이 아무르강을 몰래 보쌈해 가려는지 서서히 검은 천으로 덮고 있었다. 이제 곧 출발한다는 안내 방송이 나오는 유람선에 급히 올랐다. 유람선은 아무르강 다리까지 갔다가 다시 돌아왔다. 아무르강 다리는 위로 자동차가 다니고 아래로 기차가 다니는 이중 구조다. 북쪽으로 가는 사이 아무르강은 어둠에 완전히 포위되었고, 남쪽으로 되돌아올 때는 하늘에 반짝반짝 별들이 나타나기 시작했다. 만주와 연해주의 퉁구스인은 '자살자의 영혼은 아무르강을 건너지 못한다'고 믿었다. 아무르강 저편이 죽은 자의 영혼이 가야 할 저승이었다. 그렇지 않아도 유난히 검은 아무르강은 별빛을 받아 흑진주처럼 검게 빛났다.

검은 아무르강은 마치 저승으로 가는 뱃길처럼 섬뜩했다. 유람선이 자꾸 건너편으로 끌려가는 느낌이 들었다. 나는 삶과 죽음의 경계 위에 서 있었다. 아무르강은 삼도천이고 스틱스강이었다. 퉁구스 샤먼이 아무르강을 이승에서 저승으로 건너는 강이라고 믿은 이유가 있었다. 다행히 유람선은 건너편으로 끌려가지 않고 원래 출발했던 선착장으로 잘 가고 있었다. 멀리 언덕 위 성모영면 성당이 등대처럼 빛났다. 아무르강도 아직은 날 데려갈 생각을 하지 않는 듯했다. 나처럼 죄 많은 사람이야 아무르강의 야간 유람선이 겁나겠지만, 그렇지 않은 사람이라면 아무르강 유람선에서 보는 야경이 꽤 근사하니 걱정하지 말고 승선하시길.

선착장에 내리자 시원한 강바람이 얼굴을 스쳤다. 어디선가 러시아 민요 〈아무르강의 물결〉이 흘러나왔다.

"유유히 아무르는 그 물결을 실어 나르네.
시베리아의 바람이 그들에게 노래를 불러주네.
아무르의 타이가 위에 조용히 찰랑거리며
취한 듯한 물결이 흐르네.
취한 듯 물결이 자유롭고 또 도도하게
넘실거리네."

한·중·일 역사의 현장

내가 찾은 장소들만이 하바롭스크의 명소는 아니다. 하바롭스크 주변에는 한·중·일 역사의 현장이 즐비하다. 여행을 통해 덤으로 역사를 알아가는 것만큼 즐거운 일도 없다. 시내에서 북동쪽으로 70킬로미터 떨어진 바츠코예 지역은 일제 강점기 김일성 빨치산 부대 주둔지였다. 아무르강에서 고기잡이로 살아가는 나나이족의 시카치-알리안 마을 근처다. 김일성이 있던 동북항일연군은 1936년 만주에서 만들어진 중국 저우바오중의 동북인민혁명군과 김일성의 조선인민혁명군의 항일 연합 부대다. 김일성의 조선인민혁명군은 자유시 참변으로 연해주 지역의 1세대 공산주의 무장투쟁 세력이 사라진 뒤 1932년 만주 지역을 중심으로 항일운동을 벌인 2세대 공산주의 무장투쟁 세력이다. 남쪽의 라즈돌노예에 있던 동북항일연군은 일본군의 토벌 작전을 피해 바츠코예로 왔는데, 소련군 제88특별여단에 편입되어 1942년 8월부터 1945년 8월 해방 때까지 머물렀다. 아무르강 변의 바츠코예에는 북쪽에 있다고 해서 '북야영', 라즈돌노예에는 남쪽에 있어 '남야영'이라 부른다.

어떤 여행 안내서는 1942년 2월생인 김정일이 이곳 바츠코예의 북야영에서 태어났다는 황당한 소리를 하는데, 김일성이 라즈돌노예의 남야영을 떠난 것은 김정일이 태어난 뒤인 1942년 6월이다. 동북항일연군이 1942년 6월 라즈돌노예에서 바츠코예로 떠났다는 사실은 동북항일연군의 중국 지도자 저우바오중의 《동북항일유격일기》에 나온다. 1945년 8월 9일 소련이 일본에 선전포고하자 김일성은 조선인민혁명군을 이끌고 소련군과 함께 남하하다 9월 19일 블라디보스토크를 거쳐 소련 군함을 타고 원산항에 상륙했다. 뒤이어 그해 11월 김일성 부인 김정숙이 어린 아들 김정일을 데리고 최현 부인 김철호, 최광 부인 김옥순 등과 함께 군함을 타고 북한 땅을 밟았다.

하바롭스크에는 이미 오래전부터 조선인들이 이주해 살고 있었다. 니콜라이 2세 대관식에 참석했던 민영환은 1896년 10월 아무르강을 따라 배를 타고 하바롭스크에 도착했다. 민영환은 《해천추범》에 하바롭스크에서의 경험을 다음과 같이 기록했다.

> "이 땅 역시 우리나라 유민들이 촌락을 이룬 곳이 있는데, 이름이 오시폽카로 농사를 짓거나 상업을 한다. 그 우두머리 김복길이 수십여 인을 데리고 와서 보았다. 고국을 잊지 말라는 뜻을 상세히 설명했다."

러시아 공식 문서에 나타난 조선인의 첫 연해주 이주는 1863년 두만강 건너편 하산의 지신허 마을에 정착한 함경도 출신 최운보와 양웅범 등 14가구 65명인데, 30여 년 만에 하바롭스크 북쪽 오시폽카 지역까지 진출했음을 알 수 있다.

아무르강과 우리 민족의 인연은 따지고 보면 17세기까지 거슬러 올라간다. 바로 나선 정벌이다. 당시 러시아를 한자어 음역으로 '나선羅禪'이라 불렀으니 나선 정벌은 곧 조선의 러시아 정벌을 말한다. 러시아를 중국에서는 '아라사俄羅斯' '아국俄國', 일본에서는 '로서아露西亞' '노국露國'이라 부르기도 했다. 조선도 한때 주먹깨나 쓰면서 잘나가던 때가 있었다. 1650년대 러시아 하바로프가 아무르강을 넘어 쑹화강의 만주 지역으로 남하하자 힘이 부친 청나라는 조선에 파병을 요청했다. 조선은 1654년과 1658년 두 차례에 걸쳐 조총군을 파견해 러시아의 코를 납작하게 만들었는데, 이것이 역사 교과서에 나오는 1, 2차 나선 정벌이다. 1차 나선 정벌 무대는 북만주 이란(호통)이고, 결정적 승리를 거둔 2차 무대가 바로 아무르강과 쑹화강이 만나는 어라이무청이다. 당시 러시아군은 "돼지 꼬리 머리를 한 변발 애들(청나라군)보다는 머리 큰 애들(조선군)을 조심하라"고 했다. 러시아군은 조선군이 머리에 쓰고 있던 전립(갓 모양의 둥근 모자)을 멀리서 보고 '머리 큰 사람들'이라며 지레 겁먹었다. 분명히 자신들이 쏜 총에 머리를 맞아 머리통(사실은 전립)이 날아갔는데도 죽지 않고 대드는 조선군을 보고 질겁했던 것이다. 청나라가 1689년 네르친스크 조약을 유리하게 체결할 수 있었던 것은 조선이 나선 정벌을 통해 미리 러시아의 기를 확실히 꺾어놓았기 때문이다. 조선은 두 차례 나선 정벌로 1592년 임진왜란과 1597년 정유재란 때 명나라가 두 번에 걸쳐 조선에 파병한 대가를 톡톡히 갚은 셈이다. 자고로 조선은 씨암탉 받으면 황금알 낳는 거위로 은혜를 갚는 민족이니까.

중국인 여행자의 발길은 우수리강과 아무르강이 만나는 남쪽 볼쇼이우수리스크(헤이샤쯔)섬으로 향한다. 중소 국경 분쟁 현장 중 한 곳이었기 때문이다. 러시아가 2008년 점령하고 있던 섬의 절반을 중국에 넘겨줌으로써 분쟁이 마무리되어 현재는 '화해의 섬'으로 불린다. 청나라의 마지막 황제 푸이가 전범으로 잡혀 있던 남쪽 자임카 언덕의 수용소 건물은 최근 중국이 바짝 관심을 두고 있는 장소다. 영화 〈마지막 황제〉에 나오는 귀여운 꼬마 황제 푸이는 1945년부터 5년간 전쟁포로로 '자임카 플류스니나 리조트'의 둥근 창문이 있는 2층 목조 가옥에 살았다. 이 수용소는 지금 관광객을 위한 호화 별장으로 바뀌었는데, 2014년 중국이 '푸이 박물관'으로 복원해줄 것을 러시아 정부에 요청했다.

하바롭스크에서 누구보다 착잡한 여행자는 일본인이다. 제2차 세계대전 당시 패전국 일본의 비애가 곳곳에 남아 있으니 말이다. 디나모 공원 옆에 있는 디나모 운동장을 비롯해 시내 수많은 건물과 도로를 일본군 포로들이 만들었다. 소련은 1945년 8월 스탈린의 비밀 지령을 통해 만주에서 일본군 60만여 명을 포로로 끌고 갔는데, 러시아의 전후 복구를 위한 노동력이 필요했기 때문이다. 세상에 이런 공짜 노동력이 어디 있는가. 음흉한 스탈린은 시베리아 포로수용소의 존재를 숨긴 채 11년 동안 일본군 포로를 동원해 죽도록 일만 시켰다. 옛 일본군 시베리아 포로수용소가 있던 북쪽 포베디 거리에는 현재 기념비가 세워져 있고, 외곽 공항으로 가는 길에 있는 중앙 묘지에는 일본인 묘역이 따로 있다. 그런데 일본군 포로 60만여 명 중에는 강제 징병된 조선인 1만여 명이 있었으니, 나라 잃은 조선인은 또 무슨 죄란 말인가. 그러고 보니 일본인의 아픈 유적지는 바로 우리 조선인의 슬픈 유적지였다.

고춧가루의 비밀 이야기 7

하바롭스크에서는 드디어 고춧가루의 비밀을 풀 수 있을 것만 같았다. 마침 가이드가 러시아에서 오래 산 고려인 2세였다. 한씨 성의 70대 중반 고려인 할머니였는데, 역사학을 전공한 데다 교사로 정년퇴직해 학식이 풍부했다. 우리말도 능통했다. 나는 할머니에게 커피 한 잔을 사드리며 그냥 지나가는 듯한 말투로 질문을 툭 던졌다.

"러시아 여자들이 평소 고춧가루를 들고 다닌다면서요?"

"그래요? 고춧가루는 고려인 여자들이 좋아하죠. 김치 만들 때 고춧가루가 꼭 필요하잖아요."

나는 말문이 막혀 더 질문할 수 없었다. 이렇게 고춧가루의 비밀을 풀려는 시도는 또 허무하게 무너졌다.

우수리스크, 고려인의 아픔

블라디보스토크로 가는 열차는 밤에 떠났다. 시베리아 횡단열차가 밤 9시 넘어 하바롭스크에서 출발하는 이유는 중국과 과거에 영토 분쟁을 일으켰던 민감한 국경 지대를 가까이 지나기 때문이다. 시호테알린산맥의 내륙 언저리를 흐르는 우수리강을 따라 철길이 놓여 있다. 우수리강은 현재 중국과 러시아의 국경을 가르는 기준이고, 이 강에서 동해까지를 연해주라 부른다. 연해주는 시베리아 호랑이가 으르렁대고 흑곰이 어슬렁거리며 아무르 표범이 슬금슬금 노니는 야생동물의 왕국이다. 운이 좋다면 불면증에 걸려 야밤에 우수리강으로 마실 나오는 호랑이의 눈빛을 볼 수도 있다. 아니면 호랑이를 신으로 숭배하는 원주민 우데게인과 고리드인이 혹시 애완용으로 기르는 새끼 호랑이를 데리고 밤 산책 하는 장면을 목격할지도 모른다. 오래전 EBS에서 보았던 시호테알린의 시베리아 호랑이는 정말 늠름했다. 문제는 잠과의 싸움이다.

나는 열차에 올라 이런저런 망상을 하면서 잠을 쫓아내려 애썼다. 혹시 열차를 타고 가다 호랑이를 만나면 무슨 말을 건넬까, 흑곰이 달려들어 열차 창문을 깨지는 않을까, 자작나무 정령들이 잠시 쉬었다 가라고 유혹하면 어떻게 해야 할까…. 걱정할 필요가 없었다. 바로 잠에 곯아떨어졌으니까. 설령 내가 뜬눈으로 밤을 새웠더라도 열차를 타고 가면서 호랑이를 보겠다는 게 가당키나 한가. 시베리아 호랑이는 연해주를 통틀어 고작 400여 마리밖에 안 남았다. 그렇게 줄어든 게 다 인간 탓인데, 호랑이가 뭐 예쁘다고 나 같은 인간에게 자기 얼굴을 보여주겠는가.

그래도 서운한 감정이 남는 것은 어쩔 수 없다. 나는 호랑이를 만나면, 한민족은 1988년 서울 올림픽 마스코트를 '호돌이'로 하는 등 여전히 '산군자山君子'를 그리워하고 있으니 언제라도 백두대간을 통해 조기 귀국해달라는 대통령 친서를 전달하려 했다. 20여 년간 이곳 연해주에서 시베리아 호랑이를 쫓아다닌 EBS 프로듀서 박수용이 쓴 《시베리아의 위대한 영혼》을 읽고 크게 감동했는데, 한국에 돌아가면 그 책을 다시 읽으면서 책 속에서나마 호랑이와 재회해야겠다. EBS 다큐멘터리를 통해 보았던, 시베리아 호랑이가 봄날 진달래가 핀 시호테알린산맥의 해안 절벽을 따라 동해를 바라보며 내려오던 장면이 눈에 선하다. 왜 내 눈에는 진달래가 흐드러지게 핀 태백산맥을 따라 내려오는 백두산 호랑이로 보였는지 모르겠다.

열차는 중소 국경 분쟁의 도화선이었던 우수리강의 전바오(다만스키)섬에서 멀리 떨어진 내륙으로 달린다. 전바오가 시베리아 횡단철도에서 멀리 떨어진 것은 다행이었다. 만약 철길이 가까운 곳에 있었다면, 열차를 타고 지나가던 두 나라 승객들이 러시아와 중국 군인들 싸움에 끼어들어 민관 패싸움으로 번지면서 난장판이 되었을지도 모르니까. 전바오를 둘러싸고 전쟁 위기까지 갔던 1969년 중소 국경 분쟁은 아이훈 조약과 베이징 조약이 그 뿌리다. 중국 공산당 마오쩌둥은 옛 네르친스크 조약을 들이밀며 소련에 아무르주와 연해주를 반환하라고 외쳤으나 스탈린은 용이 안 된 이무기의 투정쯤으로 무시했다. 소련이 '사회주의 동지애'보다 더 우선시하는 이념이 '영토 확장 팽창주의'라는 것을 마오쩌둥은 미처 몰랐다. 덩샤오핑 이후 중국 이무기가 용이 되어 힘이 막강해지자 곰은 2005년 전바오를 비롯한 섬 몇 개를 중국에 돌려주며 생색을 내고 국경 분쟁을 마무리했다.

열차는 과거 이만이라 부르던 달네레첸스크를 거쳐 연꽃으로 뒤덮인 중국의 한카호 국경을 지났다. 이만은 1921년 대한의용군이 적군과 손을 잡고 백군과 일본군을 상대로 전투를 치른 이만 전투로 잘 알려진 곳이다. 연해주는 어디나 우리 독립운동가들의 투쟁 현장이다. 달네레첸스크는 오래전 바이칼호에서 마차로 돌아오던 민영환이 기차로 갈아타고 블라디보스토크로 떠난 곳이기도 하다.

시베리아의 자연인 데르수 우잘라

한카호를 지나며 시베리아의 자연인 '데르수 우잘라'를 생각했다. 러시아 탐험가 블라디미르 아르세니예프가 1906년과 1907년 이곳 연해주를 탐험할 때 길을 안내한 고리드족 원주민 사냥꾼이다. 아르세니예프는 《데르수 우잘라》란 책을 남겼고, 일본의 구로사와 아키라 감독은 이 책을 바탕으로 영화 〈데르수 우잘라〉를 만들었다. 자신의 나이를 모르는 노인 사냥꾼 데르수 우잘라는 오래전 아내와 자식을 잃고 홀로 산속에서 살아가는 시베리아의 진짜 자연인이었다. 한카호를 중심으로 우수리강과 시호테알린 산맥이 그가 사는 집이었다.

다음은 아르세니예프의 《데르수 우잘라》에 나오는 대목이다. 아르세니예프는 저녁을 먹고 남은 사슴고기 조각을 모닥불에 던져버렸다. 그러자 데르수는 고기를 불에서 끄집어내어 밖으로 던졌다.

"대장, 아까운 고기 왜 버려?" 데르수가 나무랐다. "우리 내일 여기 떠나. 딴 사람 와. 그리고 먹어. 근데 대장이 불에 던졌어. 고기 없어졌어."

"여기 산속에 우리 말고 누가 또 온다는 거야?" 나는 데르수의 말에 어이가 없었다.

"누구 오는지 모르나, 대장?" 데르수는 깜짝 놀란 눈으로 나를 쳐다봤다. "너구리와 오소리 와. 까마귀도 와. 까마귀 없으면 쥐 와. 쥐 없으면 개미 와. 타이가에 '사람' 많이 산다."

나는 그가 무슨 말을 하려는지 알 것 같았다. 데르수는 개미 같은 작은 곤충도 늘 염려했다. 그는 타이가와 그 안에서 살아가는 모든 생물을 사랑했다.

데르수는 사냥한 것은 반드시 이웃과 나눠 먹었으며, 동식물은 물론 돌이나 흙 등 모든 자연에 영혼이 있다고 믿어 모두 '사람'이라고 불렀다. 모든 자연이 곧 인격이었다. 당시 연해주에 살던 조선인의 이야기도 나온다. 만주의 중국인들이 쓰지 않던 조선인 오두막집의 물레방아와 맷돌을 보면서 신기해하기도 하고, 조선인들이 숲에 불을 자주 질러 동식물을 힘들게 한다고 개탄하기도

했다. 자연인 데르수는 숲의 정령을 모두 태워 죽이는 '개척자' 조선인의 화전을 이해할 수 없었다. '되놈 상술'로 원주민을 괴롭히는 중국인에 대해서도 인상이 좋을 리 없었다.

아르세니예프는 다시 만난 데르수가 시력을 잃어가고 건강이 나빠지자 하바롭스크에 있는 자신의 집으로 데려가 같이 살았다. 그러나 평생 하늘과 땅을 이불과 침대 삼아 살아온 데르수는 결국 도시 생활에 적응하지 못하고, 아르세니예프가 사준 최신형 사냥총을 들고 숲으로 돌아갔다. 그리고 얼마 안 되어 데르수는 숲속에서 최신형 총을 빼앗으려는 러시아 강도를 만나 살해되었다. 자연인 데르수에게만 비극이 닥친 것은 아니었다. 1943년에는 시베리아 호랑이를 지키려던 러시아의 젊은 동물학자 카플라노프가 밀렵꾼의 총에 살해당했다. 데르수를 비롯한 원주민들은 호랑이를 '암바(제일 힘센 자)'라 부르며 숲의 신으로 여겼다.

시베리아 횡단열차 여행에서 읽을 책을 딱 한 권만 꼽으라면 망설임 없이 《데르수 우잘라》를 추천하겠다. 시베리아가 데르수 우잘라이고, 데르수 우잘라가 바로 시베리아이기 때문이다. 시베리아에는 자연과 도시, 문명과 야만, 사람과 동물 사이에 아무런 경계가 없다. 우데게와 고리드는 사람의 영혼이 나무에서 태어나며, 죽으면 다시 나무로 돌아간다고 믿었다. 남자의 영혼은 버드나무, 여자의 영혼은 자작나무로. 인간과 자연은 영혼을 통해 삶과 죽음을 순환한다고 믿었다. 생각해보니 숲속에서 살고자 했던 데르수의 꿈은 결국 시베리아 호랑이의 꿈이 아니던가. 아, 데르수는 '산군자'였구나. 우리 동화 《하얀 눈썹 호랑이》를 보면 호랑이가 못된 사람을 혼내주기 위해 하얀 눈썹 할아버지로 몸을 바꿔 마을로 내려오지 않는가. 그 '하얀 눈썹 할아버지' 데르수 우잘라의 꿈, 시베리아 호랑이의 꿈을 죽인 것도 인간이었다.

시베리아 횡단 여행 끝자락에 와서야 진짜 시베리아를 만났다. 내가 찾던 시베리아는 데르수 우잘라였다. 인간이 죽인 시베리아는 하늘의 별이 되어 어두운 밤이면 시호테알린산맥을 찾아와 암바와 이야기를 나눈다. 1981년 새로 발견한 소행성은 그의 이름을 따서 '4142 데르수 우잘라'라 부른다. 시베리아의 자연인 데르수 우잘라는 땅에서 죽었지만 저 하늘에서 불멸의 삶을 살아가고 있다.

나는 시베리아 끝자락, 데르수 우잘라의 땅을 지나고 있었다. 데르수가 모든 자연을 '사람'이라 부르고, 붉은 사슴이 뛰어놀고, 곰들이 어슬렁거리고, 호랑이가 포효하던 우수리 지역을 이제 시베리아 횡단열차가 밤새 달린다. 기관차의 기적 소리에 놀란 데르수는 아예 하늘로 올라가 버렸고, 또 다른 '사람'인 사슴과 곰, 호랑이는 숲속으로 꼭꼭 숨었다. 누군가 숲속의 '사람'들에게 기차 소리는 총소리가 아니라고 알려줘야 할 텐데.

연해주 독립운동 유적지, 우수리스크

열차는 동틀 무렵 우수리스크 역에 도착했다. 아담한 하늘색 2층 역사가 부스스한 내 눈에 들어왔는데, 흐릿한 상흔들이 어른거렸다. 아련한 역사의 파편들이 내 심장으로 파고든다. 우수리스크, 그 이름만 들어도 가슴이 미어질 듯 착잡하다. 우수리스크 역에서 우리는 결코 잊을 수 없는 한 조선인 젊은이를 만난다. 블라디보스토크 역을 출발한 젊은이는 1909년 10월 21일 하얼빈으로 가는 열차로 갈아타기 위해 이곳 우수리스크 역에 내렸다. 가슴에 품은 총은 조선 침략 원흉을 향했다. 하얼빈에 도착한 그는 이토 히로부미를 향해 방아쇠를 당겼다. 완벽하게 성공한 암살로, 중국인들도 깜짝 놀란 역사적 쾌거였다. 자랑스러운 조선의 젊은이, 안중근이다.

우수리스크는 시대에 따라 수시로 이름이 바뀌었다. 니콜라스 성인의 이름을 딴 니콜스코예 마을에서 시작되어 니콜스크-우수리스키로 부르다가 스탈린 시대에는 볼셰비키 지도자의 이름을 딴 보로실로프로 바뀌었고, 나중에 우수리강에서 이름을 딴 우수리스크가 되었다. 우수리스크는 솔빈부가 있던 발해의 땅이고, 연해주 독립운동의 성지이며, 고려인 강제 이주 통곡의 현장이다. 우수리스크 시내에는 고려인 문화센터가 있고, 고려인 우정마을이 있으며, 발해 성터가 있다. 김알렉산드라의 고향인 우수

연해주 독립운동의 중심지였던 우수리스크의 기차역

리스크에는 노비의 아들로 태어나 전설적 독립운동가가 된 최재형의 집이 있고, 이상설 유허비도 있다. 온 천지가 독립운동 유적지다.

우수리스크는 모스크바에서 출발해 평양으로 가는 세계 최장 노선의 철길이 갈리는 국제선 분기점이기도 하다. 북한으로 가는 시베리아 횡단열차는 우수리스크에서 하산으로 간 뒤 두만강을 건너고 라진을 거쳐 평양으로 달린다. 우수리스크 역에서 가끔 평양행 기차를 기다리는 북한 사람들을 만날 수 있다. 평양에서 출발한 김일성과 김정일이 특별 열차로 모스크바로 갈 때도 이곳 우수리스크에서 시베리아 횡단철도와 합류했다. 이 철길은 해방 뒤 북한 인사들이 소련을 방문하는 '사회주의 친선의 길'이었다. 월북 작가 이태준은 1946년 10월 상트페테르부르크에서 출발해 하바롭스크를 지나 우수리스크까지 시베리아 횡단열차를 타고 돌아왔으며, 월북 학자 백남운은 1949년 2월 김일성, 박헌영, 홍명희와 함께 평양에서 비행기를 타고 우수리스크에 내린 뒤 시베리아 횡단열차로 갈아타고 모스크바를 거쳐 상트페테르부르크까지 갔다. 모스크바에서 신병 치료를 마친 월북 시인 오장환도 1949년 8월 시베리아 횡단열차를 타고 이곳까지 온 뒤 평양으로 돌아갔다.

김일성·김정일 부자의 시베리아 횡단철도 사랑은 널리 알려져 있다. 김일성은 1949년과 1984년 소련 방문 때 특별 열차로 시베리아 횡단철도를 달렸으며, 김정일은 2001, 2002, 2011년 세 차례 모두 시베리아 횡단철도로 러시아를 방문하는 진기록을 남겼다. 비행기로 9시간 거리인 평양에서 모스크바까지 김정일은 2001년 장장 23박 24일에 걸쳐 시베리아 횡단철도로 왕복 2만 킬로미터를 오갔다. 김정일이 비행기 대신 열차를 이용한 이유가 뭘까? 국내 북한 전문가들은 '고소공포증' 때문이라 하고, 2001년 러시아 방문 당시 김정일을 수행한 풀리코프스키는 《동방특급열차》에서 '아버지 김일성 따라 하기'라 했으며, 북한 외무성 제1부상 강석주는《김정일 열풍》이라는 책에서 '여러 도시를 돌아보기 위해서'라고 주장했다. 강석주가 비행기 방문을 권유하자 김정일은 이렇게 말했다고 한다. "비행기를 타고 훌 날아가서 하루 이틀 자고 또 훌 날아오는 것은 다른 나라 수반들이 다 하는 것이다. 나는 열차를 타고 여러 개의 도시들을 돌아보면서 모스크바에 갔다 오려고 계획한 것을 철회하지 않겠다." 정상 회담에 꼭 비행기를 타고 가라는 법은 없다. 시간이 오래 걸린다는 단점이 있지만 시베리아 횡단열차를 타고 가면서 하는 정상 회담도 나름의 낭만이 있다. 사실 그 나라의 진면목을 보려면 기차 여행만큼 좋은 것이 없다.

열차가 우수리스크 역에서 출발하자 오른쪽으로 라즈돌나야강이 나타났다. 중국이 수이펀강이라 부르는 발해의 솔빈강이다. 우수리스크에는 동해로 흘러가는 저 솔빈강을 해자 삼아 적의 침입을 막은 발해 성터가 있으니, 발해의 솔빈부는 융성했고 말들은 자유롭게 뛰어놀았다. 당시 솔빈부는 유명한 말 특산지였는데, 말은 발해가 당나라에 파는 주요 수출품이었다. 광대한 영토를 다스리며 동북아시아의 강자로 영원할 것 같던 해동성국 발해는 926년 거란의 침략에 허무하게 쓰러졌다. 솔빈강은 발해 병사들의 피로 물들었고, 발해 여인들은 찢어지는 가슴을 움켜쥐고 밤새 슬피 울었다. 그래서 수이펀강, 솔빈강은 '슬픈 강'이란 전설을 안고 지금도 흐른다.

2001년 10월 블라디보스토크에서 버스를 타고 우수리스크 등 연해주 독립운동 유적지를 방문했다. 당시 광복회 독립운동가들과 함께 울퉁불퉁한 비포장도로를 왕복 10시간 넘게 달려 우수리스크 수이푼강 변에 있는 헤이그 특사 이상설 선생 유허비 제막식에 참석했다. 일제가 강점한 조국에 묻힐 수 없다는 유언에 따라 선생의 유해는 수이푼강에 뿌려졌다. 유허비는 그 강변에 쓸쓸히 홀로 서 있었다. 발해 멸망 후 천년이 넘는 세월이 흘렀어도 솔빈강은 여전히 우리 민족에게 '슬픈 강'이었다. 그나마 그의 유해가 뿌려진 수이푼강이 흘러 흘러 아무르스키만을 거쳐 동해로 이어지니 영혼은 조국에 닿았을 거라고 위안했다. 다음 날에는 또 10시간 넘게 오가며 남쪽의 크라스키노(연추)에 있는 안중근 의사 단지동맹 유지비 제막식에 참석했다. 독립을 위해 목숨을 내놓겠다며 손가락을 잘라 맹세한 안중근 유지비도 잡초가 우거진 들판에 외로이 서 있었다. 나중에 강물이 범람하여 단지동맹 유지비를 근처 다른 곳으로 옮겼다는 뉴스를 들었다. 무엇보다 당시 팔순이 넘은 나이에도 독립운동 현장을 찾아 나서던 광복회 윤경빈 회장 등 원로 독립투사들의 열정이 눈에 선하다.

통곡의 역, 라즈돌노예

우수리스크 역을 떠난 열차는 라즈돌나야강을 따라 40여 분을 달렸다. 철길 가로수 사이로 회색빛 간이역이 잿빛 얼굴을 드러냈다. 슬레이트 지붕을 얹은 듯한 1층짜리 간이역이다. 그저 시베리아 벌판의 흔하디흔한 간이역이라면 얼마나 좋을까. 불행히도 고려인 강제 이주의 첫 출발지였던 라즈돌노예 역이다. 시베리아에 남겨진 깊은 상처, 고려인의 아우슈비츠다. 이 작은 간이역에 큰 슬픔이 배어 있을 줄 누가 알겠는가.

1937년 9월 9일, 비극이 시작되었다. 9월 9일은 공식적인 고려인 강제 이주 기념일이다. 라즈돌노예 역에서 고려인 550여 명이 첫 강제 이주 열차에 짐짝처럼 실린 뒤로 그해 12월 말까지 고려인의 비극은 열차의 긴 행렬처럼 끝없이 이어졌다. 조국을 잃고 연해주로 넘어왔던 고려인 17만여 명은 이곳 라즈돌노예 역과 우수리스크 역, 블라디보스토크 역과 한인촌 근처 페르바야 레치카 역 등 연해주 일대에서 화물열차에 실려 시베리아 횡단철도를 따라 중앙아시아로 끌려갔다. 망국에 이어 다시 삶의 터전을 빼앗긴 유랑민 신세가 되었다. 강제 이주 도중 2만여 명은 시신이 되어 철길에 버려졌으니 고려인의 디아스포라에는 그 희생자 수만큼의 아픈 사연이 있다. 예루살렘에 이스라엘인의 통곡의 벽이 있다면, 라즈돌노예 역은 고려인의 통곡의 역이다. 내가 지금까

1937년 첫 번째 고려인 강제 이주 열차가 출발한 라즈돌노예 역

지 달려온 시베리아 횡단철도는 당시 고려인들에게는 통한의 길이었다. 라즈돌노예 역에서는 지금도 고려인의 피눈물이 뚝뚝 떨어져 내리고 있었다. 나는 시베리아 철길을 뒤돌아보았다. 철길은 아무 말이 없었다.

고려인 강제 이주는 스탈린의 명령으로 이루어졌다. 일본이 1931년 만주를 침공한 이후 조선인이 일본인과 외모가 비슷해 간첩 색출이 어렵다는 것이 공식적인 이유였다. 하지만 일본 간첩 활동 방지는 그럴싸한 명분에 불과했다. 일본 간첩 활동 방지뿐 아니라 연해주의 고려인 자치권 확대 우려, 중앙아시아 농업 인력 공급 등의 복합적인 이유가 있었다고 전문가들은 말한다. 조정래의 소설《아리랑》은 눈물겨운 고려인 강제 이주 이야기를 다루고 있는데, 10권 '20만 명을 실은 유형 열차'는 연해주 출발 장면을, 11권 '쌀밥'은 중앙아시아 정착 상황을 그리고 있다. "황무지를 논으로 일구기가 힘겨웠던 만큼 그들이 떨구는 눈물은 뜨거웠고 토해내는 한숨은 잿빛이었다." 비옥한 땅으로 일군 연해주를 떠나면서도 고통을 참았던 고려인들 앞에 놓인 중앙아시아는 "억센 갈대숲이 우거진 황량한 황무지"였다.

여기 가슴 뭉클한 고려인 디아스포라의 사연이 있다. 우즈베키스탄을 방문했을 때 고려인에게 들은 사연이다. 연해주에서 출발한 강제 이주 열차가 며칠 뒤 시베리아의 한 역에 정차했는데, 화장실이 없는 화물열차다 보니 생리 현상을 해결하려고 모든 사람이 한꺼번에 내렸다. 그런데 열차가 급히 출발하자 아수라장이 되면서 60대 초반의 고려인 할아버지가 할머니 손을 놓쳐버렸다. 할아버지가 열차에 오르고 보니 할머니가 보이지 않았다. 다음 역에서 내린 할아버지는 사흘이나 걸려 그 역으로 되돌아갔다. 할머니는 아무것도 먹지 않고 그 자리에 쪼그려 앉아 있었다. "왜 열차를 타지 않았느냐"는 할아버지의 물음에 "당신이 타는 것을 보지 못했는데 어떻게 나 혼자 타고 갈 수 있느냐"는 할머니의 대답이 돌아왔다. 할아버지는 할머니를 끌어안고 시베리아 기차역 플랫폼에서 오랫동안 눈물을 흘렸다고 한다.

고려인이란 이름도 알고 보면 민족 분단의 아픔이 서린 상처다. 애초 러시아 한인들은 자신들을 '조선인'이라 불렀다. 러시아 사람들이 말하는 '카레이스키' '카레야'는 영어의 '코리안' '코리아'처럼 남북한을 아우르는 일반적인 단어일 뿐이다. 러시아 한인들은 옛 소련 시절에도 공식 기록에 '소비에트 조선인'이라 했지, '소비에트 고려인'이라 한 적이 없다. 러시아 한인들은 구한말 '조선인'으로 이주한 것이지, 고려 때 '고려인'으로서 넘어간 사람들이 아니다. 그런데 1988년 서울 올림픽을 계기로 한국과 소련의 교류가 활발해지면서 러시아 한인들은 고민에 빠졌다. 기존대로 '조선인'이라고 부르자니 남한이 울고, '한국인'이라고 부르자니 북한이 울 판이어서 남북한으로부터 중립적인 '고려인'이라 부르기로 했다. 사회주의니 자본주의니 하는 골치 아픈 이념이 없던 먼 과거로의 역사 여행을 떠나 찾아낸 이름이다. 고려인과 같이 구한말 만주로 넘어간 중국 한인들은 자신들을 그대로 '조선족'이라고 부르지, 남북한 중립 때문에 '고려족'이라 바꿔 부르지는 않는다. 한민족 분단의 비극은 이처럼 고려인이라는 개명 사태까지 불러왔다.

북한 김일성은 가짜?

라즈돌노예에는 동북항일연군의 김일성 빨치산 부대가 1940년 10월부터 1942년 6월까지 주둔한 이른바 '남야영'이 있던 곳이다. 옛날에는 하마탄이라 불렀다. 중국과 조선이 함께한 동북항일연군은 북한과 중국의 '조중 혈맹' 관계를 설명해주는 중요한 뿌리다. 그 뿌리가 1946년 국공 내전 당시 북한의 중국 공산당 군사 지원, 1950년 중국의 한국 전쟁 참전으로 이어졌다. 마오쩌둥은 "중화인민공화국 오성홍기에는 조선 공산주의자들과 인민의 선혈이 스며 있다"고 했다. 김일성은 1937년 보천보 전투 이후 일본이 대대적인 토벌에 나서자 동북항일연군 산하 조선인민혁명군을 이끌고 만주에서 이곳 라즈돌노예로 넘어왔다. 당시 동북항일연군에 소속된 조선인은 김일성을 비롯해 김책, 최현, 최용건, 김일, 강건, 안길 등이 있었는데, 이들은 해방 뒤 북한 정권의 핵심 인물이 된다. 김일성의 부인 김정숙도 같은 빨치산이었고, 최현의 부인 김철호도 마찬가지였다. 북한의 3대 세습 과정에서 수많은 인물이 하루아침에 숙청당했는데도 최룡해가 오랫동안 2인자 역할을 하는 것은 바로 그의 부모가 김일성, 김정숙과 함께 동북항일연군에 있었던 최현, 김철호 부부이기 때문이다.

기차역에서 가까운 라즈돌노예 마을 88번지 붉은 벽돌 2층 건물이 남야영 주둔지로 알려져 있다. 이 건물 안 김정일이 태어났다는 방에는 작은 침대를 가져다 놓아 관광객을 불러 모으고 있다. 오래전 북한을 방문했을 때 평양에서 비행기를 타고 삼지연 공항에서 내린 뒤 백두산에 올랐는데, 붉은 글자로 '정일봉'이라고 새긴 바위 앞 숲속의 귀틀집 오두막을 성역화해둔 것을 보았다. 김정일이 태어난 '백두산 밀영'이라고 했다. 어디서 태어났는지가 뭐 그리 대단하다고 난리를 피우는지.

예전에는 학교에서 북한 김일성은 '진짜 김일성 장군'이 아니라 '가짜 김일성'이라고 배웠다. 김일성과 관련한 재미난 얘기가 있다. 연해주 일대에서 호랑이 사냥꾼으로 유명했던 러시아인 발레리 얀콥스키는 1940년 호랑이 사냥 허가를 받으러 만주의 일본 행정부 사무소로 찾아갔다. 그런데 일본 경찰 책임자가 얀콥스키에게 엉뚱한 제안을 했다. "이 '맹수'를 잡아 오면 돈은 달라는 대로 주리다." 일본 경찰은 그에게 사진 한 장을 내밀었는데, 맹수가 아니라 사람 사진이었다. 얀콥스키는 "나는 네 발 달린 맹수만 사냥한다"며 자리에서 물러났다. 조선말을 잘했던 그는 해방 뒤 소련군 통역으로 평양에서 근무했는데, 1945년 10월 모란봉 경기장 대중연설회에서 그 '맹수'를 직접 봤다. 일본 경찰이 내민 그 사진 속 맹수는 바로 북한의 김일성이었다. 이 말을 못 믿겠다면 출처를 밝히겠다. 보수 언론이라는 《조선일보》 2006년 8월 24일 자 기사다.

조선총독부 철도국 직원으로 등산 애호가였던 일본인 이이야마 다쯔오가 편집한 사진집 《북조선의 산》에도 1939년 12월 함북 주을의 관모봉에 오르는 일본 등산가들이 "김일성이 장백산(백두산)의 호랑이라면, 우리는 관모봉의 호랑이다"라고 농담하는 일화가 나온다. 남이든 북이든 역사적 사실은 그 자체로 인정하면 된다. 싫어한다고 사실이 바뀌지는 않는다. 평가는 그다음 일이니까.

6 '아라사의 소문' 연해주

블라디보스토크

우리는 왜 시베리아 횡단열차를 타는가.
언젠가 휴전선이 무너질 날이 있으리라는 희망이 있으니까.
그러면 부산역에서 배낭을 메고
덩실덩실 춤을 추며 열차에 오르리라.

_여행자 K

시베리아 횡단열차의 종착지 블라디보스토크 기차역 ©LoreMasterTes

종착역 블라디보스토크

멀리 태평양이 보이기 시작했다. 기차가 종점에 다다르기 전에 어디서 왔는지 아그네스 발차가 부르는 〈기차는 8시에 떠나네〉가 나를 마중하러 왔다. "시베리아 횡단열차는 이제 남쪽을 향해 떠나가네. 지나온 철길은 썰물처럼 멀어지고, 다가올 시간은 파도가 되어 밀려오네. 두만강을 건넌 기차는 끝내 한강을 건너지 못하네. 1945년 8월 15일 기차는 멈췄네. 당신은 떠났지만 아직 도착하지 못했네. 나는 홀로 역에 남아 당신을 기다리네." 나의 종점은 아직도 멀었는데, 나는 종점 아닌 종점에서 내려야 했다. 언젠가 마음의 종점이 현실의 종점을 이길 날이 있겠지.

마침내 시베리아 횡단열차 여행의 대장정이 막을 내리고 있었다. 낮에는 꽃과 자작나무를, 밤에는 달과 별을 보며 달려온 긴 여정이었다. 시베리아 철길은 침목이란 수많은 개인의 희생 위에 새겨진 역사다. 멀리 바다를 가로지르는 긴 아무르만 다리가 보였다. 아무르만을 따라 해변을 달리던 열차는 시나브로 구릉을 넘어갔다. 금각만이 모습을 드러냈다. 프리모리예 지방의 주도 블라디보스토크다. 프리모리예는 러시아어로 '바다에 접한'이란 뜻이니, 곧 연해주다. 열차가 '아휴, 힘들었네' 땀을 뻘뻘 흘리며 서서히 멈추기 시작했다. 이윽고 종착지에 무사히 도착했다. 시베리아 횡단열차는 느리지만 끈기 있는 거북이다. 거북이가 토끼를 이기는 순간이다.

블라디보스토크는 옛날 중국 땅이었을 때 해삼이 많이 나서 '해삼위'라 불렸다. 명·청 시대에는 말린 해삼이 주요 교역 품목이었는데, 블라디보스토크를 가리키는 해삼위는 당시 '해삼길'의 흔적이다. 러시아는 땅을 빼앗은 뒤 곧바로 '동방(보스토크)을 정복하라(블라디)'는 뜻의 블라디보스토크로 이름을 바꿔버렸다. 동방의 부동항을 찾아 나선 러시아의 의지를 노골적으로 드러낸 개명이었다. 서쪽의 상트페테르부르크가 '유럽으로 향한 창'이라면, 동쪽의 블라디보스토크는 '아시아로 향한 창'이다. 태평양에서 막 올라온 성게, 홍합, 왕가리비, 멍게, 굴 등 온갖 해산물이 나를 열렬히 환영했다. 그런데 그 많던 해삼은 다 어디로 갔는지 역 주변을 아무리 둘러봐도 코빼기도 보이지 않았다. 자기 이름을 버리고 러시아식 지명으로 바꾼 데 대한 항의로 해삼이 바닷속에서 파업하고 있는지도 모른다.

블라디보스토크 역 플랫폼에 내렸다. '9288'이라고 쓰인 표지판이 보였다. 시베리아 횡단철도의 종착지를 알리는 시베리아 횡단철도 기념탑이다. '9288'은 모스크바에서 블라디보스토크까지의 철도 길이 9,288킬로미터를 뜻한다. 1891년 5월 19일 당시 스물세 살의 황태자 니콜라이 2세가 참석한 가운데 바로 이곳에서 역사적인 시베리아 횡단철도 기공식이 열렸다. 기념탑에는 "시베리아 횡단열차가 여기서 끝난다"라는 문구도 새겨져 있다. 나의 질주 본능에 아예 쐐기를 박는다. 모스크바 역 플랫폼에서 '0킬로미터 출발지 기념탑'의 배웅을 받으며 떠난 시베리아 횡단열차 여행은 블라디보스토크 역 플랫폼에서 '9,288킬로미터 종착지 기념탑'의 마중을 받으며 끝난다. 만리장성의 모든 성벽을 다 합쳐도 6,400킬로미터에 불과하니 시베리아 횡단철도는 얼마나 긴 거리인가. 모스크바에서 쉬지 않고 열차가 달려도 6박 7일 160시간이 걸리는 거리다.

기념탑 옆에는 제2차 세계대전 참전 증기기관차가 전시되어 있다. 검은색 증기기관차 앞 표지판에는 "1941~1945년 대조국 전

블라디보스토크 역의 시베리아 횡단철도 기념탑. 뒤쪽은 제2차 세계대전 참전 증기기관차

쟁 기간 연해주 지역의 철도 요원으로 전투에 참가"라는 멋진 칭송문이 새겨져 있다. 기관차가 참전용사와 똑같이 대우받고 있다. 표지판과 별도로 증기기관차에는 영어와 러시아어로 된 작은 소개문이 붙어 있다. "이 증기기관차는 소련 철도 시스템에 맞춰 미국에서 만들었는데, 제2차 세계대전 중이던 1942년 6월 동맹국 지원 차원에서 미국이 무기대여법에 따라 소련에 인도했다. 극동철도는 비행기와 전차, 총, 식량, 의복 등 800만 톤의 군수물자를 실어 날랐다. 이 증기기관차는 전쟁 당시 미국과 소련의 강력한 우의를 상징한다." 그러나 소개문은 이후의 역사적 사실은 빠뜨렸다. '미국과 소련은 전쟁이 끝난 뒤 공통의 적이었던 파시즘과 나치즘이 사라지자 자본주의와 사회주의라는 이념을 앞세워 으르렁거리며 이념 전쟁을 시작했다. 한국 전쟁과 베트남 전쟁에서 서로 피 튀기며 총칼을 겨눈 미소는 꼴도 보기 싫어 왕래조차 끊었다. 국제 관계에서 영원한 우방도 영원한 적도 없다는 말은 빈말이 아니었다.'

블라디보스토크 역을 오간 이들

수많은 사람이 역에서 내리고 또 수많은 사람이 열차에 오르고 있었다. 누군가에게는 종착지지만 다른 누군가에게는 출발지다. 막 도착한 열차와 이제 출발하려는 열차가 교차한다. 역사적 장면들이 어른거렸다. 달네레첸스크에서 다시 기차를 탄 민영환은 1896년 블라디보스토크 역에 도착해 배를 타고 부산을 거쳐 제물포로 돌아갔다. 고종의 헤이그 특사 이준과 이상설은 망해가는 조선을 구하러 1907년 이곳에서 열차에 올랐으며, 2년 뒤 안중근은 단지동맹으로 자른 손가락을 감춘 채 이곳에서 하얼빈으로 떠났다. 만해 한용운은 1907년 이곳에서 시베리아 횡단열차를 타고 세계 일주를 떠나려 했으나 친일파 첩자로 오해받아 고국으로 되돌아갔다. 한용운의 세계 일주 여행기가 있었다면 얼마나 좋았을까. 젊은 이광수는 1914년 여기서 중국 무링을 거쳐 치타로 가는 열차를 탔다. 일본에 체포되었다가 정신 이상으로 풀려난 박헌영과 부인 주세죽은 탈출하는 함경선 기차에서 태어난 핏덩어리 딸을 안고 1928년 이곳에서 모스크바로 떠났다. 호찌민은 모스크바에서 출발한 3주간의 긴 여정을 마치고 1924년 블라디보스토크 역에 내렸다. 호찌민은 여기서 중국 광저우로 가는 소련 배에 올랐는데, 그 뒤에도 여러 차례 블라디보스토크와 모스크바를 기차로 오갔다. 그렇다. 시베리아 횡단철도는 조선 독립의 길이었고, 베트남 독립의 길이었다. 또한 강제로 이주당한 고려인 디아스포라의 길이었다.

심각한 표정의 독립투사들만 시베리아 횡단열차를 탄 것은 아니었다. 호기심 많고 모험적인 전 세계 여행자들이 이국적인 시베리아 횡단열차에 올랐다. 소설 《달과 6펜스》로 유명한 영국 작가 서머싯 몸은 영국 첩보원 신분으로 1917년 블라디보스토크 역에서 열차에 올라 11일 만에 페트로그라드에 도착했다. 이때의 경험을 토대로 쓴 소설이 《꿈》과 《어센덴》이다. 스웨덴 동물학자 스텐 베리만은 스웨덴 자연사 박물관에 전시할 조선의 동물과 새를 수집하기 위해 1935년 스톡홀름에서 출발해 시베리아 횡단열차를 타고 13일 만에 경성에 도착했다. 비행 공포증이 있던 영국 록가수 데이비드 보위는 일본 공연을 마치고 1974년 4월 블라디보스토크에서 열차에 올라 모스크바를 거쳐 영국으로 돌아갔다. 당시 보위와 같은 열차를 탔던 미국 UPI 통신의 로버트 무젤 기자는 "시베리아 횡단철도는 세상에서 광고판 없는 가장 긴 길"이라며 광고 없는 사회주의 사회를 묘사했다. 알렉산드르 솔제니친은 1994년 미국 망명을 마치고 블라디보스토크에서 열차를 타고 모스크바로 갔으며, 브라질 작가 파울로 코엘료는 2006년 모스크바에서 블라디보스토크까지 시베리아 횡단열차를 타고 간 경험을 바탕으로 《알레프》라는 소설을 썼다.

기차역 밖으로 나왔다. 역 건물은 모스크바 야로슬라블 역처럼 나폴레옹 모자를 닮았다. 역 뒤에 정박해 있는 대형 크루즈는 그곳이 항구라고 말하고 있었다. 기차역과 항구가 금각만을 따라 나란히 붙어 있으니 기차가 '칙' 하는 경적을 울리면 배들도 질세

시베리아 횡단철도 종착지인 블라디보스토크 역

라 '붕' 하는 뱃고동으로 화답한다. 역 광장을 거쳐 큰길을 건넜다. 어디나 그렇듯 언덕의 레닌 동상이 먼저 인사한다. 왼손에 모자를 움켜쥔 레닌은 오른손을 높이 들어 동쪽 바다를 가리키고 있다. 레닌 형님의 시선마저 동쪽으로 향하다니, 모두가 '동방을 정복하라'고 지상 명령을 내리고 있었다. 달마가 동쪽으로 간 까닭을 알 것만 같다.

율 브리너 생가

숙소에서 부족한 잠을 보충하고 정오가 되어서야 일어나 본격적으로 시내 탐방에 나섰다. 블라디보스토크는 바닷가 언덕 위를 따라 만들어진 '러시아의 샌프란시스코'다. 블라디보스토크의 금각교는 샌프란시스코의 금문교를 떠올리게 하는데, 실제로 블라디보스토크는 샌프란시스코를 모델로 도시 개발을 추진했다. 아르바트 거리에서 간단히 점심을 때웠다. 아르바트 거리는 원래 옛 태평양 함대 사령관 이름을 딴 '포킨 제독 거리'인데, 아름다운 카페가 들어서고 젊음의 거리로 바뀌자 모스크바의 거리 이름을 그대로 따서 부른다. 아르바트 거리 중간에는 유럽풍의 낡고 오래된 베르사유 호텔이 있다. 1909년 문을 연 가장 오래된 호텔인데, 서머싯 몸과 탐험가 아문센, 호찌민 등이 머물렀다고 한다.

해양공원을 찾아 아무르만 쪽으로 걸어갔다. 해변은 가족끼리 손잡고 산책 나온 사람들로 북적였다. 바닷가에 수산시장이 있는데, 블라디보스토크를 대표하는 먹거리인 킹크랩과 곰새우를 놓쳐서는 안 된다. 고소하고 담백한 맛이 일품이다. 먹는 재미가 없다면 여행의 즐거움을 어디서 찾겠는가. 맥주나 보드카를 곁들이면 킹크랩과 곰새우가 입으로 들어올 때마다 태평양의 바다 향기가 빨려 들어오는 듯한 향긋함을 느끼게 될 것이다.

바다 내음이 물씬 풍기는 이곳은 1874년 한인들이 처음으로 정착했던 '개척리 마을'이다. 그러나 어디에서도 그 흔적을 찾을 수 없어 아쉬웠는데, 우연히 뒷길을 걷다가 그 흔적을 말해주는 기록을 만났다. 디나모 경기장 뒤쪽, 포그라니츠나야 거리와 세메놉스카야 거리가 만나는 모서리에 있는 자매결연도시공원에 '한러 우호 150주년 기념비'가 세워져 있었다. 블라디보스토크는 세계 11개 도시와 자매결연을 맺었는데, 그중에는 남한의 부산과 북한의 원산이 있다. 이 기념비에는 "현재의 포그라니츠나야 거리는 1864년부터 1941년까지 카레이스카야 거리(한인 거리)라고 불렀다"라는 설명이 있다. 이 기념비를 어느 여행사는 '한인 이주 150주년 기념비'라 설명하는데, 잘못된 소개다. 러시아 정부 차원에서 세운 '한러 우호 150주년 기념비'가 맞다. 이 기념비에는 러시아어만 쓰여 있는데, 만약 '한인 이주 150주년 기념비'였다면 러시아어와 한국어로 함께 소개하지 않았겠는가? 해양공원인 스포르팁나야 항구에서 포그라니츠나야 거리의 언덕이 한인촌 개척리 마을이었다. 안중근은 하얼빈으로 가기 전 이곳에 들러 최재형이 만든《대동공보》의 기자증을 발급받아 신분을 숨겼다. 러시아는 1911년 콜레라가 창궐한다는 이유로 한인촌을 언덕 너머 베지미안나야만 근처의 하바롭스카야 거리로 옮겼는데, 그곳이 새로운 한인촌이라는 '신한촌'이다.

아래쪽으로 조금 내려오다 아지무트 호텔 옆에서 호랑이 동상을 만났다. 왠지 호랑이 표정이 조금 우울해 보였다. 호랑이는 블라디보스토크를 상징하는 동물이라 시내 곳곳에서 만날 수 있다.

호랑이도 제 말 하면 온다고, 호랑이 동상을 지나자 정말 '호랑이 거리'가 나타났다. 티그로바야 거리다. 블라디보스토크는 9월 마지막 일요일을 '호랑이의 날'로 정해 각종 행사를 여는 등 호랑이 보호에 신경 쓴다. 시베리아 호랑이가 아무르 호랑이고, 아무르 호랑이가 동북 호랑이고, 동북 호랑이가 백두산 호랑이니 아무튼 우리에게는 좋은 일이다. 언젠가 휴전선이 무너지는 날 시베리아 호랑이는 두만강을 건너 백두산 호랑이가 되어 백두대간을 타고 설악산을 거쳐 지리산까지 내려와 '어흥' 하고 우리를 놀라게 할 것이다. 그러다 우는 아이를 달래는 엄마의 '곶감!' 소리에 화들짝 놀라 꽁무니가 빠지게 숲속으로 달아나는 호랑이를 생각하니 절로 웃음이 나왔다.

향토박물관으로 가는 도중에 삭발한 대머리 배우 율 브리너가 태어난 집을 찾았다. 알레우츠카야 거리 15번지 건물을 끼고 계단을 따라 올라가자 대리석으로 지은 3층짜리 멋진 저택이 나왔다. 율 브리너 생가 앞에는 뮤지컬과 영화 〈왕과 나〉에서 시암 국왕으로 나온 율 브리너의 화강암 동상이 서 있다. 율 브리너는 외모도 타이 사람처럼 생겨 시암 국왕 역에 잘 어울렸는데, 실제 몽골계 부랴트족의 피가 흐른다. 할아버지가 부랴트족 여인과의 사이에서 율 브리너의 아버지를 낳았다. 율 브리너도 몽골계 후손인 셈이다. 그래서 더 친근감이 가는지 모르겠다. 에티오피아인의 피가 섞인 푸시킨처럼.

율 브리너 집안은 우리나라와 여러모로 얽혀 있다. 율 브리너의 할아버지 줄스 브리너는 블라디보스토크의 부유한 상인으로, 1896년 8월 조선의 이완용과 두만강·울릉도 삼림 벌채 계약을 맺은 뒤 러시아 황제가 투자한 회사에 바로 양도했다. 줄스 브리너는 러시아 정부가 내세운 대리인이었다. 러시아의 남하 정책에 일본과 영국이 강한 경계심을 품었기에 러시아가 줄스 브리너를 대리인으로 내세웠던 것이다. 1903년 러시아가 삼림 벌채를 시작하자 본격적인 조선 진출로 판단한 일본은 1904년 러일 전쟁을 일으켰다. 율 브리너 집안은 시베리아의 전설적 호랑이 사냥꾼 얀콥스키 집안이 세운 함북 주을의 온천 휴양지에도 투자했는데, 얀콥스키의 주을 온천 휴양지에 머물며 동물과 새를 수집한 스웨덴 동물학자 스텐 베리만은 아버지 보리스와 함께 이곳에 사냥 온 젊은 율 브리너를 만났다. 조선의 삼림 벌채권자 줄스 브리너와 그 손자 율 브리너, 호랑이 사냥꾼 얀콥스키, 스웨덴 동물학자 베리만이 조선을 둘러싸고 이렇게 얽혀 있다니.

향토박물관 주인공의 비극

율 브리너 생가를 떠나 향토박물관으로 갔다. 시내버스가 지나가는데 한글로 '김포공항-서울역'이라고 쓰여 있다. 오른쪽 창문에는 아예 태극기까지 붙은 한국산 중고차다. 우리가 러시아 키릴 문자를 모르듯 한국어를 모르는 러시아 승객들에게 한글과 태극기는 멋진 디자인 정도로 받아들여질 테니 굳이 돈 들여 새로 페인트칠할 필요가 없다.

아르세니예프 향토박물관에 도착했다. 《데르수 우잘라》를 쓴 탐험가 블라디미르 아르세니예프의 이름을 딴 박물관이다. '자연인' 데르수 우잘라의 비극이 '도시인' 아르세니예프로 이어진 것일까? 탐험으로 외국인과 접촉이 많았던 아르세니예프는 스탈린 시절인 1930년 간첩 혐의로 비밀경찰의 심문을 받고 블라디보스토크에서 갑자기 심장마비로 숨졌다. 그의 아내는 일본군 간첩으로 몰려 총살당했고, 열일곱 살 딸은 '반소비에트 선전·선동' 혐의로 노동수용소에서 10년을 보내야 했다. 아르세니예프의 이른 죽음은 불행일까 다행일까? 그를 기리는 향토박물관뿐 아니라 연해주에는 아르세니예프의 이름을 딴 도시가 있다.

향토박물관에는 소소하면서도 짭짤한 전시물이 많았다. 역시 박물관과 재래시장은 들러볼 만하다. 도시의 과거는 박물관에 있고, 현재는 재래시장에 있다. 박물관에 들어서자 입구에 박제 호랑이와 곰이 두 발로 서서 끌어안고 있었다. 서로 이종교배를 위한 사랑의 포옹을 하는지, 야생의 본능에 따라 생사의 싸움을 하는지 아리송한 자세다. 순록이 뒤에 있는 것을 보니 먹이를 두고

아르세니예프 향토박물관

필사적으로 싸우는 죽음의 댄스가 아닐까? 누군가 저 '웅호상박'의 두 야수를 떼어놓으면 좋으련만.

향토박물관에는 고조선 유물인 세형동검도 전시되어 있었는데, 당시 세형동검이 이 지역에서까지 유행했음을 보여준다. 1909년 옛 블라디보스토크 지도에는 개척리 마을이 한인촌이라는 '카레이스카야'로 정확히 표시되어 있고, 한국 전시관에는 조선의 마지막 황제 순종의 사진도 있다. 박물관 수장고에는 김규면 선생 사진 등 옛 한인 관련 자료가 많다. 늘 그렇지만 향토박물관에 가면 내 지식의 짧음을 깨닫고 또 새로운 지식을 얻는다. 일찍이 소크라테스가 "너 자신을 알라"고 한 것도 진리의 출발점은 자신의 무지를 깨닫는 데 있다는 가르침이 아니던가. 어떤 지역을 가든 향토박물관에 먼저 가서 자신의 무지를 깨달은 뒤 여행하자. 소크라테스의 가르침을 따르는 가장 쉬운 방법이다.

잠수함이 박물관으로

박물관에서 나와 한 발짝 걸으면 혁명 전사 광장이다. 그냥 혁명 광장, 중앙 광장이라고도 부른다. 광장 한가운데 병사가 깃발을 들고 있는 커다란 기념비가 있는데, 기둥에 '1917~1922'라는 숫자가 새겨져 있다. 러시아 적백 내전 당시 소련을 위해 싸운 병사들을 기리는 기념물이다. 러시아어를 몰라도 '1917~1922'란 숫자가 있으면 러시아 적백 내전의 승리를 기념하고, '1941~1945'란 숫자가 있으면 제2차 세계대전의 승리를 기념하는 의미라는 것쯤은 알아두자. 러시아 곳곳에 이런 숫자만 있는 기념물이 널려 있다. 러시아인들은 아라비아 숫자를 통해 세상을 보나 보다.

고려인에게 혁명 광장은 1937년 강제 이주를 위해 모였던 아픔의 장소다. 금요일과 토요일 주말에는 혁명 전사의 깃발도 사라지고 강제 이주의 긴 행렬도 보이지 않는다. 대신 '있어야 할 건 다 있고 없을 건 없는' 화개장터가 펼쳐진다. 생선과 채소, 빵 등을 들고나온 농부와 어부, 시민이 어울리는 왁자지껄한 장터로 변하는데, 그래서 사람 냄새를 맡으려면 주말에 가야 한다.

금각교 쪽으로 내려갔다. 굼 백화점이 나오고, 조금 지나 오른쪽으로 제독 광장이 보였다. 광장이라고 하지만 울창한 나무와 분수대가 있는 시민 공원이다. 제독 광장에는 정교회 예배당, 개선문, 잠수함 박물관, 무명용사 기념비, '꺼지지 않는 불꽃(영원의 불꽃)' 등이 몰려 있다. 근처에 러시아 극동 해군 사령부도 있다. 광장으로 들어가는 길을 따라 내려가면 삼지창 왕관을 쓴 바다의 신 포세이돈 두상이 눈에 들어온다. 포세이돈 두상 앞으로는 작은 정교회 예배당이 바다를 내려다보고 있는데, 러시아 해군의 수호성인 안드레아를 기리는 성 안드레아 예배당이다. 러시아 극동 함대의 무사 귀환을 바라는 해군의 희망이 담겨 있다. 예배당이 바라보는 이곳 바다, 금각만은 러시아 극동 함대의 기지다. 제독 광장은 태평양으로 향하는 러시아 극동 해군의 위업을 기리는 공간이다.

그 옆으로 작지만 화려한 개선문이 아름답다. 대로변에 있어 위압감을 주는 다른 개선문과 달리 나무에 둘러싸인 소박한 기념물이다. 1891년 시베리아 횡단철도 기공식에 참석하기 위해 블라디보스토크를 방문한 황태자 니콜라이 2세를 기리는 개선문이다. 보통 개선문은 전쟁에서 승리한 황제나 장군을 환영하기 위

1891년 시베리아 횡단철도 기공식에 참석하기 위해 블라디보스토크를 방문한 황태자 니콜라이 2세를 기리는 개선문

해 세우는데, 러시아에는 전쟁과 아무 상관 없는 니콜라이 2세의 방문을 기념해 세운 개선문들이 곳곳에 있다. 그러고 보니 니콜라이 2세는 전쟁에서 승리한 적이 없어 전승 기념으로 개선문을 세울 수도 없구나. 오히려 러일 전쟁에서 참패하고, 제1차 세계대전에서도 사실상 패배하고, 1917년 2월 혁명으로 차르에서 쫓겨났으니 3전 3패다. 개선문 자체는 그리 크지 않지만 천막형 돔

에 화려한 금장의 예술적 조형미가 뛰어나다. 전면 위쪽에는 니콜라이 2세의 얼굴이 조각되어 있고, 뒷면 위쪽에는 블라디보스토크의 상징 호랑이가 조각되어 있다. 차르의 상징인 이 개선문도 소련 시절이던 1930년 해체되었다가 2003년 복원되었다. 개선문 아래 아치를 지날 때 소원을 빌면 이뤄진다는 이야기가 전해지니 한번 빌어볼 일이다.

개선문 아래는 제2차 세계대전 참전 용사 추모 공간이다. 어느 도시에서나 볼 수 있는 '꺼지지 않는 불꽃'과 희생자의 이름을 새긴 추모벽이 있다. 참전 희생자 추모벽에는 하바롭스크와 마찬가지로 김, 이, 박, 림씨 성을 가진 고려인도 있어 연해주 지역에 우리 선조들이 얼마나 많이 살았는지 알 수 있다. 다른 곳에서 볼 수 없는 특이한 기념물이 있다면 '잠수함 S-56 박물관'의 잠수함이다. 바다에서 뭍으로 올라온 잠수함을 보고 있으니 문득 어류에서 양서류로의 진화 단계가 떠올랐다. 잠수함을 이처럼 박물관으로 사용하는 경우는 많지 않다. 블라디보스토크의 명물이다. 이곳 조선소에서 만든 잠수함 S-56은 실제로 제2차 세계대전에서 독일 군함 네 척을 격침하는 등 커다란 전공을 세운 역전의 용사다. 잠수함 내부에 당시 무기 등이 전시되어 있으니 한 번쯤 들어가 구경할 만하다. 이럴 때 아니면 언제 잠수함 내부를 볼 수 있겠는가?

금각만을 바라보는 언덕에 있는 잠수함 S-56 박물관

잠수함 박물관 앞으로 펼쳐진 바다가 금각만이다. 터키 이스탄불의 금각만처럼 바다가 뿔처럼 내륙을 파고드는 모양이라 붙여진 이름이다. 함선들이 마치 사령관의 사열을 받는 병사들처럼 바다 위에 정렬해 있었다. 함선들의 시선이 쏠리는 곳에 사열을 받는 최고사령관이 있다. 옥상에 깃발을 높이 치켜든 하얀색 건물, 러시아 극동 해군 사령부다. 여행 안내서에는 군사 시설이라고 표시되어 있지 않은데 어떻게 알았느냐고? 잠수함 박물관을 배경으로 이곳저곳에서 마구 사진을 찍어보라. 군인들이 찍지 말라고 손을 저으며 경고를 보내는 방향이 있다. 그 건물이 바로 극동 해군 사령부다. 극동 해군 사령부 건물 옆에 '소련 해군의 아버지'라 부르는 니콜라이 쿠즈네초프 제독의 흉상이 있다. 공산당의 부당한 간섭에 강단 있게 맞섰던 그의 이름을 딴 항공모함 쿠즈네초프호가 있을 정도로 러시아 해군의 영웅이다. 그의 흉상 앞 나무에는 '한국 해군 방문 기념 식수'라는 명패가 있다. 혹시 시간이 남는다면 초등학교 때 소풍 가서 보물찾기 하듯 한국 해군 방문 기념 식수를 찾아보라.

체코 군단과 조선 독립군이 만나다

잠수함 박물관에서 함선들이 있는 해안가로 걸어갔다. 전에 없던 새로운 동상이 보였다. 낯익은 얼굴, 솔제니친이다. 왼손으로 책을 가슴에 품은 자세인데, 1994년 그가 미국에서의 20년 망명 생활을 마치고 러시아 땅에 발을 내딛는 순간을 표현했다. 솔제니친은 미국에서 비행기를 타고 블라디보스토크로 온 뒤 시베리아 횡단열차를 타고 모스크바로 돌아갔다. 솔제니친은 공산주의에 반대한 것이지 자본주의를 좋아한 것은 아니었다. 그는 미국의 정치적 자유는 동경했지만 서구 물질 문명에는 회의적이었고, 오히려 러시아의 전통 문화와 경건한 정교회 신앙에 심취했다. 솔제니친은 원시 기독교의 소박한 삶을 추구했던 톨스토이와 맞닿아 있다.

솔제니친 동상 옆으로 뱃머리 모형의 기념물과 배가 정박할 때 내리는 닻 조형물이 있다. 하늘 높이 오르는 뱃머리 기념물은 러시아 함선이 상륙하는 모습을 상징한다. 그러나 그 기념물이 말하고자 하는 핵심은 아래에 있다. 바다에서 첫발을 내딛는 계단에 '1860'이라는 숫자가 있다. 러시아는 유난히 아라비아 숫자를 좋아한다. 해군 기지 부둣가의 모든 기념물은 장식용 껍데기고 진짜 알맹이는 이 숫자다. 그런데 '1860'은 또 뭘까? 1905(피의 일요일 사건), 1917(2월, 10월 혁명), 1945(제2차 세계대전 승리)는 알겠는데, 1860년에는 무슨 일이 일어난 걸까? 힌트를 주겠다. 곰이 하도 사냥을 많이 해서 유난히 배불렀던 해, 러시아 영토가 갑자기 우주만큼 넓어진 해다. 러시아가 청나라와 베이징 조약을 맺은 해가 바로 1860년이다. 베이징 조약으로 블라디보스토크는 영원히 러시아 땅이 되었다. 여행자가 수없이 다니는 부둣가에 영유권을 팍팍 박아놓았다. 우둔한 곰이라고 우습게 봐서는 안 된다. 러시아 곰은 이렇게 영특하고 꼼수도 꽤 잘 부린다. 곰의 나라를 여행할 때는 하늘만 보지 말고 땅바닥도 봐야 한다. 내가 러시아 여행에서 깨달은 교훈이다.

부둣가를 따라 기차역 쪽으로 걸어갔다. 블라디보스토크 항구가 나타났다. 마침 우리나라 동해항에서 출발한 DBS 크루즈 페리가 도착했다. 2007년부터는 북한의 화물여객선 만경봉호가 관광객을 태우고 북한의 나선(라진·선봉) 경제특구를 오간다. 북한 원

우리나라 동해와 블라디보스토크를 운행하는 DBS 크루즈가 정박해 있는 블라디보스토크 항구

산과 일본 니가타를 오가던 그 만경봉호다. 배를 타고 귀국하려고 내가 항구를 찾은 것은 아니다. 옴스크와 이르쿠츠크에서 만났던 체코 군단의 흔적을 찾기 위해서다. 천신만고 끝에 항구에 도착한 체코 군단은 1920년 9월 배를 타고 고국으로 돌아가면서 신식 무기를 김좌진의 조선독립군에 넘겼다. 철기 이범석은 자서전 《우둥불》에서 '이들은 나라 잃은 같은 처지의 조선인에게 연민을 느껴 무기를 독립군에게 넘겼다'고 회상했다. 그들은 소총과 기관총, 박격포, 탄약 등을 넘겨주고, 우리는 현금과 패물을 지급했다. 한 달 뒤 김좌진과 홍범도는 체코 군단의 무기를 이용해 백두산 근처 만주 청산리에서 일본군을 상대로 큰 승리를 거뒀

다. 우리 독립운동사에 길이 빛나는 청산리 대첩이다.

체코 군단의 기이한 여행은 나라 잃은 국가의 아픈 역사다. 식민지 종주국 오스트리아의 대리 전쟁에 동원된 체코 군단의 꿈은 오로지 안전하게 고국으로 돌아가는 것뿐이었다. 마침내 체코 군단은 배를 타고 블라디보스토크 항구를 떠나 귀국길에 올랐다. 2년이란 세월과 2만 4,000킬로미터의 여정. 졸지에 러시아 적백내전에 휩싸인 체코 군단의 귀국은 오디세우스의 귀향만큼이나 우여곡절의 연속이었다. 체코에서는 지금도 조선의 금가락지와 금비녀, 옥구슬 등이 간간이 나타난다고 하는데, 당시 우리 독립군이 지급한 패물이다. 멀리 동유럽 체코와 우리 독립운동은 이렇게 이어진다.

날이 어둑어둑해지면서 어느새 그림자들이 사라졌다. 시내에는 평양관과 금강산식당 두 곳의 북한 식당이 있는데, 독수리 전망대 근처에 있는 금강산식당으로 저녁을 먹으러 갔다. 어디서나 그렇지만 예쁜 한복을 입은 북한 아가씨들이 친절하게 맞았다. 누룽지해물볶음과 감자전, 냉면 맛이 일품이다. 감자전은 전분이 살아 있어 입에 쩍쩍 달라붙고 쫄깃쫄깃하다. 백두산 들쭉술도 옛날 맛 그대로다. 해외 북한 식당은 정부의 사전 허락 없이 남북의 견우와 직녀가 만날 수 있는 유일한 장소다. 우리 민족끼리 왜 자기 땅 버려두고 남의 땅에 와서 이렇게 만나야 하는가. 그런데 내가 여행을 다녀온 뒤 우리 정부는 북한 핵실험을 이유로 한국 여행자의 해외 북한 식당 이용 금지안을 발표했다. 아, 이제 밥 먹는 것까지 정부가 간섭하는구나. 나그네의 외투를 벗기는 것은 햇볕인데.

우라지오에는 신한촌 기념비만 쓸쓸히

여행 마지막 날이다. 우리 민족의 발자취를 찾아 나섰다. 한인들이 살았던 신한촌으로 가는 발길은 무거웠다. 알레우츠카야 거리를 따라 언덕을 넘었다. 오래전 해안가 개척리 마을에서 신한촌으로 이사할 때 한인들이 이삿짐을 지고 걸었던 길이다. 신한촌 기념비를 찾는 일은 어렵지 않았다. 언덕을 넘어 내려가자 오른쪽 아파트 단지 옆에 하얀 돌기둥으로 된 기념탑이 있었다. 정확한 주소는 하바롭스카야 26A번지. 한국 민간단체가 1999년 세운 기념탑은 훼손을 막기 위해 철제 펜스로 둘러싸여 있고, 누군가 놓고 간 하얀 국화꽃은 시들어 있었다. 세 개의 커다란 대리석 돌기둥은 남한과 북한, 고려인을 나타내고, 돌기둥을 둘러싼 바닥의 작은 돌 여덟 개는 옛 한반도의 팔도를 상징한다. 기념탑 입구에 있는 비문에는 이렇게 쓰여 있다. "민족의 최고 가치는 자주와 독립이다. 이를 수호하기 위한 투쟁은 민족적 성전이며 청사에 빛난다." 구구절절 맞는 말이다.

신한촌 기념비

신한촌은 초기 연해주 독립운동의 중심지였다. 한인 독립운동을 대표하는 권업회, 권업신문, 대한광복군정부 등이 이곳에 있었고, 이동휘와 이동녕, 신채호, 이상설, 최재형, 홍범도 등 수많은 애국지사가 이 거리를 거닐었다. 한인들은 특유의 부지런함으로 이곳에 러시아풍의 작은 목조 주택을 지었다. 그래도 방에는 한국식 온돌을 놓았다. 겉은 러시아더라도 정신은 조선이고 싶었다. 대가족이 어울려 살면서도 이웃 간에 정이 넘쳤다. 몸은 멀리 이국땅에 와 있지만 동네만은 조선식 마을로 만들고 싶었다. 이

따금 두만강 쪽을 바라보며 조국을 생각했다. 언젠가 어깨동무하고 〈아리랑〉을 부르며 돌아가리라.

그러나 재앙은 예기치 않게 찾아왔다. 주범은 스탈린이었다. 1937년 이곳 한인들이 중앙아시아로 강제 이주 당하면서 신한촌은 산산조각이 났다. 조선의 망국만큼이나 이곳 한인들에게는 날벼락이었다. 신한촌은 블라디보스토크 시내에서 공동묘지보다 더 멀리 떨어진 고개 너머 달동네였지만, 스탈린의 광풍이 불어오기 전까지는 독립에 대한 희망과 동포애가 태평양에 닿을 정도로 흘러넘쳤다.

1914년 1월 춘원 이광수는 치타로 가는 길에 이곳을 방문했다. "해삼위 시가를 다 지나 나가서 공동묘지도 다 지나가서 바윗돌에 굴 붙듯이 등성이에 다닥다닥 붙은 집들이 나타났다. 이것이 신한촌이다." 이광수가 보았던 그 신한촌은 이제 어디에서도 찾아볼 수 없다. 이광수의 《나의 고백》은 해방 뒤 자신의 친일 행위를 변명하기 위한 것임에 틀림없지만, "쇄빙선이 얼음을 깨기까지 오랫동안 배가 항구 밖에서 기다렸다" "항구에서 마부와 말이 끄는 썰매를 타고 공동묘지 고개를 넘어 신한촌에 도착했다" "신한촌은 귀찮은 한인들을 한편 구석에 격리한 것이다" "신한촌에서 홍범도와 이동녕 그리고 무링에서 이동휘를 만났다"처럼 당시 상황을 알 수 있는 대목들도 있다. 이때까지는 이광수도 독립심에 불타는 젊은이였으니까.

김기림은 〈향수〉에서 자신의 고향이 "아라사의 소문이 자조 들리는 곳"이라고 했다. 함북 학성이 고향인 김기림은 신한촌 이야기를 듣고 자랐음이 틀림없다. 한인들은 언덕 아래 바다를 바라보며 조국으로 돌아갈 날을 갈망했다. 이용악은 시 〈우라지오 가까운 항구에서〉에 그 마음을 담았다.

"등대와 나와
서로 속삭일 수 없는 생각에 잠기고
밤은 얄팍한 꿈을 끝없이 꾀인다
가도오도 못할 우라지오"

우라지오는 블라디보스토크다. 조국을 잃은 한인의 처지는 어디로 갈 수 없는 우라지오의 등대와 같은 신세였다.

이동휘가 살던 하바롭스카야 20번지와 근처 권업신문, 권업회 등의 자리는 이미 아파트나 상가가 들어섰거나 공터로 변했다. 어떤 곳은 강아지들이 뛰어놀다 영역 표시를 하는 놀이터로 바뀌었다. 당시 레닌은 상하이파 고려공산당 지도자 이동휘에게 자금을 지원했고, 이동휘는 그 돈을 영화 〈암살〉에 나오는 약산 김원봉에게 전달했으며, 그 돈은 일제 총독부 간부와 친일파 암살을 위한 자금이 되었다. 1935년 62세를 일기로 이곳에서 눈을 감은 이동휘는 근처 페르바야 레치카 공동묘지에 안장되었다. 기념탑이 없다면 누구도 이곳이 한때 1만 2,000명이 살던 대규모 한인촌이었다는 사실을 알 수 없을 테다. 냉전 시대 남북 어느 쪽도 연해주 독립운동에 신경을 쓰지 않다 보니 신한촌은 황성 옛터처럼 버려진 폐허가 되었다.

신한촌에 '서울 거리' 문패를 단 가옥이 있다고 해서 찾아 나섰다. 워낙 좁은 도로의 막다른 골목길이어서 지도만 봐서는 찾기 어려운 곳이었다. 처음 왔던 언덕길로 되돌아갔다가 다시 해안가 도로로 내려가자 정말 '서울 거리'가 나타났다. 정확히는 '세울스카야', 곧 '세울 거리'였다. 옛 신한촌 가옥 그대로의 오래된 단층집 외벽에는 '2A 세울스카야'라는 주소 판이 문패 대신 붙어 있었다. 이곳이 과거 한인촌이었음을 알려주는 유일한 증거였는데, 집주인이 누구인지 언제부터 살았는지는 알 수 없었다. 러시아어라고는 '스파시바(감사합니다)'밖에 모르는 내가 무작정 그 집 문을 두드려 물어볼 수도 없었다.

귀국한 뒤 신한촌에 있는 '서울 거리'의 집주인이 자못 궁금해 국가보훈처 홈페이지에 들어가 봤다. 보훈처 홈페이지의 '국외 독립운동 사적지 정보' 페이지에는 '서울 거리 2A번지'가 신한촌 구옥으로 소개되어 있었다. 이제야 그 집의 내력을 알 수 있겠구

옛 신한촌에 있는 '서울 거리 2A번지' 주소 판이 내걸린 구옥(출처: 독립기념관)

나 잔뜩 기대했는데, 맙소사, 보훈처 홈페이지는 "건물의 축조 시기나 서울 거리 번지 판이 부착된 경위에 관해서는 확인되지 않는다"라고 소개하고 있었다. 이건 하나 마나 한 소리 아닌가? 나 같은 여행자나 할 법한 소리를 국외 독립운동 유적지를 발굴하고 소개하는 국가기관이 하고 있었다. 지난 1992년 처음 알려졌다고 하는데, 그동안 보훈처는 뭐 하고 있었나? 다음번에 블라디보스토크에 가면 내 돈으로 통역사를 데리고 가서라도 그 집의 내력과 사연을 파악하고야 말리라. 그리고 보훈처에 통역비를 청구하리

라. 으드득 소리가 나도록 이를 갈며 다짐했다.

신한촌 끝자락인 오스트랴코바 거리를 내려다보았다. 거리 끝에 있는 페르바야 레치카 역은 신한촌에 살던 고려인들이 1937년 화물열차에 실려 중앙아시아로 강제 이주 당한 아픔의 장소다. 이동휘는 근처 페르바야 레치카 공동묘지에 묻혀 있다. 저 멀리 아픔의 역사가 아른거렸다. 나는 이동휘 선생에게 조국의 소식을 전하려다 차마 입이 떨어지지 않았다. 시베리아의 강한 눈보라가 휘몰아치는 추운 겨울날 끝내 독립을 보지 못하고 숨을 거둔 그에게 조국이 분단되었다는 사실을 알릴 수가 없었다. 해방 뒤에 분단이 숨어 있을 줄 누가 알았겠는가.

시베리아로 유배된 어느 교사 이야기

해방 이후에도 우리 민족의 아픔은 끝나지 않았다. 미소 분할 점령으로 이념이란 괴물이 한반도를 덮쳤다. 김정일의 모스크바 방문을 수행한 풀리코프스키의 《동방특급열차》에는 조선인 교사의 가슴 아픈 사연이 담겨 있다.

"1945년 해방 뒤 소련군이 들어오자 북한의 한 도시에서 그 '해방군'을 어떻게 맞이할 것인가를 논의하는 집회가 열렸다. 이씨 성을 가진 교사는 한반도는 소련이든 미국이든 다른 나라의 보호를 받을 필요가 없다고 주장했다. 소련군 사령부가 이 사실을 알고 이 씨에게 징역 5년을 선고하고 시베리아로 유배했다. 당시 40세의 이 씨는 한 살부터 여덟 살까지 다섯 아이가 있었다. 이 씨는 시베리아 벌목장에서 5년 동안 일하고 풀려난 뒤에도 시베리아 도시에서 구두 수선공으로 1978년까지 일했다. 73세가 되어 시베리아를 벗어나 고향에 가까운 연해주에 살 수 있게 해달라고 시 당국에 호소했다. 그래서 블라디보스토크에서 가까운 파르티잔스크(스찬·수청)의 한인촌으로 이주할 수 있었다. 그는 고향이 그리워 방 안에 온돌을 까는 등 목조 오두막을 온통 조선식으로 지었다. 연금만으로 살 수 없어 할아버지가 된 나이에도 고사리 등 산나물을 채취해 시장에 내다 팔았다.

세월이 흘러 한국이 소련과 국교를 수립하면서 1991년 파르티잔스크에 가까운 나홋카에 현대그룹 지사가 개설됐다. 이미 86세 할아버지가 된 이 씨는 현대그룹 지사장을 찾아가 처음으로 자신의 과거를 이야기하며 고향의 자식들을 찾아달라고 부탁했다. 그동안 탄압이 두려워 아무에게도 자신의 얘기를 하지 못했다. 다행히 그의 고향은 남한 쪽의 군사분계선 인근에 있었다(아마도 해방 직후 북한 쪽이었던 그의 고향이 한국 전쟁 뒤 휴전선을 그으면서 남쪽으로 넘어온 듯하다). 이 씨의 부인은 그가 시베리아 유배를 떠난 다음 해 죽었고, 나머지 자식들도 외국과 서울 등으로 뿔뿔이 흩어져 살고 있었다. 배를 타고 조국으로 돌아온 그는 거의 반세기가 흘러 서울에서 자식들을 만날 수 있었다."

해방 뒤에도 '조선 사람이 조선 땅을 다스려야 한다'고 말했다는 이유로 이렇게 시베리아로 유배를 당했다. 나는 이 사연이 혹시 우리 언론에 보도되지는 않았을까 찾아보았으나 어디에도 없었다. 남북에서 신탁통치 반대 운동이나 이념으로 희생된 사람이 어디 이 씨뿐이랴. 일제가 전국 명산에 박아놓은 쇠말뚝을 해방 뒤 애써 뽑아버렸더니 다시 우리 민족의 가슴에 분단이란 대못이 박혔다. 어쩐 일인지 윌슨의 민족자결주의는 일본의 식민지 한반도는 번번이 비껴갔다. 모든 국제 원칙이란 승자의 논리일 뿐이라는 냉혹한 현실을 순진한 건지 바보인 건지 조선만 모르고 있었다. 통탄할 일이다. 민족자결주의라는 달콤한 사탕에 쓰디쓴 독약이 묻어 있을 줄이야.

독수리 전망대, 발해를 꿈꾸며

마지막 발길은 독수리 전망대였다. 처음 왔던 알레우츠카야 거리를 따라 언덕을 넘은 뒤 왼쪽으로 세메놉스카야 거리로 꺾었다. 전에 왔을 때 묵었던 호텔이 나를 반겼다. 소 떼를 왕창 몰고 휴전선을 넘어간 할아버지가 세운 호텔, 서울 계동에 있는 현대그룹 사옥과 똑같이 생긴 현대호텔이다. 휴전선을 탱크가 아니라 소

떼로 무너뜨린 정주영의 발상은 정말 기발했다. 1977년 태평양이 내려다보이는 블라디보스토크 언덕에 이런 멋진 호텔을 세운 이유가 뭘까? 고향 북녘땅을 멀리서나마 바라보고 싶었던 걸까? 아니면 발해의 지리적 영토는 회복하기 어렵지만 경제적 영토로나마 잃어버린 고토를 되찾겠다는 생각이었을까?

소 떼 할아버지 이야기를 들었는지, 땅이라면 사족을 못 쓰는 러시아 양반이 '어림없는 소리'라며 나를 째려봤다. 수하노파 거리에 있는 무라비요프아무르스키 동상이다. 무라비요프는 하바롭스크와 블라디보스토크를 청나라로부터 꿀꺽한 사람이 아닌가. 나는 아무런 대꾸도 하지 않고 그냥 지나치려다 돌아봤다.
"어이, 이름 긴 양반. 우리 땅 녹둔도나 돌려주시오."

언덕을 올라가자 로터리 부근에 케이블카가 있었다. 금각교에서 케이블카를 타고 올라온 사람들이 내리고 있었다. 독수리 전망대 뒤에 있는 옛 극동 연방 대학교로 올라갔다. 대학 악사코브스카야 박물관 앞 공원에는 '고려인 문학의 아버지' 조명희 문학비가 있는데, 문학비 옆면에는 그의 시 〈아무르를 보고서〉의 한 구절이 새겨져 있다.

"일만 리
먼 길에 굽이치는 아무르강

북빙양 찬바람의 추위를 받아
가만히 누워서
새날을 기다리니"

기다리던 조국 광복의 새날은 왔건만 이미 스탈린 악령의 희생양이 된 조명희는 끝끝내 광복의 기쁨을 맛보지 못하고 숨진 수많은 애국지사의 행렬 속으로 들어갔다. 문학비는 2006년 한국 작가모임이 세웠는데, 아마도 독립운동가의 아들인 고합그룹 회장이 이 대학에 한국어과 건물을 지어 기증한 데 대한 대학의 배려가 아닌가 싶다. 전망대 쪽으로는 러시아 키릴 문자를 발명한 키릴 형제의 동상이 서 있다. 학문의 출발은 문자이니 대학에 키릴 형제 동상을 세웠나 보다.

마침내 독수리 전망대에 올랐다. 블라디보스토크 시내가 파노라마처럼 한눈에 빨려 들어왔다. 터키 이스탄불의 피에르 로티 언덕에서 바라보던 금각만의 모습과 어쩌면 이렇게 닮았을까. 오래전 캐나다 퀘벡의 성채 언덕에서 바라본 항구의 모습도 떠올랐다. 제일 먼저 눈에 띄는 것은 단연 금각만 위를 지나는 금각교(졸로토이 다리)다. 저 다리를 지나 세계에서 가장 긴 사장교인 루스키 다리를 건너면 루스키섬으로 이어진다. 다리 왼쪽으로는 금각만이 뿔 모양으로 육지를 깊게 파고들고, 오른쪽으로는 태평양으로

독수리 전망대에서 바라본 금각교와 금각만

나아가는 길목이 넓게 펼쳐진다. 어제 보았던 기차역과 항구, 해군 기지도 보인다.

금각만을 내려다보니 러시아가 왜 그토록 동방 진출에 목을 매는지 알 것도 같다. 겨울에 얼지 않는 데다 내륙 깊숙이 바다가 들어와 있어 적의 공격으로부터 안전하고, 파도가 잔잔하고 수심이 일정한 천혜의 항구였다. 역시 높이 나는 새가 멀리 본다. 높은 곳에서 아래를 내려다보니 전체가 보였다. 전망대에는 예마르크, 하바로프, 무라비요프의 시베리아 망령이 떠돌고 있다. 서쪽으로 간 표트르 대제가 발트해를 차지했다면, 이제 동쪽으로 가는 푸틴은 태평양을 삼키려 하고 있다. '동방을 정복하라'는 뜻의 블라디보스토크 전망대에서 곰곰이 생각해보니 푸틴의 이름 '블라디미르'는 '세계를 정복하라'는 뜻이 아닌가. 러시아는 끝없이 태평양으로 나아가는데, 한반도는 허리가 잘린 채 누워 있다. 한반도는 언제 벤저민 버튼의 시간에서 벗어날 수 있을까.

금각만을 떠나는 러시아 선박을 바라보았다. 금각만을 빠져나가 태평양으로 나아가면 코 닿을 거리에 두만강이 있다. 시베리아 횡단열차를 타고 남쪽으로 달리면, 발해 사신들이 일본으로 향하는 항구였던 크라스키노(연추)를 만난다. 안중근의 단지동맹 장소이자 박경리의 《토지》에서 독립운동의 무대로 나오는 바로 그 연추다. 조금 더 내려가면 1863년 한인 최초의 정착지인 하산의 지신허 마을도 만나고, 이순신 장군이 처음 부임했던 녹둔도도 만난다. 그곳에 두만강이 있다. 러시아는 두만강 철교를 통해 한반도와 연결되어 있다. 이제 열차가 달리기만 하면 된다.

독수리 전망대에서 한반도 종단열차의 출발 소리를 기다렸다. 열차의 기적 소리가 넋을 잃고 금각만을 바라보는 나의 귀를 무자비하게 찢어놓아도 좋다. 남쪽으로 달리는 시베리아 철마를 기다린 지 얼마인가. 그러나 끝내 기다리던 기적 소리는 들리지 않았다. 나는 2001년 중국 단둥에서 신의주를 코앞에 두고도 압록강을 건너지 못하고 멈춰야 했다. 또다시 블라디보스토크에서 라진을 코앞에 두고도 두만강을 건너지 못했다. 나의 이타카로 가는 두만강은 굳게 닫혀 있었다. 남북 분단은 대륙의 연결 고리를 끊었다. 시베리아도 멀어졌다.

갑자기 비둘기 한 마리가 독수리 전망대에서 동해를 따라 남쪽으로 날아갔다. 멀리서 서태지와 아이들의 노래 〈발해를 꿈꾸며〉가 들려왔다.

고춧가루의 비밀 이야기 8

블라디보스토크에서도 고춧가루의 비밀을 풀려는 나의 시도는 계속되었다. 종착지다 보니 마음이 조급해졌다. 열심히 시내 개선문을 설명하는 한국인 여성 가이드에게 손을 들고 질문했다.

"러시아 여자들이 평소에 고춧가루를 들고 다닌다면서요?"

"아, 바쁜데 그런 쓸데없는 질문은 단체 여행에 방해가 됩니다."

갑자기 망치로 뒤통수를 맞은 듯 멍했다. 나의 궁금증은 질문거리조차 되지 못했다. 이렇게 나의 고춧가루 질문은 향토박물관의 해삼처럼 비참하게 막을 내렸다. 어안이 벙벙한 채로.

꼬리말

이번 러시아 여행에서도 결국 고춧가루의 비밀을 풀지 못했다. 내 능력의 한계일 수도 있고, 아니면 시골 중학교 선생님이 말씀하신 소련 여자의 고춧가루 이야기는 애초부터 아무런 의미 없는 그냥 지나가는 농담이었는지도 모른다. 그렇다면 그동안 나는 자기 꼬리를 물려고 빙글빙글 도는 강아지처럼 해답 없는 질문을 쫓아 부단히도 노력했던 셈이다. 하지만 괜찮다. 그리스 시인 카바피스는 〈이타카〉에서 이렇게 말했다.

"이타카는 너에게 아름다운 여행을 선사했고
여정을 통해 너는 이미 성숙하고 풍요로워졌으니
이제 이타카는 너에게 줄 것이 없구나.
설령 그 땅이 불모지라 해도
이타카는 너를 속인 적이 없고
길 위에서 너는 깨달음을 얻었으니
마침내 이타카의 가르침을 이해하리라."

시골 선생님이 이야기한 고춧가루의 비밀을 풀기 위해 러시아를 드나들면서 나는 러시아를 좀 더 알게 되었고, 진심으로 러시아를 사랑하게 되었다. 돌아보면 나에게 '고춧가루'는 카바피스의 '이타카'였다. 그 속에 선생님의 심오한 뜻이 있었던 것은 아닐까? 선생님 성함은 밝힐 수 없지만, 나를 러시아 여행으로 이끌어주신 선생님께 특별히 감사의 인사를 드린다.